YOUR
BRAIN
AT WORK

最高の脳で働く方法

デイビッド・ロック◉著
矢島麻里子＝訳

Discover
ディスカヴァー

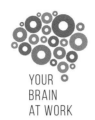

妻のリサ、娘のトリニティとインディアに捧げる

はじめに

殺到するメール。
多すぎる情報。
ヘトヘトになるような会議スケジュール。
増え続ける変更と検討事項。
たまたま成功すると、さらに上がるハードル。

もしあなたの職場での一日がまさにこんな感じなら、あなたは今、適切な本を手にしている。
本書は、あなたがよりスマートに働き、集中力と生産性を高め、プレッシャー下でも冷静を保ち、会議時間を短縮し、最も困難な課題にも取り組み、他者に影響力を及ぼせるようになる手助けをする。その過程で、よりよい親やパートナーになる助けになり、もしかしたら寿命をのばす役にも立つかもしれない。あなたにコーヒーだっていれてくれるだろう。いや、最後の部分には無理があるが、それ以外はすべて真面目な話だ。

本書は、人間の脳に関する最新の重要な発見を共有することにより、あなたの仕事のパフォーマンスを変えていく。仕事中の脳の働きを理解すれば、集中力と生産性を高める機会が得られる。

複雑な脳神経科学を持ち出してあなたを圧倒するつもりはない。代わりに、本書ではあなたの脳が好む方法を用いている。物語を読むことで、あなたに脳のことを知ってもらうのだ。

エミリーとポールというふたりの登場人物が、一日の仕事を通して、さまざまな課題を経験していく物語だ。エミリーとポールが一日を乗り切る様子を見ていきながら、世界で最も優れた神経科学者たちが、メールやスケジュール管理、同僚への対応に彼らふたりが苦労している理由を解説していく。さらによいことに、エミリーとポールが自分の脳を深く理解していたらどのように振る舞っていたかも一緒に確認できる。

本書の構成を説明する前に、本書が生まれた経緯に少し触れておきたい。

私は神経科学者ではない。ビジネスコンサルタントだ。アクセンチュア、EDS、エリクソン、NASAなどの組織が従業員のパフォーマンスを改善する支援をしている。

10年間この仕事に関わるなかで、脳について従業員に教えることが、本人のパフォーマンスに大きな違いをもたらし、その生活にも違いをもたらすケースが多いことを、なかば偶然に発見した。

本書は、米国、欧州、アジア太平洋の主要な神経科学者30人のインタビューを軸にしており、近年実施された数千に及ぶ脳研究と心理学研究に基づく300件を超える研究論文からデータを集めている。

執筆中、私はサイエンスメンターにこうした研究を読み解くのを手伝ってもらった。神経科学者のジェフリー・M・シュウォーツ博士だ。また、仕事中の脳に関するサミットをきっかけに、イタリア、オーストラリア、米国で計3回開催した。さらに、このサミットを、学術誌の創刊を支援し、数百にのぼる講演とワークショップを世界中で行った。本書のアイデアは、これらの活動をすべて組み合わせて生まれたものだ。

私の話はこのくらいにして、本書の構成を見ていくことにしよう。私はこれを人の役に立つ本にしたかった。人間の脳という、宇宙の中で最も複雑なものを扱うのだから、慎重を期す必要がある。脳を説明する方法を幾通りか試した後、私は本書を一つの芝居のように構成することにした。

本書は4つの章からなる。前半の2章は自分自身の脳について扱い、後半の2章は他者の脳とのやりとりに焦点を当てる。物語から派生したテーマを深く掘り下げるコラムもある。

第1章は「問題と解決」と題し、思考の基本に目を向ける。

第2章「プレッシャー下で冷静を保つ」では、情動とモチベーション、ならびにそれらが思考に与える影響を検討する。

第3章「他者と協力する」では、人が互いにうまくやっていく方法に関する研究を紹介する。

第4章「変化を促す」は、最も難しいことの一つである、他者に変化をもたらす方法に焦点を当てる。

それぞれの章に複数のシーンがあり、どのシーンも、エミリーやポールが職場か家庭での課題に直面しているところから始まる。たとえば、殺到するメールへの対応などだ。私はオンライン調査で、100人を超える人々から情報を集め、それを基に登場人物の日常的課題を選択し、さらに組織文化に関する調査データを組み合わせた。

あなたは各シーンでエミリーやポールが課題に直面する様子を見た後、彼らの日常を難しくしている、各自の脳内で起きていることについて学び、さらに、私がインタビューした神経科学者の意見やその他の関連研究から集めた情報を直接知ることができる。

本書で一番面白い部分は、各シーンの最後にある「After」だ。After のエミリーとポールは自分の脳をよく理解しており、その結果、都度 Before とは違う判断を下す。Before と After の違いは、行動のわずかな変化から生じているが、このわずかな変化が大きく異なる結果をもたらす。

ほんの一瞬の間に起こり、外からは目立たないかすかな内面の変化が、すべてを変えることもある。

この本は、あなたがこうした変化を把握し、見極め、再現できるように後押しする。

各シーンの最後に、脳研究から明らかになった意外な事実をまとめている。

本書を使って脳をより深く変えたい場合は、自分で試せる具体的な行動を挙げているので、ぜひ役立ててほしい。

1章に入る前に、主な登場人物と状況設定について若干の予備知識を提供しておきたい。

エミリーとポールは四十代前半。ミシェルとジョシュというティーンエイジャーの子どもふたりと中都市に暮らしている。エミリーは大型会議の運営会社の役員をしている。ポールは若いころは大企業に勤務していたが、現在は自営のＩＴコンサルタントだ。

舞台はいつもの月曜日の一日だ。エミリーが新しい役職に就いてから2週目であることを除けば普段と変わらない。

エミリーはこれまでよりも大きい予算とチームを任されている。新しい役割に胸を躍らせ、順調なスタートを切りたいと思っているが、そのためにはいくつか新しいスキルを学ばなければならない。

ポールは新規プロジェクトの売り込みをかけようとしているところで、これをきっかけに、５年間続けた小さなホームオフィスから脱してビジネスを拡大させたいと目論んでいる。

ふたりは夢と希望を他にもたくさん抱えている。仕事に追われながらも、子どもたちをしっかりと育てることもその一つだ。

それでは、幕を上げて、芝居を始めよう。

目次

第1章
問題と解決

手順の決まった業務をこなすのではなく、頭を使って考える業務に携わる人がかつてなく増えている。

だが、脳には生物学的限界があるため、一定の時間に複雑な判断を下して、新しい問題を解決するのは難しい。メンタルパフォーマンス（訳注：集中して知的作業を遂行する能力）を向上させる最善の方法の一つは、意外にも、こうした限界を知ることにある。

第1章で、エミリーは思考が膨大なエネルギーを必要とする理由を知り、仕事を抱えすぎた状態への新たな対処法を身につける。

ポールは脳のスペースに限界があることを学び、情報過多な状況に対応する方法を探り出す。さらに、エミリーは一度に2つのことをするのが難しい理由を突き止め、仕事の組み立て方を見直す。ポールは注意散漫になりがちな理由を把握して集中力の向上に取り組み、自分の脳の「スイートスポット」にとどまる方法を見つける。

最後のシーンでは、エミリーが自分自身の問題解決方法を改善する必要があると気づき、ここ一番での突破口の見つけ方を学ぶ。

シーン1

朝、メール処理に忙殺される

Before

月曜日午前7時半。朝食のテーブルから立ち上がったエミリーは、ポールと子どもたちに「いってきます」のキスをして、玄関のドアを閉め、車に向かう。子どものけんかの仲裁に明け暮れた週末を終え、新しい職務に集中できるのが楽しみでしかたない。

高速道路に向かって車を走らせながら、これからの1週間に思いをはせ、幸先のよいスタートの切り方を考える。会社まであと半分の距離に差しかかったところで、新しい会議のアイデアがひらめいた。運転する間、そのアイデアを忘れないように意識を集中させなければならない。

午前8時にはデスクに到着する。コンピュータを立ち上げ、新しい会議のアイデアを練り上げる準備が整った。だが、100件ものメールがダウンロードされるのを見て、不安が押し寄せる。メールの返信だけで丸1日かかりそうなのに、何時間も会議が入っているうえ、夕方6時が期限の案件が3つある。昇進の高揚感はすでに薄れかけている。給与と責任が増えたのは嬉しいが、増えた仕事をどう処理すればいいのかわからない。

30分後、まだ20件しかメールを返信していないと気づく。スピードを上げなければ。

エミリーはボイスメールを聞きながらメールを読もうとする。そのときふと、勤務時間の延長が子どもたちに及ぼす影響に意識が向く。忙しさのあまり子どもに八つ当たりしてしまったときのことが思い出される。同時に、キャリア目標に忠実であり続け、よきロールモデルになるという自分に誓った約束も思い出す。そんな考えごとをしている間に、上司からのボイスメールをうっかり削除してしまった。

ボイスメールを削除したことでアドレナリンが一気に噴き出し、エミリーは我に返る。タイピングをやめ、今日が期限の案件――新しい会議の提案書づくり、宣伝コピーの作成、アシスタントの選定――について考えようとする。

目の前には大量のメールがあり、対応を要する案件が多数書き込まれている。数秒間、全体の優先順位の付け方を考えてみるが、何も頭に浮かばない。ずっと前に受講したタイムマネジメント講座で教わった時間管理術を思い出そうとするが、数秒間集中しても記憶の糸をたどれない。エミリーは再びメールの処理に戻り、タイピングの速度をさらに上げてみる。

1時間で40件のメールに返信したが、始業時点で未処理メールが120件残っている。新しい会議のアイデアを練り上げる時間もとれないままだ。意気込みはよかったが、1日、1週間、そして新しい役職のスタートはとても順調とは言えない。

これはエミリーに限った話ではない。世界中の働く人々が「押しつぶされそうな状況」を経験している。

原因は昇進のプレッシャーであったり、人員削減や組織再編であったりと人によってさまざまだが、日常的に手に負えないほど大量の仕事を抱えている点は、多くの人に共通している。

世界中でデジタル化・グローバル化・モバイル化が進展し、再編が進むなか、やるべき仕事が多すぎることが、私たち働き手の最大の不満となっている。

エミリーが身体や家庭を壊さずに新しい職務を効果的に遂行するには、脳の働き方を変えなければならない。大幅に項目が増えて複雑化したTo-Doリストを管理するために、新たな神経回路が必要なのだ。

問題は、エミリーが今朝取り組んでいるような意思決定と問題解決に関して、脳の性能には意外な限界があるということだ。

脳はきわめて優れた性能を持つが、ハーバード大卒業生の脳でさえ、一度に2つのことをやろうとすると、8歳児の脳のようになりかねない。

このシーンを含む最初の数シーンで、エミリーとポールはメンタルパフォーマンスの根底にある生物学的限界を知り、その過程で、脳の仕組みをより考慮した日常的課題への対処法を身につけていく。

彼らが自分たちの脳を変えるにつれて、あなた自身も自分の脳を変えることができるはずだ。

意思決定と問題解決は前頭前皮質が担う

意思決定と問題解決は、脳の前頭前皮質と呼ばれる領域に大きく依存している。皮質は脳の外層であり、脳の断面図では灰色のカーブした部分にあたる。厚さは2・5ミリメートル程度で、脳をシーツのように覆っている。額の後ろにある前頭前皮質は、

前頭前皮質

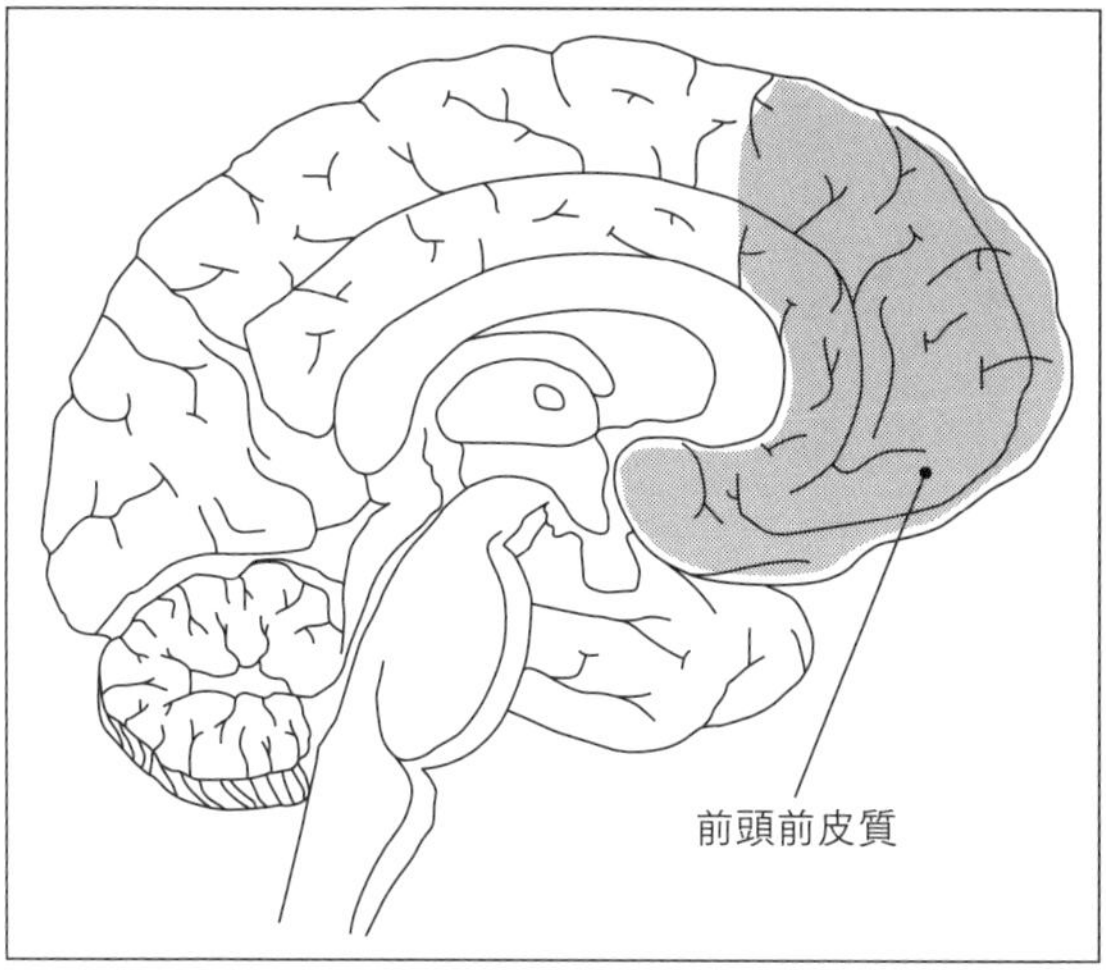

皮質全体のほんの一部である。人類の進化の歴史において、脳の主要領域の中では最後に発達した領域であり、脳全体の容積に占める割合は4~5パーセントにすぎない。だが、だまされてはいけない。ダイヤモンドやエスプレッソのように、価値の高いものは往々にして小さい。

前頭前皮質がなければ、あなたはどんな目標も定められない。「店で牛乳を買おう」と考えることが不可能になる。計画を立てることもできない。「坂を上がって店へ行き、牛乳を買ったら、坂を下って家へ戻ろう」と自分に言い聞かせることができないのだ。衝動を抑えられなくなるので、寒い日に太陽熱で温まった道路に寝転がりたい衝動に駆られたら、大変なことになってしまう。

さらに、問題を解決することもできなくなる。たとえば、車にひかれた後、病院への行き方を考えることができない。今まで見たことのない状況を思い描くことが難しいため、どうやって病院へ行けばよいかわからないのだ。

そして最後に、創造的思考ができないため、病院からようやく家へ帰り着いても、筋の通った話を組み立てて妻に聞かせることができない。

前頭前皮質は、周囲の世界との意識的な関わりをつかさどる中心部分である。日常生活を送るなかでの「自動操縦」状態ではなく、物事を深く考え抜くときに要となる

脳の領域だ。イェール大学医学大学院の神経生物学教授エイミー・アーンステンはこう説明する。「前頭前皮質は常に私たちの頭の中身を支えています。外部の情報や感覚から生じるものではない考え、つまり、私たち自身が生み出している考えを保持しておく場所です」

役に立つ一方で、前頭前皮質には大きな限界がある。

一つの脳がもつ処理能力が、アメリカ経済全体の規模に等しいとイメージしてみてほしい。そのとき、「考えを保持するための処理能力」は、あなたのポケットに入っている硬貨にすぎない。

アーンステンはさらにこう説明する。「前頭前皮質は脳のゴルディロックスのようなものです。すべてが『適度』である必要があり、そうでなければうまく働きません」。すべてを前頭前皮質にとって「適度」な状態にすること。それこそが、新たな職務で扱う過多な情報をさばくために、エミリーが学ぶべきことなのだ。

前頭前皮質を舞台に喩えて考える

本書全体を通して使う前頭前皮質の比喩《メタファー》を紹介しておこう。

前頭前皮質を、役者たちが芝居をする小劇場の舞台に見立てる。この場合の役者は、あなたの注意の範囲にある情報を表す。

この舞台の役者たちは、普通の役者がするように、舞台袖から登場することもある。これは外界の情報が目に留まるケースで、100件のメールをエミリーが目にするような状況を指す。

だが、この舞台には普通の劇場の舞台と違うところがある。役者は観客も兼ねており、途中から舞台に上がって演じ出すのだ。

観客は内界の情報、つまり、自分自身の思考、記憶、想像を表す。

舞台はあなたが一度に注意を向ける範囲を表し、外界の情報、内界の情報、あるいはその両方を保持できる。

役者が舞台に上がったら、その役者を使って面白いことがたくさんできる。まず、新しいアイデアを**理解**するために、新しい役者を舞台に置いて、観客——つまり、脳内にすでにある情報——との結びつきがわかるまで舞台に上げておく。

エミリーはメールを読んで内容を理解するためにこれを行っている。そしてあなたも今まさに、本書を読みながら同じことをしていると願いたい。

次に、**判断**を下すために、複数の役者を舞台に上げておき、一人ずつ比べて価値判断を行う。エミリーはメールを読みながらこの作業を行い、どう返信すべきかを決めている。

また、情報を**想起**する、つまり過去の記憶を呼び起こすために、観客を一人舞台に上げる。

古い記憶なら、その観客は客席後方の暗闇の中にいる。目当ての観客を見つけるのに時間と労力がかかり、途中で注意散漫になる場合もある。エミリーは、講座で教わったメール管理術を必死で思い出そうとするが、その情報は客席のはるか後方にあり、やむなく断念する。

さらに、情報を**記憶**するには、役者を舞台から下ろして客席に戻す必要がある。エミリーは運転中に新しい会議のアイデアを記憶しようとして疲れ果ててしまった。

特定の役者に注意が向かないように**抑制**し、舞台から遠ざけることが重要な場面もある。

たとえば、ランチタイムに納期が差し迫った案件を抱え、その案件に集中しようとするが、ランチのことがいちいち気になって、そのたびに30秒ほど注意がそれてしまうケースだ。

特定の役者を舞台から遠ざける抑制のプロセスは多大な労力を要するが、生活をうまく機能させるためには欠かせない。エミリーの場合、新しい職務への向き合い方を考えるうちに注意散漫になり、誤ってボイスメールを削除してしまった。

これらの5つの機能（**理解、判断、想起、記憶、抑制**）は、意識的思考の大半を占め、それぞれを組み合わせて、計画立案、問題解決、意思疎通などの作業を行う。どの機能も前頭前皮質を集中的に使い、働かせるのに相当なリソースを必要とし、その必要量はエミリーの認識をはるかに超えている。

舞台には多くの照明が必要

先日、妻とふたりで地元の店まで牛乳を買いに坂を上っていたときのこと、妻が私にある質問をしたが、立ち止まらないと答えられなかった。坂を上がるのにエネルギーが必要なことは誰でも知っている。実は意識的な知的活動も同じで、私にはその両方を同時に行うエネルギーがなかった。

心臓の鼓動や肺の呼吸の維持といった自動的な脳機能に比べて、意識的な知的活動は、血液中のエネルギー源である代謝リソースをはるかに速く消費する。舞台を動かすには大量のエネルギーを使う。舞台のずっと後方に照明が設置されているようなものので、役者が見えるようにするには、最大限に明るくした照明を多数用意しなければならない。

しかも、舞台を照らすパワーには限りがあり、頻繁に充電が必要なバッテリーのように、使うほどに減っていく。

この限界を裏づける最初の臨床的エビデンスが報告されたのは1898年のことである。科学者のJ・C・ウェルシュは、人が思考しながら肉体的作業を行う能力を測定した。ウェルシュは被験者に対し、頭を使う知的作業をすると同時に力量計にできるだけ強い力をかけるよう依頼した。測定結果からは、ほぼすべての知的作業が最大力量を低下させ、多くの場合半減させることがわかった。

あなたの頭の中の舞台で、会議のスケジュール設定などエネルギーを消費する作業を行うと、1時間後には疲れてしまうだろう。

一方、トラックのドライバーは、昼も夜も延々と運転することができ、走り続ける能力を制限するものは本人の睡眠欲求だけだ。

トラックの運転には前頭前皮質をあまり使う必要がない（新米ドライバーか、慣れないトラックを使っているか、初めてのルートを走るのでない限りは）。トラックの運転には、脳の大脳基底核と呼ばれる別の部分が関わっている。大脳基底核は4つの部位からなり、積極的に意識を向ける必要のないルーティン化された活動をつかさどる脳領域にある。

進化の観点から見ると、大脳基底核は脳の古い部分にあたる。エネルギー効率も高く、前頭前皮質よりも全体的な制限が少ない。ある活動をほんの数回繰り返せば、すぐに大脳基底核が引き継ぎ始める。大脳基底核やそれ以外の脳領域の多くは意識しないところで働いている。エミリーが車の運転をしながら同時に会議について考えることができたのは、そのためだ。

前頭前皮質は、ブドウ糖や酸素などの代謝燃料を一般の認識よりも速く消費する。「意思決定や衝動抑制といった活動のためのリソースは限られており、これを使い果たすと、次の活動に充てるリソースが不足する」とフロリダ州立大学のロイ・バウマイスター博士は説明する。難しい判断を1つ行うと、次の判断はさらに難しくなる。だが、こうした影響はブドウ糖飲料を飲めば緩和されるという。バウマイスターは、ブドウ糖入りレモネードとブドウ糖を含まないダイエット甘味料入りレモネードを使ってこの仮説を検証したが、パフォーマンスに与える影響の違いは顕著だった。

バウマイスターの知見は、脳の仕組みに関する重要な発見である。舞台は大量の燃料を必要とするため、あなたの舞台を動かす能力にはおのずと限界がある。舞台を動かすには多くのパワーを使い、パワーは使えば失われる。疲れているときや空腹時に注意力が散漫になりやすいといった日常的現象の多くは、これによって説明できる。夜中の2時に考えがまとまらないのは、あなたのせいではなく、あなたの脳のせいなのだ。**最高の質の思考を続けられる時間は限られている。「もっと頑張る」ことが必ずしも答えではない。**

意思決定などの活動に関わる脳のプロセスを知れば、自分の処理容量があまりに小さいことに驚くだろう。であるならば、自分の限界に逆らうより、これを尊重してみてはどうだろうか。

エミリーの物語の別の場面を簡単に振り返りながら、この考えを掘り下げてみよう。

午前9時、エミリーは会議室に足を踏み入れる。彼女の脳に大量のデータが流れ込む。3人が同時にしゃべる耳障りな音、フリップチャートやスーツや絵画の鮮やかな色彩、たくさんの形や動き、十数人の顔。その瞬間エミリーの脳に入り込む情報の量と複雑さは、スーパーコンピュータさえもフリーズさせるのに十分だ。

部屋に入ると、エミリーは**短期記憶**を使って、受け取る情報を処理する。大量のデータが脳に入り込むが、20〜30秒後には、そのデータの大半が失われている。

まるで数百人の役者が舞台に飛び込み、あっという間に走り去るかのようだ。

1分後、エミリーに何を見たか尋ねても、立ち止まって注意深く観察し、具体的に書き留めていない限り、誰が何を着ていたか、フリップチャートに何が書かれていたか説明できないだろう。

少し経って、エミリーはそもそもなぜここへ来たのかを思い出す。マデリンという新しい同僚と会って、一緒にコーヒーを飲むためだ。エミリーの脳は、今度はエネルギーを消費する3つのプロセスを同時に働かせなければならない。

3つのプロセスには脳の多くの領域が関わっているが、プロセス全体を管理する役割は前頭前皮質が担う。


まず、会議室に関する視覚データと聴覚データが短期記憶に続々と流れ込んでくるが、このデータを駐車場の車が自分のものか確認するように、注意深く観察する必要がある。その間、データを舞台に上げておかなければならない。この作業には労力が要り、エネルギーを消費する。

次に、エミリーは「マデリン」のイメージを舞台上に呼び出し、入ってくる会議室の情報と比較する必要がある。マデリンの顔のイメージは、エミリーの長期記憶にある数十億件のデータから探し出す。エミリーはマデリンの写真を示す回路を働かせ続け、この役者を舞台に上げておく必要がある。この作業にも労力とエネルギーを使う。

最後に、エミリーは「コーヒー」のことを覚えておかなければならない。そうしないと、マデリンを見つけたときに、なぜ彼女を捜していたのか忘れてしまう。

この3つのプロセス、「入ってくる情報の注意深い観察」「マデリン」「コーヒー」をすべて同時に働かせておく必要がある。

一方で、それを邪魔するような新しいデータが短期記憶に次々と流れ込む。エミリーは、舞台に上げておくのにエネルギーを使う3つの役者グループを抱えながら、我先に舞台へ上がろうとする別の役者たちを舞台から遠ざけなければならない。


エミリーはマデリンを見つける。「どこへ行きますか?」と部屋をあとにしながらマデリンは尋ねる。「さあ。まだわからないわ」とエミリーは答える。「少し歩きながら、座って話ができそうなところを探しましょう」


エミリーの物語は何を意味しているだろうか?

おそらく、今あなたには、頭の中の舞台がまるで腹を空かせた動物のように「見えて」いるだろう。

この情報への対処のしかたは、数通り考えられる。

まず、人間の機能を嘆くこと。

次に、粉末ブドウ糖か、手軽な解決策であるコーラ飲料をアシスタントに買いに行かせること（この選択肢は役には立つが、体重や歯科治療費の増加、2型糖尿病罹患リスクの増加といった招かざる副作用を伴う）。

そして、3つ目の選択肢は（私はこれをお勧めするが）、頭の中の舞台というリソースの価値と使い方を見直すことだ。


頭の中の舞台が限られたリソースならば、それは資産や金、現金など他の限りあるリソースと同じということになる。

しかし、エミリーは、運転しながら新しい会議のアイデアを忘れないよう頭を働かせて自分のリソースを無駄遣いし、仕事に着手する前から脳を疲れさせている。しかも、朝一番にメール処理に取り掛かってしまった。大量の情報処理は膨大なリソースを消費するため、その時点で最も重要な資産の最適な使い道とは言えないだろう。


会社が金融資産を管理するように、エミリーが使い道に厳しい目を光らせながら、自分の思考力を扱ったとしたらどうなるだろうか。

頭の中の舞台を使うときは、必ず重要なものに使うこと。頭の中の舞台は限りあるリソースであり、無駄にしてはならない。

どんなに努力しても、トラックのドライバーが運転を続けるようには、一日中ずっと座って明晰な判断を続けることはできないからだ。

優先順位付けを優先する

自分の舞台がどれほどエネルギーを消費するかわかっていれば、エミリーは月曜日の朝を違う形で始めるだろう。

大きく違う点として、優先順位付けを最優先すると考えられる。メール処理など他の注意力を要する作業の前に、エミリーは真っ先に仕事の優先順位付けに着手するだろう。優先順位付けは、脳のエネルギーを最も消費するプロセスの一つだからだ。

ごくわずかな知的活動でも、その後に優先順位付けをするリソースは残されていないかもしれない。

優先順位付けなどエネルギーを消費する作業に舞台を使うのは、公園で見かけるおもちゃのヘリコプターを飛ばすのと似ている。ヘリコプターを数回飛ばしたら、パワー不足でその後は飛ばせなくなる。地上から数センチ浮き上がって惜しいところまで行くが、やがて地面に落下する。飛ばそうとすればするほど、パワーは減っていく。そんなときは、充電した後で改めて飛ばすべきだ。

これと同じで、10分間メール処理をすれば、優先順位付けに必要なエネルギーを使い果たすおそれがある。一日の仕事の優先順位の付け方がわからずに、しかたなくメール処理に戻ったときに、エミリーはこれを経験した。

優先順位付けが腹を空かせた獣のようにエネルギーを消耗する理由は何か？　それを把握するために、役者によって舞台に上げる難しさが異なるという新しい考え方を検討してみよう。

他の役者より舞台に上げづらい役者がいる

この考え方は脳に関する役立つ知見であり、影響も広範囲に及ぶため、しばし耳を貸してほしい。

起きたばかりのことは簡単に思い出せる。回路が「真新しく」、最前列の観客を見つけるように、アクセスしやすいからだ。これを実感できるように、一つ実験をしてみよう。直近の食事で何を食べたか思い出してほしい。たいていは短時間で難なく思い出せるだろう。最近の出来事を舞台に上げるのに、時間もエネルギーもさほど要らない。最前列の観客を舞台に上げるのと同じだ。

次に、10日前のランチに何を食べたか思い出してほしい。メニュー選びに決まったパターンがなければ（私はツナサンドと決めている）、直近の食事を思い出すときよりも、時間や労力が相当余分にかかるはずだ。

10日前のランチを思い出すのに関わる回路は、客席のはるか後方にあるため、時間をかけて客席を見渡して見つけ出す必要がある。記憶の研究者によると、過去の記憶を呼び起こすには、現在とその記憶が最初に形成された時点との間に起きた出来事を、時間を遡りながら、順を追って思い出さなければならない。

エミリーが講座で教わったメール管理術のように、記憶が古ければ古いほど思い出すのに時間がかかり、多くの注意とエネルギーが必要になる。

では今度は、中国の和食レストランで6人分のランチを用意しているところを想像してみてほしい。あなたが中国で働いた経験がある和食シェフなら朝飯前だろう。だが、そうでない場合、客席の中にそのまますぐに使えるイメージがないため、適当な観客を何人か見つけて組み合わせ、ランチのイメージを描き出す必要がある。

あなたは、まずレストランの映像を見つけ、6人の友人のイメージを見つけてから、中国のイメージを描き出すだろう。

この作業は一人どころか20人の役者を舞台に上げるようなもので、多くの時間と労力を必要とする。脳は代謝リソースが乏しいときに発達したため、エネルギー消費を最小限に抑えたがる。そのせいで、思考など代謝リソースを使う活動に労力を費やすことに軽い抵抗を覚える（もし労力を費やすのが苦でなければ、大半の家庭がテレビのリモコンや車のパワーウィンドウ、食洗機を使わないはずだ）。


見たことがないものを想像するには多くのエネルギーと労力が要る。解決策（見たことがないもの）よりも問題（見たことがあるもの）について考える時間が長くなりがちなのは、そのせいでもある。

またこれは、目標設定を苦痛に感じる理由でもある（未来を思い描くのは難しいからだ）。ダニエル・ギルバートが２００６年に上梓した『明日の幸せを科学する』は、この知見が示唆することを深く掘り下げ、人間が未来の感情を予測するのがいかに苦手かを解説している。

ギルバートはこの概念を**感情予測**と呼ぶ。ギルバートによれば、人間は未来に自分がどう感じるかを今の感じ方を基に判断しており、未来のある時点における自分の精神状態を正確に評価しているわけではない。なぜなら、それは難しいからだ。

これはもちろん、優先順位付けがきわめて難しい理由でもある。優先順位付けでは、直接経験したことがない概念を想像して、あちこち動かす必要がある。

会議の提案書づくりよりも新しいアシスタント選びのほうが簡単だと、どうすれば決められるだろうか？　どちらも実際に経験したことがないため、エミリーの客席には存在しない。しかも、優先順位付けには、前述したすべての機能、つまり、新しいアイデアの理解、判断、想起、記憶、抑制がいっせいに関わってくる。まるで知的作業のトライアスロンだ。

スキー場でコースの難易度表示に使われるコーディングのように、グリーン（初級）、ブルー（中級）、ブラック（上級）の知的作業がある。

少なくとも概念的な計画に満ちた知識経済において、優先順位付けは間違いなく上級者コースの作業だ。頭が冴えてエネルギーにあふれた状態で行うべきであり、そうでなければ、ヘトヘトになりながら坂を下りる羽目になる。

映像（視覚化）を活用する

優先順位付けを優先するのが重要であるのは間違いない。

では、エミリーがフレッシュな頭でブドウ糖をふんだんに使える状態で優先順位付けから取り掛かっていたとすれば、優先順位を判断する能力を最大化するために、他に何をしていただろうか？

情報処理にかかるエネルギーを減らす一つの方法は、映像を活用すること、文字通り絵を頭に浮かべて視覚化することだ。

たとえば、あなたは今、舞台の比喩を使って前頭前皮質の働きという複雑な科学的概念を学ぼうとしている。ある概念を想像すると、脳の後方にある後頭葉の視覚野が活性化する。この領域は、実際の絵や映像、あるいは比喩や物語など、頭の中にイメージを生み出すものによって活性化される。

映像が大いに役立つ理由が2つある。

まず、映像は情報効率が高い構成概念であることだ。自分の寝室を思い出すとき、頭に浮かべたイメージには、多数の物体の間の複雑な関係性、その大きさや形、相対的位置など大量の情報が含まれている。その情報をすべて言葉に置き換えるのは、視覚化するよりもはるかに多くエネルギーを使う。

映像がきわめて重宝なもう一つの理由として、脳が長年にわたり物と人の関わり合いに関する心的イメージをつくり出してきたことが挙げられる。

視覚プロセスは数百万年にわたって進化を続けてきたため、その仕組みは、特に言語に関わる回路と比べて非常に効率的である。

人に論理的な問題を出して解いてもらう場合、具体性に欠ける概念的なアイデアよりも、人の関わり合いに絡めて問題を説明したほうが、解答スピードが格段に速いことが研究によって明らかにされている。

物事を頭の外に出す

複雑なアイデアの視覚化は、限られたエネルギー資源を最大限に生かす方法の一つだ。そして、もう一つの方法は、前頭前皮質にかかる負担を事あるごとに減らすことである。

エミリーがその日に対応する４つの重要案件を紙に書き留めておけば、それを覚えておくのに余分なエネルギーを使わずに、各案件の比較のために脳を温存できる。

それぞれの概念を頭の外に出して、最も重要な機能を果たすために舞台を空けておくという考え方だ。パフォーマンスを最大化するために、エネルギーの消費を最小限に抑えよう。

朝の時間を最大限有効に使うためにできたことがもう一つある。

舞台がパワーをたちまち使い果たし、照明が暗くなると、舞台の適切な場所に適切な役者を置き、要らない役者を舞台から遠ざけるのが難しくなる。

これは、最も注意を要する作業を頭がフレッシュで明晰に働く時間に設定すべきであることを意味している。

それは朝一番か、休憩やエクササイズの後だろう。前頭前皮質は、筋肉などエネルギーを大量に消費する他の身体の部分と共通点が多い。使えば疲労し、十分な休憩の後はよく動く。頭がフレッシュなときは難しい判断が30秒でできても、そうでないときはもっと時間がかかるものだ。

自分のメンタルエネルギーのニーズを意識して、これにしたがってスケジュールを組むのが効果的だ。さまざまなタイミングを試してほしい。

一つの方法は、トピックごとではなく、脳の使い方に応じて、仕事を複数の時間帯に振り分けることだ。

たとえば、いくつかの異なるプロジェクトでクリエイティブライティングをする必要がある場合、明晰かつフレッシュな頭で取り組むために、全部まとめて月曜日にやってみてはどうだろう。実際にこういうやり方をしている人は少ない。たいていは、一度に一つずつプロジェクトに取り組むか、発生した都度対応するかのどちらかだ。

また、きわめて抽象的な思考をしたかと思えば具体的な思考に移り、さらに複数の作業を同時に進めて何度も頭を切り替えている。

その代わりに、一日を複数の時間帯に分けて、それぞれをクリエイティブライティングなど深い思考をする時間、会議の時間、メール返信など定型作業の時間に振り分けてはどうだろうか。深い思考には多くの労力が必要なため、早朝か夜遅くに設定するとよいだろう。

この戦略の大きなメリットは、取り組む作業の種類を変えることで、脳の回復を図れることにある。

あなたが運動をする場合、一日中重いウェイトを使ったトレーニングを続けはしないだろう。ウェイトトレーニングの後、有酸素運動に移り、ストレッチで締めくくるはずだ。運動のモードを切り替えるたびに、筋肉の動きが変わり、ある筋肉が動く間、別の筋肉を休ませることになる。

これは思考の種類を組み合わせるのに似ている。可能なときは作業を組み合わせながら脳を休ませてみよう。

優先順位付けに関する最後の知見は、舞台に上げてはならないものについての規律を守ることである。

つまり、必要のないときにはいっさい考えないこと。対応がどうしても必要でない限り、あるいは必要になるまでは、急を要さない作業に注意を払わない態度を貫くことだ。

優先事項でない作業に「ノー」と言う姿勢を身につけるのは簡単ではないが、大いに役に立つ。

不必要な作業について考えないようにするもう一つの方法は、人に任せることだ。では、人に任せるべきことと任せるべきでないことをどうやって見極めればよいだろうか？　この作業は優先順位付けと同じようにエネルギーを消耗するため、フレッシュな頭で行うほうがよい。

すべての情報が手元に揃うまで、その案件のことはまったく考えないのも一つの手だ。後で詳細な情報が手に入るとわかっている問題の解決にエネルギーを浪費してはいけない。

ここまでの結論は、「優れた意思決定を行う能力は限られたリソースである」という簡潔なメッセージに集約される。このリソースを事あるごとに節約するよう心がけてほしい。

それでは、本章で述べてきたアイデアをまとめて、エミリーが自分の前頭前皮質の限界を理解していたら、どのように状況に対処できたかを検証してみよう。

After

月曜日午前7時半。朝食のテーブルから立ち上がったエミリーは、ポールと子どもたちに「いってきます」のキスをして、車に向かう。子どものけんかの仲裁に明け暮れた週末を終え、新しい職務に集中できるのが楽しみでしかたない。

高速道路に向かって車を走らせながら、これからの1週間、どうすれば最高のパフォーマンスができるかを考える。新しい会議の面白いアイデアがひらめき、こんなときのために車に置いてあるオーディオレコーダーに、そのアイデアをすぐに吹き込む。物事を記憶するために脳を酷使すべきではないからだ。エミリーはラジオをつけて、心地よい音楽を聴きながらリラックスする。

午前8時にはデスクに到着する。コンピュータを立ち上げ、新しい会議に取り掛かる準備が整った。そのとき、100件ものメールがダウンロードされるのを見て、不安が押し寄せる。増えた仕事量によるストレスが、昇進の高揚感に取って代わり始める。給与と責任が増えたのは嬉しいが、どう対処すればいいのかよくわからない。メールの返信だけで丸1日かかりそうなのに、何時間も会議が入っているうえ、夕方6時が期限の案件が3つある。

不安が募ったエミリーは、優先順位付けが肝心だと考えるが、それにも労力が要ることはわかっている。そこで、コンピュータを閉じ、電話の電源を切って、ホワイトボードの前へ行く。受信メールの内容は気になるが、対応に急を要するものはないはずだ。

エミリーは意識して未処理メールに注意を向けないようにする。そして、ホワイトボードに「会議」「アシスタントの選定」「宣伝コピー作成」という今抱えている案件を表す３つの小さなボックスと、「未処理メールの確認」と記載したもう一つのボックスを書き込む。さらに、新しい会議のアイデアを思い出して書き出しておく。

エミリーは、これらの概念を自分の舞台上にとどめずに書き出すことで、エネルギーを比較検討のために温存した。このちょっとした心がけが大きな違いを生む。そうすれば、自分の全処理能力を、各案件の関係の検討に充てられるからだ。

エミリーはそれぞれのボックスを見ながら、何らかのパターンを見つけようと後ろへ下がる。そして、最も難しい案件はアシスタントの選定だと判断し、まずこの作業に集中しようと決心する。それからの40分間で応募書類の検討を済ませ、今日中に決断を下せるよう手はずを整える。残りの10分間でメールをチェックし、急ぎの案件がないか念のために確認することにする。

結局、エミリーは始業までの1時間のうちに、アシスタントにふさわしい応募者を選び出し、ジョアンヌという応募者との最終面接を翌日に設定した。

また、数件のメールにも返信した。未処理メールがまだたくさん残ってはいるが、終業前の1時間で対応することにする。新しい会議の計画をまとめる時間は昼食の前に確保した。その時間には、電話とコンピュータの電源を落とすつもりだ。宣伝コピーのアイデアを検討するのは明日にする。クリアな頭で考えた結果、今日は難しい案件に1件対応するだけで精一杯であり、宣伝コピーはどうしても今日中というわけではないとわかったからだ。

1日、1週間、そして新しい役職のスタートはきわめて順調だ。

脳に関する事実のまとめ――シーン1

●意識的思考には、脳内にある数十億のニューロン（神経細胞）間の非常に複雑な相互作用が関わっている。
●脳が意識してアイデアを生み出すたびに、重要な限られたリソースを使い果たす。
●一部のメンタルプロセス（訳注：頭の中で遂行されるプロセス）は他のメンタルプロセスよりも多くのエネルギーを必要とする。
●優先順位付けなどの最も重要なメンタルプロセスが、最も多くの労力を必要とする。

最高の脳で働く方法――シーン1

□意識的思考を、節約すべき貴重なリソースと考える。
□エネルギーを消費する優先順位付けを最優先する。
□メール処理などエネルギーを大量に消費する他の意識的活動を避け、メンタルエネルギーを優先順位付けのために温存する。
□最も注意を要する作業は、頭がフレッシュで明晰に働く時間に設定する。
□複雑なアイデアの視覚化や案件のリスト化によって、情報の記憶ではなく、情報との関わりに脳を使う。
□思考モード別に作業時間帯を分ける。

◀シーン2

考えるのに苦労するプロジェクト

Before

午前10時半。ポールはプリンターから出てきたばかりの温もりが残る分厚い紙の束を取り上げる。これまで扱ったなかで最も規模が大きいソフトウェアプロジェクトに関する50ページに及ぶ概要書。これは喜ばしいニュースだ。だが、嬉しくないニュースもある。今日のランチミーティングに備え、1時間以内に提案書が届くのをクライアントが待ち構えているのだ。

4日前に概要書が届いた時点で、ポールはすぐに提案書づくりを始めたかった。そのとき概要書に軽く目を通したが、内容が複雑すぎて、つい他のことに注意が向いてしまった。普段は1時間で提案書を書き上げるので、今日という日まで何の心配もしていなかった。そのプロジェクトがいつもの案件と比べてどれほど規模が大きいかに気づかなかったのだ。

ポールは概要書を最後まで念入りに読み通した。現在、午前11時。提案書の期限までわずか30分しかない状態で、ようやく表計算ソフトを立ち上げる。だがどういうわけか、数式の設定に10分もかかってしまう。やがて、正確な見積を出すには、あと数時間は表計算の作業が必要だと気づく。

この提案書づくりの厄介なところは、プロジェクトに関わる情報が多すぎて、それを一度に頭に入れておけないことだ。先週、ポールはこのプロジェクトについて考えようとしたが、頭痛がして作業を投げ出してしまった。今もまた頭痛がしている。内容が複雑なあまり、どこから手をつければいいのかさえわからない。

数分の間、問題を先送りしてきたことを悔やんで、すでに込み合った舞台のスペースをさらにふさいでしまう。結局、ポールはいつも通りにやろうと決心し、表計算ソフトに向かい、1行ずつ入力しながらプロジェクトの予算を素早く立てていく。だが数分後、そのやり方ではあと数時間かかると悟る。新しい戦略が必要だ。

ポールはまず提案書全体の文章を手早く書き上げたうえで、最終見積金額を最後に記入することにする。文章をつくる間に何かひらめくのを期待して。

午前11時25分。残り5分となってポールはパニックに陥り、コストを推測で決めていく。念のためにやや高めに見積もるが、費用の見落としがないか心配でたまらない。結局、100パーセント上乗せした見積金額にする。

提案書を送信しようとした瞬間、タイプミスを一つ発見。それを修正している間にコンピュータがクラッシュして、貴重な時間を無駄にしてしまう。クライアントが提出の遅れに気づかないことを祈りつつ、結局5分遅れで提案書を送信する。

数分後、印刷した提案書の中に文法の誤りを2つ見つけてしまう。いら立ったポールは、そのミーティングに出席するための準備をしながら感情を脇へ置こうとするが、イライラは収まらない。

シーン1で学んだように、物事を判断して問題を解決する能力は、エネルギーを大量に消費する前頭前皮質によって制限される。

ポールはここで前頭前皮質の2つ目の限界に突き当たっている。**一度に頭の中に保持して処理できる情報量の限界だ。この限界は、頭の中の舞台が一般の認識よりもはるかに狭いという事実に起因する。**

この日の朝、ポールが一連の重要な判断を下すには、大量の情報を素早く理解しなければならない。そのためには、自分自身の前頭前皮質の限られた処理スペースを最大限に活用する方法を学ぶ必要がある。

舞台は狭い

頭の中の舞台は予想以上に狭い。カーネギーホールの舞台よりも子ども部屋にこしらえた舞台に近い。そのため、一度に一握りの役者しか舞台に上げておけない。舞台に上げる役者が多すぎると、はじき出される役者も出てくる。スペースが非常に小さいので、すぐにいっぱいいっぱいになって間違いを起こす。

では、舞台上には一体どのくらいのスペースがあるのだろうか？

この疑問は、以前から科学者たちを悩ませてきた。ジョージ・A・ミラーによれば、人が一度に記憶できる情報の数は最大7つだという。ミラーの研究が有名であることの問題点は、それが誤りであること、あるいは少なくとも誤解されているケースが多いことにある。この誤解が万人の不安の種となっている。7つも情報を記憶できないので自分には問題があると考える人が多いのだ。

悩める人たちにちょっとした朗報がある。ミズーリ大学コロンビア校教授のネルソン・コーワンが2001年に新しい研究の中で幅広く実施した調査によれば、一度に記憶できる情報の数は7つではなく、4つである可能性が高い。

それも、記憶の程度は4つの情報の複雑さの度合いに左右されるという。4つの数字なら問題ない。だが、4つの長い単語になると難しくなり始める。4つの文章の場合は、暗記している祈りの言葉やコマーシャルソングなど、なじみがあるものでなければ覚えるのは至難の業だ。ちなみに、この調査の参加者は全員が若者だった。

そう考えると、会議がたびたび混乱するのもうなずける。何が起きているのか誰も理解していないのだから。

この限界について理解を深める手掛かりとなるのが、記憶しようとするアイデアの構造だ。「catch（つかむ）」「dream（夢）」「ringer（大成功）」「Fred（フレッド）」といった一連の単語なら覚えやすい。だが、同じ数のアルファベットの文字を使った「thirl」「frugn」「sulogz」「esdo」という4つの単語ならどうだろう。

自分が使わない言語の単語やでたらめな単語を4つ覚えるのは、事実上不可能だ。**要するに、長期記憶に刻み込まれた要素で構成された情報を舞台に上げたときに、舞台は効率よく機能するということだ。**

この事実は、既存のアイデアに結びつけない限り、新しいアイデアを考えるのが難しい理由も説明している。新しい概念の意味を支える長期的な神経配線がなければ、その概念を簡単に舞台に上げることはできない。

記憶できる情報はもっと少ないという説もある。ニューヨーク大学のブライアン・マクエリーの研究によると、記憶力が低下せずに正確に覚えられる情報のかたまり（チャンク）の数は、あろうことかたった一つだ。

この研究によると、「焦点的注意の範囲に維持される情報は一つだという明確で強力なエビデンスがあり、2つ以上の情報を長く保持できる直接的なエビデンスはない」という。一度に2つ以上の情報を覚えることはもちろんできるが、たくさんの情報を覚えると、それぞれに対する記憶力は低下する。

これが配慮すべき限界であるのは間違いない。だがどういうわけか、この限界に抗おうとする人は多い。自分自身のワーキングメモリー（作業記憶）の限界を認めようとしなかった若い大学院生に関する科学的エピソードを紹介しよう。その学生は、音色に関わるワーキングメモリーを増やせるか確かめるために何日間も防音室に閉じこもった。だが残念ながら、増えたのは本人が心理療法を受ける必要性だけだった。

前頭前皮質に一度に記憶できる情報量には、実際に限界があるようだ。

だが、舞台上の情報を使って何かをする場合、たとえば、2人の役者のどちらかを選ぶ判断を下す場合などはどうか？　この問題を検証するのが関係複雑性（relational complexity）と呼ばれる研究分野だ。関係複雑性の研究は、記憶しておかなければならない変数が少ないほど、効果的に判断が下せることを繰り返し明らかにしている。

多すぎる地図

舞台が非常に狭い理由を理解するために、提案書づくりに取り組むポールの課題を脳の観点から検証してみよう。

ポールはクライアントの概要書を読みながら、一度に数十に及ぶ変数を舞台に上げておこうとしている。小売チェーンであるクライアントは、新しいソフトウェアの設計と導入にかかる費用の見積を依頼してきた。顧客が入店時にクレジットカードを通し、商品を選んだら、支払いに立ち止まらずに店を出られるようにしたいという。

顧客が店舗出入口のドアに近づくと、各商品にタグ付けされた装置を通じて、電子リーダーが商品の代金をクレジットカードに課金する（問題が生じたら、音が鳴り出す）。このシステム用のソフトウェアを設計し、５００店舗に導入する。それがプロジェクトの内容だ。

ポールは以前にも同様の仕事をしたことがあるので、今回クライアントから声がかかった。プロジェクト自体は規模が大きすぎることもないため、自分にもできるとポールは考えている。

問題なのは、プロジェクトの見積を作成するために舞台に上げてく必要がある情報量が多すぎて、一度に全部は上げておけないことだ。

短時間でこの作業を行わなければならないときは、なおさら問題が深刻になる。ポールは、最大4人の役者が上がれる舞台空間に30人の役者を詰め込もうとしている。そのため、芝居はいっこうに始まらない。

これは、今職場で大勢の人が直面している課題でもある。情報が大量に押し寄せるうえに、この情報を即座に処理することを誰もが求められているからだ。

このことがポールの舞台の問題となっている理由を理解するために、顧客のクレジットカード情報の保管という一つの変数を取り上げよう。この概念だけで、前頭前皮質にとどまらず、ポールの脳全体に広がる数十億の結びつきを網羅する複雑な地図が起動する（地図は、ネットワークや回路と同様の概念である）。

「クレジットカード処理」の地図は、ポールの言語回路にある複数の地図とつながっている。たとえば、クレジットカードという言葉は、金利、デフォルト、有効期限切れなどの言葉と結びつく。「クレジットカード処理」の地図は、長期記憶とつながっており、ポールが初めて手にしたクレジットカードや、それ以来所有してきたすべてのクレジットカード、最後にクレジットカードが限度越えしたときの記憶と結びつく。

さらに、カードを財布から取り出し、リーダーに通し、財布に戻すといった一連の動作の回路によって、ポールの運動皮質ともつながっている（文字通り目を閉じたままこれらの動作ができるほど充実した地図だ）。「クレジットカード処理」の地図を紙に描けるとしたら、これに関わる脳の回路の地図は米国全体の市街図よりも複雑になるだろう。

繰り返しになるが、一見単純なものは、よく調べるときわめて複雑であったりする。確かに7つの単純な数字なら、ひたすら覚えようと（パターンが長期記憶に刻み込まれるまで）復唱し続ければ記憶できる。

だが、手に負えないほど複雑な地図を一度に舞台に上げておくことはできない。情報が多すぎて、脳が扱いきれないからだ。

競争

前頭前皮質のスペースに限界がある理由の一つに、競争原理が挙げられる。

複雑な概念を舞台に上げると、通常、視覚回路が活性化する。人は思考するとき、ある概念が空間の中で他の概念とどのように結びつくのかを思い描く。

視覚認識は、競争して働く。回路は互いに競争しながら外部対象の最適な内部表現を形成する。

マサチューセッツ工科大学マクガバン脳研究所を代表する科学者であるロバート・デジモンは、脳が一度に保持できる視対象の表現は一つだけであることを突き止めた。それは同じ絵の中に花瓶か年配女性のどちらかが見える有名なだまし絵のようなものだ。

脳はいつでも一つの認識に落ち着く必要があり、一度に両方を見ることはできない。ただし、優勢な認識を自在に切り替えられるのが、こうした錯視の興味深いところだ。ポールの場合、「クレジットカード処理」の地図が、「クライアントへの請求」など別の概念に必要な同じ補助地図を多数起動する。

脳は、回路が一度に複数の方向に引っ張られるのを嫌う。同じ数百万の回路をさまざまな地図に使おうとするまで、多数の回路を起動させておくことはない。これが競争につながる。

狭いスペースを最大限活用する

同時に記憶できる概念の数に限りがあるなら、一度に記憶する情報は少なければ少ないほどよいことになる。

つまり、一度に理解しようとする新しいアイデアの理想的な数は、たった一つのようだ。何か決断すべきことがあるとき、最も効率的な変数の数は2つとなる。たとえば、左に曲がるか、右に曲がるかなど。もっと多くの情報を記憶する必要がある場合でも、アイデアは3〜4つに絞ったほうがよい。


次に、ワーキングメモリーを最大限に活用することを考えてみたい。これは小さなワンルームマンションを所有し、スペースを有効活用するために、壁に収納できるベッドを置いたり、鏡を多用したり、高い位置につり棚を設置したりといった工夫をするのに似ている。脳トレゲームで認知が改善するという話もあるが、それは部屋の拡張ではなく、サブスキルの効率化の成果だ。

たとえば、より効果的な**単純化**や**チャンク化**によって、情報を舞台に上げたり舞台から下ろしたりする作業の効率化を図る。あるいは、舞台に上げるもの上げないものの選択能力の向上、つまり**慎重な役者選び**のコツを身につけるといった方法がある。

単純化

RAM容量が限られた（一度に短期情報を多く保持できない）コンピュータで作業しているところを想像してほしい。

あなたは高解像度のカラー写真を4枚含む1ページの文書を作成したいと思っている。だが、写真を移動させるたびに、コンピュータがすべての内容を再描画するのに数秒かかってしまう。レイアウトを調整する段階では、とりあえず低解像度写真を使って、ページ上のものを移動させたほうがよい。レイアウトが確定したら、その時点で高解像度のカラー写真に差し替える。グラフィックデザイナーは常にこうした「素描」の手法を使っている。

脚本家の場合は、ストーリー展開の説明に「絵コンテ」を使う。それぞれの絵コンテには、複雑な出来事を要約したシンプルな漫画が書き込まれている。脚本全体を書き直すよりも、絵コンテを並べ替えるほうが楽だからだ。アイデアのおおまかな表現を用いることで、物事を違う視点から眺め、要素を追加・削除し、整理し直すといった重要な作業のために必要なリソースを温存できる。

複雑なアイデアをコアな要素に単純化する能力は、最も成功しているビジネスエグゼクティブが必ず身につけているものだ。これは多くの場合、複雑な意思決定ができる唯一の方法である。

たとえばハリウッドでは、新作映画の売り文句は短いほどよいとされ、映画会社が映画をたった一言で「買う」こともある（映画『エイリアン』は「宇宙のジョーズ」の一言で売り込まれたという逸話がある）。

単純なのはよいことであり、単純であればあるほどよい。複雑なアイデアを少数の概念に絞り込むと、自分の頭の中や人の頭の中で、その概念をはるかに楽に扱えるようになる。理由は単純明快で、舞台は狭いからだ。どれだけ狭いかをポールが把握していれば、プロジェクトをできるだけ単純化していただろう。

概要書を重要なポイントに絞り、各主要論点をおそらく1行ずつにまとめて、内容を理解していたはずだ。だが、実際には真逆の行動をとり、集計表を1行ずつ作成しようとして細部に踏み込んでしまった。

チャンク化

ここで少し実験をしてみよう。10桁の数字「3659238362」を10秒間で覚えてほしい。

どうだろう。この数字の羅列を簡単に復唱できるだろうか？　次に、別の10桁の数字「7238115649」を10秒間で覚えてほしい。ただし、今回はこの数字を2

桁ずつ（72、38、11、56、49）に区切って、「ななじゅうに、さんじゅうはち……」というふうに記憶してみよう。

ストップウォッチ片手にこの実験をやってみると、後者のほうがはるかに覚えやすいことに気づくはずだ。

数多くの研究が、脳は反射的に情報をかたまり（チャンク）に分けることで複雑なルーティンを覚えることを明らかにしている。チャンクの大きさは、それぞれの情報をつぶやくときにかかる時間と大体関連している。

たとえば、「ななじゅうに、さんじゅうはち、じゅういち、ごじゅうろく、よんじゅうく」のほうが「ななせんにひゃくさんじゅうはち、せんひゃくごじゅうろく……」より言いやすい。

4桁の数字では、覚えるときにつくるチャンクが大きすぎて、舞台にとどめておくのが難しくなる。ここでカギとなるのは間合いだ。頭で考えたり復唱したりするのに2秒以上かからないチャンクが望ましい。

2005年に『サイエンティフィック・アメリカン・マインド』誌に発表されたフィリップ・E・ロスの「エキスパート・マインド（The Expert Mind）」と題した論文は、チェスの名人がゲーム運びに長けている理由を説明している。

この論文によると、名人は完璧な盤面を目指して各駒（つまり、チャンク）を動かしていく。

名人の頭には、相手の番になって左端のポーン（訳注：将棋の歩にあたる）を1マス動かしたときの盤面のチャンクと、相手が同じポーンを2マス動かしたときの盤面のチャンクが頭に入っている。名人はどちらの盤面の展開も何度も見てきているので、それぞれの展開を記憶しており、瞬時に思い出せる。そのため、2つのチャンクを簡単に比較できる。

名人は数百手先を考えるわけではない。名人も私たち凡人と同様に、一度に記憶するのは数チャンクだけだ。ただ、これら数チャンクの一つ一つが、数十種類の指し手を表している。

どんな分野の名人になるにも、多数のチャンクを積み上げていく必要があるようだ。これがアマチュアより素早く優れた判断を下すカギとなる。新しい分野で十分な数のチャンクを積み上げて「熟練の域」に達するには、約10年の修行が必要になるというのが現在の見方だ。


チャンク化にあたっては、舞台に上げた4つの対象それぞれが、数百万に及ぶ細かい情報を表すことができる。

人生の優先事項を見直すところを想像してほしい。あなたは「仕事」「家族」「健康」「創造性」というチャンクをつくるかもしれない。

人生を変えるために、これらのチャンクを並べ替えるほうが、今まで歩んできた人生や将来の計画を事細かに把握して見直すよりも、はるかに簡単なはずだ。

チャンク化によって、チェス盤上だけでなく、自分の内面世界を含む人生のさまざまな局面で出会う複雑なパターンへの対処がしやすくなる。

ポールがチャンク化の手法を使っていれば、見積を時間内に終えることができただろう。プロジェクトを最大4つのチャンクに分けたうえで、具体的な見積に結びつくまで、それぞれのチャンクをさらに細分化するという方法がとれたはずだ。

一度に頭に入れるチャンクの理想的な数は3～4つとみられている。

舞台に保持できる情報量の限界に達すると、脳は自然とチャンク化をしたがる。つまり、自分でも気づかないうちにチャンク化を行っている。

だが、単純化と同じように、このプロセスを明確に理解することによって、なんとなくではなく、より頻繁に効率よくチャンク化を行えるようになる。

役者選びは慎重に

ポールが舞台に役者を4人しか上げておけない場合でも、その一人ひとりが他の役者たちを兼ねるチャンクになり得る。だとすれば、今この瞬間に最も使える役者はどの4人かという問いが生じる。

シーン1では、他の役者よりも舞台に上げるのにエネルギーを使う役者がいるという考え方を紹介した。

役者が舞台に上がっているのは、往々にしてたまたま最前列にいたからであって、そのときに最も使える役者だからではない。最初、30分以内にプロジェクトの見積を出そうとしたとき、ポールはプロジェクトの詳細で舞台をたちまちいっぱいにして身動きが取れなくなり、何も進められない状態に陥ってしまった。

あなたが6人の同僚との会議の場で、新規事業への投資の是非について重大な決断を迫られていると想像してほしい。そのときに舞台に上げるべきものは、次の4つだろう。

1. 組織全体の目標

2. 会議で求められる結果（投資の是非の判断など）
3. 投資に賛成する主な根拠
4. 投資に反対する主な根拠

シーン1から得た知見によれば、この4つを舞台に上げておかずに、紙やホワイトボードなど目に入るところに書き出すほうが楽かもしれない。

こうした状況では、舞台に上げる適切な役者を選ぶ代わりに、参加者の舞台が新規事業の詳細でいっぱいになるという事態に陥りやすい。事業の詳細は記憶に新しく、舞台に上げやすいからだ。

一方、ここに挙げた事柄は重要だがやや漠然としているため、検討するのにより多くの労力が要る。人は考えるべきことより、考えやすいことを考えがちなのだ。

その瞬間舞台に上げておくべき最適な役者は誰か、あなたはどうやって選ぶだろうか？　ここまで脳について学んだ内容からも、この判断自体が多くのエネルギーとスペースを必要とすることがわかる。そのため、十分なメンタルエネルギーがある早いうちに、視覚化や単純化、チャンク化の手法を使いながら役者選びをするべきである。

だが今はとりあえず、非常に狭い舞台が抱える課題の背景説明はここまでにしておく。

では物語に戻って、ポールが自分自身の前頭前皮質のスペースに限りがあると理解していたらどのように行動していたか、思い描いてみよう。

After

午前10時半。ポールはデスクに座り、手元の書類をぼうぜんと見つめる。クライアントは1時間以内に見積が届くのを待っている。まず表計算ソフトを立ち上げ、一から予算を組もうとするが、「それでは手順が細かすぎて時間がかかる」と内なる声がそっとささやく。彼は大量の情報を扱うときの単純化とチャンク化について学んでいた。

ポールは手を止めて別の戦略を考える。コンピュータと前頭前皮質の両方にある情報量を減らすために、作業中のコンピュータプログラムをすべて閉じ、白紙の新規文書を開く。そして、今最も心に留めておくべきことは何かと考える。

自分は詳細にはまり込む傾向があり、時間内に見積が仕上がらないおそれがある。そこで、1時間で作業を終えることに集中するため、まず画面上に「1時間」と書き込む。それから、プロジェクトに目を向け、最も達成する必要がある目標を明確にし、この目標を一言に単純化しようと試みる。最初は再びコーディングのことを考えて途方に暮れたが、とにかくこの1時間は特定の目標に集中しようと心に決める。

一番の目標は「正確な見積」だ。さらに、プロジェクトを一言で定義しようと頭をひねった結果、「何千件もの少額トランザクションを支えるソフトウェア」という言葉を思いつく。ポールは、プロジェクトを最も重要なポイントに絞って単純化した。

今、ポールの頭の中には「1時間」「正確な見積」「何千件もの少額トランザクションを支えるソフトウェア」という3つのアイデアがあり、これらのアイデアの間にどういうつながりが生まれるか見極めようとする。

3つのアイデアを頭に置きながら、ポールはすぐにプロジェクトの見積作業を段階に分けるべきだと認識する。そのうえで、プロジェクトの4つのチャンクを特定する。

1. プロジェクトの詳細計画策定
2. 既存ソフトウェアの活用とゼロからの新規開発との比較検討
3. ソフトウェアの作成

4つのチャンクを書き上げたら、パターンを確かめる。ソフトウェアの全詳細について考えたくなる。脳が自然とそこへ向かいたがるからだ。だが、そうすれば迷路に迷い込むのはわかっている。

ポールは思いとどまって、この役者たちを舞台から遠ざけ、「プロジェクトの詳細計画策定」という一人の役者だけを舞台に上げようとする。この概念を一瞬でも舞台に上げさえすれば、この作業の見積には、かつて自分が手がけたシステムを思い出すだけで事足りる。クライアントと協力して正確なプロジェクト計画を仕上げるのに通常1週間かかると記憶しており、1週間の自分の仕事の報酬も把握しているからだ。

次に、2つ目のチャンク「既存ソフトウェアの活用とゼロからの新規開発との比較検討」について考える。この概念だけを頭に入れながら、以前このような作業にどの程度時間がかかったかを思い出す。

料金プランの概要をつくったうえで、以降のステップも同様に、一度に一つの概念だけを舞台に上げていく。

ポールは3つ目の段階「ソフトウェアの作成」にたどり着くが、最初の2つが完結しないと、この段階の見積はできないと気づく。厳密な見積を提示する代わりに、過去に手がけた同様のプロジェクト2件でこの段階の作業にかかった費用を図表で例示することにする。この図表を使うことで、未知の変数に基づいた計算にかかる時間を節約できる。

「導入」のチャンクについては、過去の導入時の実績から、1店舗あたりの所要時間やサポート時間などを算出できる。こうして、ポールは免責事項を加えれば提出可能な妥当な見積を作成することができた。

30分以内に費用の内訳を記載した簡単な集計表を作成する。

この書類を印刷してタイプミスがないか確認し、数カ所修正したうえで、提出期限の15分前に最終見積を記載した提案書を送信する。この資料を時間通りに受け取ったクライアントは、見積合計額だけでなく費用の内訳も確認できて喜ぶに違いない。

ポールはこの売り込み方に満足しながら、外出前の余った時間を使ってメール処理を行う。

2つのシナリオを検証してみよう。最初のシナリオでは、ポールはざっくりした推測にすぎない見積合計額だけを記載した提案書を、タイプミスが含まれたまま、期限を過ぎてから送信している。この見積金額は高すぎる可能性もある。

「テイク2」では、クライアントが理解しやすいように論理的な段階別の費用の内訳を記載したタイプミスのない提案書を、期限前に提出している。

シナリオによってポールの収入には大きな違いが生じる可能性がある。だが、脳のプロセスの違いはそれほど大きくはない。ポールは、自分の脳の仕組みが自分の望むような働きをしていないことに気づき、目標を達成するために脳の働かせ方を変えた。

当然この変更は労力と注意を要し、自分の脳のパターンを理解したうえで、脳が反射的にしたがることをしないようにする必要があった。

脳内の一見ささいな変化が、ときにはきわめて大きな効果をもたらすことがあるのだ。

脳に関する事実のまとめ｜シーン2

- 頭の中の舞台は狭い。一般に認識されているよりもはるかに狭い。
- 一度に記憶する情報は少ないほどよい。
- 新しい概念はよく知っているアイデアよりも舞台上のスペースを多くとる。
- 複数のアイデアを覚えておこうとすると、記憶力が低下し始める。
- 複数の選択肢から判断を下すときに、比較する対象の最適数は２つ。
- 一度に記憶するアイデアの最適数は３～４つまで。

最高の脳で働く方法｜シーン2

- □アイデアの特徴的な要素に絞って概略化することで情報を単純化する。
- □情報が多すぎるときはチャンク化する。
- □舞台に上げやすい役者ではなく、最も重要な役者をまず舞台に上げるよう心がける。

シーン3

5つのことを同時にこなす

Before

午前11時。エミリーは上級役員が出席する経営会議に向かっている。経営会議に出るのは初めてなので、エレベーターでアシスタントから会議室までの行き方を教わる。

長い廊下を歩いている途中で、携帯電話が鳴り出した。電話をかけてきたのは、今日エミリーが不採用にしたアシスタント職への応募者だ。

相手を丁重に諭している間に、エミリーは道に迷ったことに気づく。部屋の配置を示す地図は頭に入っていない。電話を切り、位置を何とか把握して、5分遅れで会議室にたどり着くが、自分へのいら立ちが収まらない。

エミリーは聡明であるのに、電話で話しながら会議室にすんなりたどり着くことができなかった。ここまで説明してきた舞台の考え方を踏まえれば、それができないのは奇妙に思えるかもしれない。というのも、エミリーの注意の範囲には、「会議室を見つけること」と「電話で話すこと」の2つしかなかったからだ。

なぜたった2つのことが彼女の前頭前皮質を混乱させてしまったのだろうか？

会議の出席者が席に腰を落ち着けるなか、エミリーは一人の役員が携帯電話をチェックしていることに気づく。とそのとき、自分の携帯電話のメールの受信音が鳴った。エミリーは普段電源を「入れっぱなし（常時オン）」にしておかない。だが、その電話は昇進と同時に会社から支給されたもので、電源を切ろうと思いつつも、緊急用件の見落としがあってはいけないと、そのままにしておいたのだ。メールは、アシスタントとして雇う予定のジョアンヌからだった。面接の日程を再調整する必要がある。エミリーは会議の進行に目を配りつつ、すぐに返事を書く。だが、メッセージを打ちこんでいるうちに、車の中で本を読もうとしているときのように、少し気分が悪くなる。脳が嫌がることをしているのだ。メールを送り終えたエミリーは、会議に意識を集中する。するとまた電話が鳴った。ジョアンヌが別の質問をよこしたのだ。素早く返信メッセージを入力していると、さっきと同じように軽い吐き気をもよおす。

「エミリー？」そう呼びかける声が突然意識に入ってくる。CEOだ。

「チームのみんなに自己紹介をしてくれるかな？」

「しょ、承知しました」。エミリーはうろたえて一瞬沈黙する。

それから、口ごもりながら昇進について感謝を伝え、今年度は大型プロジェクトを予定していると語った。だが、人前でうまく話せないまぬけな奴と思われたのではないかと不安でしかたがない。

本来のエミリーは、常に一瞬で強い印象を与えるプレゼンテーションの達人だ。そんな彼女のパフォーマンスを台無しにした元凶は、前頭前皮質のもう一つの限界である。

ポールがシーン2で自覚したような同時に覚えられる情報量の限界に加え、その情報を使って一度にできることにも限界があることをエミリーは思い知った。

この限界を超えることができれば、正確性や質を確保できるすべが見つかるだろう。毎日やることが山ほどあるエミリーが、パフォーマンスに影響を及ぼすことなく、複数の知的作業を効率よくこなすためには、自分の脳を配線し直す必要がある。

役者は一度に一つの役しか演じられない

一度に複数の情報のかたまり（チャンク）を記憶することはできても、このチャンクを使って、パフォーマンスに影響を及ぼすことなく、同時に複数の意識的なプロセ

スを実行することはできない。
（1）舞台を動かすには大量のエネルギーが必要で、
（2）一度に一握りの役者しか舞台に上げておけず、
（3）役者は一度に1シーンしか演じられない、という3つの限界があるからだ。

複数の知的作業を同時に行うことが物理的に可能な場合もあるが、正確性とパフォーマンスはたちまち低下する。さらには、それが残酷な結果を招くこともある。2007年に発生した鉄道死亡事故の調査では、カーブに差しかかった電車が誤って加速したときに、運転士が携帯電話でメッセージを送信していたことがわかった。

こうした限界は誰にでも身に覚えがあるはずだ。よく通る道を運転しながら友人とおしゃべりするのは簡単でも、知らない道になると急に会話のスピードが落ちる。外国で普段と逆側の車線を走行するときは、正しい車線を走り続けるために相当集中する必要がある。

いつもと逆側の車線を走行しながらラジオ局を切り替えるのは、新しい運転方法が長期記憶に刻まれるまでは不可能に近い。

同様に、コンピュータのキーボードの文字を1文字変えるだけで、入力スピードは著しく低下する。「キーの位置を覚えておく」「入力に集中する」という2つのことを、脳が同時にしなければならないからだ。

シーン1で述べたように、仕事の遂行に関わる主要なメンタルプロセスは、理解、判断、想起、記憶、抑制である。役者が一度に1シーンしか演じられない理由を理解するために、これらのプロセスをさらに掘り下げていこう。

新しいアイデアの**理解**とは、新しく入ってくる情報を表す地図を前頭前皮質内に作成し、その地図を他の脳部位にある既存の地図と結びつけることを意味する。役者を舞台に上げておき、その役者と観客との結びつきを確認するようなものである。

判断とは、前頭前皮質内の一連の地図を起動して、その中から一つ選ぶことを意味する。複数の観客を舞台に上げ、コーラスラインのオーディションのように、そこから演者を選抜するようなものである。

想起とは、記憶に関わる数十億の地図を検索し、適切な地図だけを前頭前皮質に取り込むことを意味する。

記憶とは、長期記憶に刻まれるまで、前頭前皮質内の地図に注意を向けておくことである。

抑制とは、特定の地図が起動しないようにすることを意味し、一部の役者を舞台から遠ざけておくようなものである。

それぞれのプロセスが、数十億にのぼる神経回路の複雑な操作を伴う。ここで重要なのは、一つの操作を終えなければ次の操作を開始できない点だ。その理由は、舞台が狭い理由と共通している。各プロセスがとてつもない量のエネルギーと多数の同一回路を使うため、回路の争奪戦が起きやすいのだ。計算機と同じように、2つの数字の掛け算と割り算を同時にはできない。

意識的な活動をしているときに、脳は次から次へと連続して働く。これは一つの場面を眺めているだけで、それほど細かく注意を払っていない状態とは違う。午前9時にエミリーがコーヒーに誘おうとマデリンを捜していたときのような状態のとき、エミリーの脳は「並列処理」を行っており、複数のデータの流れを取り込んではいるが、そのデータでたいしたことはしていない。

二重課題干渉

意識的なプロセスは一度に一つずつ行うべきだという考え方は、1980年代以降、何百もの実験を通して研究されてきた。

たとえば、科学者のハロルド・パシュラーは、人が一度に2つの認知課題に取り組むと、ハーバードのMBA取得者でも認知能力が8歳児並みに低下することを明らかにした。

これは二重課題干渉と呼ばれる現象である。ある実験の中で、パシュラーは被験者に、ライトがウィンドウの左側と右側のどちらで点灯したかを、キーパッドの２つのキーのいずれかを押して選ぶ課題を与えた。

一方のグループはこの課題だけを繰り返し、もう一方のグループには、同時にライトの色を3色から見極めて選ばせた。右か左か、3色のいずれか、という単純な変数であるにもかかわらず、２つの課題を課されるとキーを押すのにかかる時間は倍になり、まったく時間の節約にならなかった。視覚や音の実験でも、被験者の人数が変わっても、同じ結果が得られた。ただし、回答の正確性を問わなければ、被験者の処理スピードは上がった。ここから明確な教訓が得られる。つまり、正確性が重要であれば、注意を分散させてはならないということだ。

別の実験では、流れてくる音が高音か低音かを聞き分けて、２つのうち該当するペダルを即座に踏むという課題を被験者に課した。これはかなり注意を要する作業だった。

研究者がこれにもう一つ、ねじに座金をはめるなどの身体的作業を加えたときには、パフォーマンスの低下は20パーセント程度にとどまった。

だが、一桁の数字の足し算（5＋3）などペダルを踏む作業にシンプルな知的作業を加えると、パフォーマンスは50パーセント低下した。

2つの作業を同時に行うことよりも、2つの意識的な知的作業を同時に行うことのほうが問題になるという事実をこの実験は明らかにした。

実は最近、私はこれを身をもって学んだ。ポータブルヘッドセットを使って電話をしながら、別の部屋で探し物を始めようとした瞬間、ドアに足の指を挟み、全治数週間のけがを負ってしまったのだ。

30年にわたり、二重課題干渉に関する一貫した研究結果が示されているにもかかわらず、いまだに多くの人たちが一度に複数のことをやろうとしている。

世界中の働き手は、長年にわたってマルチタスクをこなすよう求められてきた。マイクロソフトでバイスプレジデントを務めたリンダ・ストーンは、1998年に「継続的注意力断片化（continuous partial attention）という言葉をつくり、継続的に注意が分散すると何が起きるかを説明した。

その結果生じるのは、慢性的な激しい精神疲労である。ストーンの説明によれば、「継続的注意力断片化とは、最重要事項に注意を向けながら、さらに重要なことが起きはしないかと、常に周囲に目を光らせている状態を指す」という。

無理を重ねることの弊害

ロンドン大学の研究によると、携帯電話で常にメールやメッセージを送受信していると、知能指数（IQ）が平均10ポイント低下（女性では5ポイント、男性では15ポイント低下）するという。これは睡眠不足が及ぼす影響に近い。男性の場合、その影響度は大麻吸引のほぼ3倍に相当する。

このデータは夕食会の話題としては面白いだろうが、最も一般的な「生産性向上ツール」の一つが、人を大麻常習者並みのろくでなしにしかねないというのは、実際そう愉快な話ではない。

ハイテクメーカーには申し訳ない。だが、こうしたテクノロジーには、数時間「電源をオフ」にするといった賢い使い方もある。「常時オン」の状態でいることは、最も生産的な働き方とは言えないかもしれない。

その理由の一つは、プレッシャーの下で冷静さを保つことに関する後の章で明らかになるが、要するに、脳が過度に「警戒」を強いられてしまうのだ。

そうなると、アロスタティック負荷と呼ばれる、ストレスホルモンなど切迫感に関連する要素の数値が高まる。

ストレスによる心身の摩耗の影響は大きい。ストーンが述べるように、「いつでも、どこにいても常時つながっている今の時代は、絶え間ない危機感を人工的に生み出している。哺乳動物が絶えず危機にさらされると、アドレナリンが放出され、『戦うか逃げるか』という闘争・逃走反応が起きる。この反応はトラが追ってきたときには役に立つが、一日500件のメールの何件がトラ並みの緊急事態だろうか？」

注意力断片化の問題に関する科学的研究が進み、最小限の効果しかないとわかっているのに、人は相変わらず無理をして一度に多くのことをやろうとする。「常時オン」の状態は、一見理にかなった解決策のように思える。そのため、デスクにいる間に処理しきれない大量のメールがあれば、どこにいてもメールを処理しようとする。また、毎日24時間メールにアクセスできるようにするという考え方は、メール習慣を変えるといった自分の客席にはない不確かな解決策よりも、はるかに舞台に上げやすい。

だが、常時オンの状態は、メンタルパフォーマンスへの悪影響にとどまらず、受信メールの総量を増やすといった思いがけない結果をもたらす。

あなたが課題に即対応していることに周りが気づき、さらに多くの対処すべき課題を送ってくるようになるからだ。

無理をすれば、短期的には常時オンの状態が効果的に思えるかもしれない。

だが、エミリーが会議中に二重課題干渉による吐き気をもよおしたように、脳への負担はきわめて大きい。ランチに何を食べるかといった単純なことを決めようとしているときに、難しい質問をされたと考えてほしい。たとえ答えられたとしても、一仕事だろう。

エミリーが会議でやろうとしていたようなことを、人はやりがちだ。一度に複数の事柄に注意を分散させ、次から次へと素早く注意を向ける対象を切り替える。あなたはこれを名案だと思うかもしれない。だが、ワーキングメモリーの容量は小さいため、今集中したい事柄のために保持できる情報量が減る。

一度に舞台に上げられる情報が4つではなく、3つか、わずか2つにまで減ってしまうかもしれない。その場合、最もエネルギーを消費する情報が真っ先に舞台からはじき出される可能性が高い。さらに悪いことに、それは抽象的な目標やとらえにくい目的など、概念的なものであることが多い。つまり、重要な役者が真っ先に舞台から押し出されるのだ。

マルチタスクを実行し、複数の作業に多くの注意を払う必要があれば、正確性は必ず低下する。では、それを避けるために、一度に一つのことに集中する以外にどんな選択肢があるだろうか？

複数のことを同時にこなすというジャグリングのジレンマの解決策は3つ考えられる。

一つ目は、自分のやっていることをできるだけ多く体に覚えさせて意識せずにできるようにする、つまり、観客をもっと働かせること。

2つ目は、考えられる最適な順序で情報を舞台に上げること。

そして3つ目は、注意の向け方を組み合わせることだ。

観客をもっと働かせる

「自分はマルチタスクを難なくこなしている」と言うビジネスパーソンがときどきいる。確かに、電話会議に参加しながら、ほぼ同時にメールに返信することはできるだろう。

だが、それは実際には舞台を使う2つの作業を一度に行っているわけではなく、作業から作業へと注意を切り替えているにすぎない。

その結果、電話会議への注意がそがれ、重要なポイントを聞き逃し、新しい考えが「頭に入って」こない可能性がある。

また、記憶の研究者によると、長期記憶を形成するには、情報に細心の注意を払う必要がある。電話会議は聞こえているかもしれないが、後で振り返っても、議論の内容をほとんど思い出せないだろう。

ここで解決策を一つ紹介しよう。ピエロが多くのボールを操るジャグリングの技を身につける要領で、あなたも仕事で多くの事柄をうまく操る技を身につけてはどうだろうか。つまり、体で覚えるまで特定の動作を何度も繰り返し練習するのだ。そうすれば、その動作は前頭前皮質がつかさどるものではなくなる。

いったんある動作を体で覚えれば、別の動作を組み合わせることができる。そしてさらに新しい動作を体で覚えながらどんどん積み重ねていけばいい。その一例が車の運転の習得である。まずハンドルの握り方を体で覚える。次にアクセルとブレーキの使い方を覚え、これも無意識にできるようになったら、さらに駐車などのより高度なスキルを身につけられるようになる、といった具合だ。

私は保存、切り取り、貼り付け、取り消しといったコンピュータのキー操作を体で覚えているので、今ではこれらをすべて意識的な注意をほとんど払わずに行うことができる。短時間で質の高い文書を作成できるのは、そのおかげと言っていい。習慣的な動作には意識のリソースを使わずに済むからだ。

反復作業を体で覚えると、シーン1で触れた脳の大脳基底核と呼ばれる部位にルーティンを引き継ぐことになる。

大脳基底核（複数の核で構成される）は、ルーティン動作の脳への保存をつかさどっている。これらの動作がルーティンと呼ばれるのは、ダンスの型（ルーティン）のように一定の順序で組み合わせたステップだからだ。

人の大脳基底核は、自分の環境の中のパターンを認識、保存、再現する。基本的な作動原理は、ソフトウェアのコーディングにおける「IF‐THEN」構文に近い。その一例が「温かい飲み物を手に取ったら、そのまま勢いよく飲むのではなく、最初に少しだけすすって温度を確かめる」という動作だ。

このルーティンは、複数の複雑な地図に記録されている。各地図には、正しい順序、長さ、力加減で数百の筋肉を動かすために、数百万の神経を発火させる指示が含まれており、それによって、取っ手付きマグカップに入った温かい飲み物を持ち上げ、口元に運んですすることができるのだ。

大脳基底核はありとあらゆることに関与している。長い白質の接続を通して、大脳基底核には脳の大半の部位からデータが出入りしている。白質の接続は、さまざまな脳部位をつなぐ長距離ケーブル配線のようなものである。

前頭前皮質も他の脳部位と幅広くつながっているが、扁桃体《へんとうたい》など、その一部は、他部位とのつながりが限られている。

他部位と幅広くつながっている大脳基底核は、身体的動作だけでなく、光、音、におい、言語、出来事、アイデア、感情など、あらゆる知覚刺激のパターンを記憶している。今度あなたが紙パック入りの牛乳を飲む前になにげなくにおいを嗅いだときや、会議に出る前に名刺を持ったか無意識に確認したときは、大脳基底核に感謝しよう。

大脳基底核はパターンを旺盛に取り込む。ある研究によると、ルーティンを3度繰り返すだけで、長期増強と呼ばれるプロセス（ここでは配線と呼ぶ）が始まるという。また、大脳基底核は物静かな大食いであり、私たちが意識しないうちにパターンを覚える。

モントリオールで実施された研究では、脳スキャナを装着した被験者に、ライトが画面上のどこに点滅したか、キーボードの4つのボタンのいずれかを押して答えさせる実験をした。被験者は2グループに分けられ、一方のグループには、ランダムなパターンのシーケンスを見せ、もう一方には反復するパターンのシーケンスを見せた。

反復するパターンといっても非常に複雑で、被験者が意識して覚えられるものではなかった。だが、大脳基底核はこのパターンを覚えた。反復するパターンを見せられたグループは、ボタンを押すスピードが10パーセント速かった。

大脳基底核

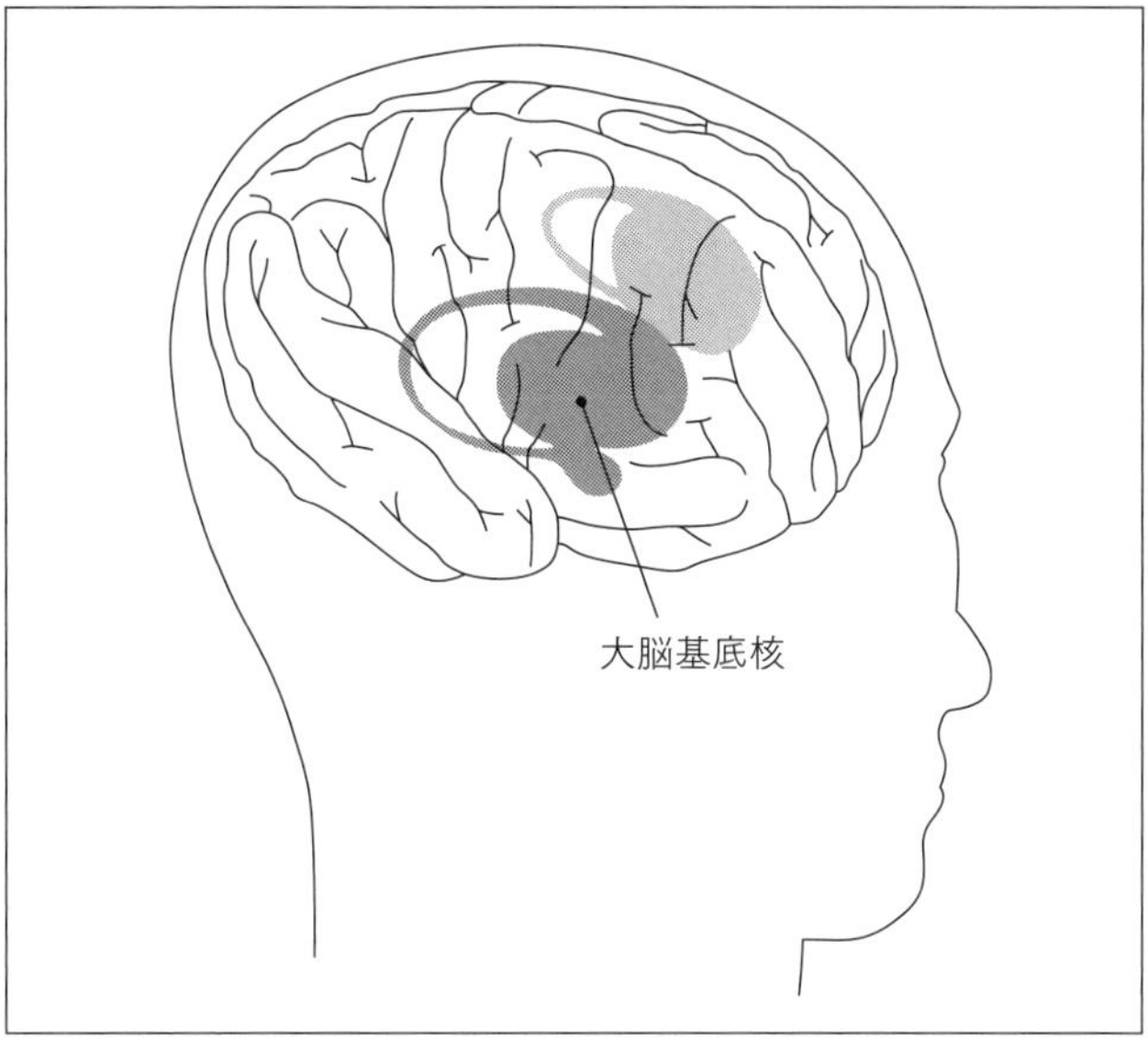

実験の後、両方のグループに対して、何かしら認識したパターンがあれば入力するように依頼したが、その結果にグループ間の差はなかった。

被験者の大脳基底核はパターンにそれとなく気づいたが、被験者本人はそのパターンを明確に特定できなかった。

あなたにも同じような経験があるかもしれない。たとえば、ある日新しいオフィスまで車を運転していくと、翌日にはもう「知っている道」のように感じるケースだ。この種の認識は把握しづらく、その道筋を人に説明することはできない。だが説明はできなくても、大脳基底核にはすでにパターンが形成されているのだ。

大脳基底核は、パターンをきわめて効率的に実行する。このリソースをできるだけ活用しよう。

大脳基底核がこのプロセスを作動できるまでパターンを繰り返せば、新しい動作のために舞台を空けておけるようになる。

何度でも繰り返せるルーティンをつくろう。たとえば、人の呼び方、新規文書の開き方、メールの削除のしかた、スケジュールの組み方などをルーティン化してはどうだろうか。**パターンを使えば使うほど、その作業に注意を払わずに済むようになり、一度にできることが増えていく。**

このプロセスは手紙を書くなどの高次の作業には当然使えないが、体で覚えられることの多さには驚くだろう。たとえば、私は今すぐにキー操作を使って、注意をほとんど払わず、3秒とかからずに（実際に測った）「メールをもらって嬉しい」ことを伝えるニコニコマークのメールを返信できる。

最適な順序で情報を舞台に上げる

一度に一つ限りの注意のリソースを最大限に活用するもう一つの方法は、考えられる最適な順序で情報を舞台に上げることである。

友人数人とビーチで休暇を過ごすため、行き先を決めようとしていると想像してほしい。その休暇に関する意思決定は、特定の順序で行う必要がある。参加人数が決まらなければ、食品をどれだけ買えばよいかわからない。休暇の日程が決まらなければ、参加人数はわからない。全員に確認がとれる前に買い出しに行けば、思考が空回りして買うものを決められない。

あなたにも似たような経験があるかもしれない。たとえば仕事のプロジェクトで、同じ意思決定を何度も繰り返すことはないだろうか。これは、前頭前皮質と意識的なメンタルプロセスの連続性がもたらすボトルネックと呼ばれる現象である。

ボトルネックは、メンタルエネルギーを消費する一連の未完了の接続であり、キュー（待ち行列）をつくり出す。最初の意思決定の後ろに他の意思決定が列をつくって順番待ちをするのだ。

これは、プリンターに紙が詰まって、印刷待ちのドキュメントがたまっていくのに似ている。紙詰まりを起こすとプリンターのアイコンが画面上に現れ、問題が生じたという「警告」を発する。それと同様に、繰り返し同じことを考えてしまうときは、ある意思決定が別の意思決定を妨げている可能性がある。

一週間のうちに自分が注意を払った考えのリストをつくってみれば、さまざまなことを繰り返し考えていることがわかるだろう。答えを出そうとしても出せないキューにたまった意思決定は、脳のリソースを最も浪費するものの一つだ。

では、キューにたまった課題をどう解決すればいいだろうか？

おそらく、より高次の意思決定が必要だろう。家の内装を施そうとして壁の色が決まらないときは、家全体の色彩設計に関する高次の意思決定ができていないとみられる。

考える作業にも、最も効率的な方法や、抵抗感の少ないやり方がありそうだ。

たとえば、時間をとって最適な意思決定の順序を見極めることで、全体的な手間とエネルギーを大幅に節約し、キューにたまった未解決の課題を減らすことができる。

キューを減らせば、同じ情報を繰り返し舞台に上げたり舞台から降ろしたりせずに済み、エネルギーや、別の情報を処理するスペース、他の作業に取り組むためのリソースを全体的により多く確保できるようになる。

注意の払い方を組み合わせる

複数の作業をこなすための最後の方法は、注意の払い方を組み合わせることである。この考え方は、必要な知的作業の種類に応じたスケジュールの組み方に関するシーン1での説明と共通している。

つまり、一度に複数の作業をしなければならないときは、その時間を限定すべきということである。

注意を分散する時間を意識的に決めて、それ以外の時間は一つのことに集中する。たとえば、職場で一日のうち限られた時間のみ携帯電話の電源を入れておくという方法がある。

自分が注意を分散していると周囲に知らせることが役に立つ場合もある。

会議で参加者が話を聞いているか否かを見極めるのは骨が折れる。電話会議の進行中に、誰が100パーセント注意を払い、誰が他のことをしているかが明確になれば助かるかもしれない。特定の参加者が１００パーセント注意を傾ける必要がある議題になったとき、その人物に注意を喚起できるからだ。

では、これらをすべて踏まえたうえで、エミリーが自分の脳の限界を理解していたら、どのように行動していたか見ていこう。

After

午前11時。エミリーは上級役員全員が顔を揃える経営会議に初めて出席しようとしている。アシスタントから会議室までの行き方を教わり、廊下を歩いていく。

そのとき、携帯電話が鳴り出した。一度に一つのことにしか集中できないことはわかっている。今はとにかく会議室にたどり着くことに集中しなければ。

エミリーは電話をボイスメールに切り替え、時間通りに会議の席に着く。

会議中、エミリーは一人の役員が携帯電話をチェックしていることに気づく。とそのとき、マナーモードにした自分の携帯電話が振動し、メールの受信を知らせた。返信を始めれば、会議の議論についていけなくなることはわかっている。注意を分散させるか否かの意識的な決断を下すため、ミーティングの議題について出席者に質問する。

あと少しで自己紹介の時間だとわかり、携帯電話の電源を切ることにする。上級役員を前に話をするときは、全神経を傾ける必要があるからだ。

発表までの10分間、会議室にいる役員一人ひとりに少しの間注意を向け、その人となりを感じ取る。一人ずつに注意を向けるうち、各役員とのつながりを強く感じられるようになり、気持ちに余裕が生まれる。

エミリーは以前2人の役員と同席した会議のこと、そこで会話が弾んだことを思い出す。そのうちの一人に、後でコーヒーに誘うメールを送ろうと思い立ち、メモをする。エミリーは、自己紹介の時間がくるまでに、意識を研ぎ澄ませながら落ち着くことができた。

自己紹介の間、エミリーは力強く自信に満ちた印象を与える。2人の役員と同席した会議で学んだ知見を盛り込んだことで、当の役員たちは、エミリーがその会議の内容を細部まで記憶していることに感銘を受ける。

自己紹介を終えたエミリーは、これから3分間だけ受信メールを確認した後、再び電話の電源を切ることを周囲に知らせた。それから受信メールの内容を読み始めるが、頭が混乱してきたため、会議に集中しようと決心する。メールの返信をしたくならないように、受信通知機能をオフにする。

会議が終わりに近づくころ、自分に直接関係のない議論が10分間続いたが、一度に2つのことをやろうとはせずに、その時間を使って一部のメールを削除した。

脳に関する事実のまとめ―シーン3

●一度に集中して行うことができる意識的な作業は一つだけである。
●作業の切り替えにはエネルギーを使う。これをやりすぎるとミスが増えるおそれがある。
●一度に複数の意識的な作業を行うと、正確性やパフォーマンスが著しく低下する。
●正確性を重視する場合、2つの知的作業を素早く行うには、一度に一つずつ作業を行うしかない。
●体で覚えたルーティンの場合は、マルチタスクを簡単に実行できる。

最高の脳で働く方法―シーン3

□一度に2つのことをやろうとしていると自覚したら、あえてペースを落とす。
□反復作業をできるだけ体に覚えさせる。
□意思決定や思考のプロセスを正しい順序で行い、意思決定の「キュー（待ち行列)」を減らす。
□マルチタスクを行う必要がある場合、能動的思考を要する作業と組み合わせるのは、体で覚えた無意識のルーティンだけにする。

▶シーン4

ディストラクション（注意散漫要因）にノーと言う

Before

午前11時半。ポールは1時間後に見込みクライアントとランチミーティングをする予定だ。それまでに、クレジットカードプロジェクトを受注した場合に必要となるリソースを把握しておきたい。

提案書は送付したが、誰をチームに加えるか、チームの構成、納品スケジュールなど、まだ詳細を練っていない部分がある。この仕事をやり遂げる自信はあるものの、ポールの大脳基底核があるパターンを検知している。言葉では表せないが、自分をいら立たせる何か、脳の奥深くから発せられる微妙で弱い信号を感じる。それが何であるかすぐには特定できないが、もっと周到な準備が必要なことを知らせる記憶だ。

長く忘れていたが、準備が不十分なままクライアントと会った結果、激しい感情が生じたときの記憶だろう。脳はある状況と結びつく感情を、その詳細を簡単に想起できないほど時間が経ってもまだ覚えている。

ポールは1枚の白紙を取り出して、このプロジェクトに最適なサプライヤーを書き出そうとする。過去に仕事をしたサプライヤーのおぼろげなイメージが浮かび上がる。とそのとき、売り込みの電話がかかってくる。邪険にするのも気が引けて、テレマーケターが何を売り込んでいるのかを把握し、向こうから電話を切らせるまでに時間がかかる。

残念なことに、テレマーケターとのやりとりにもエネルギーを消費し、ポールはすでにエネルギー不足に陥っている。5分後、まだ白紙を見つめていたときに、新着メールを知らせるかすかな音がした。一瞬、無視すべきだと思ったが、無視するにも労力が要る。メールはサプライヤーのエリックからで、学校のプロジェクトに関する質問だった。

ポールとエリックは、お互いの子どもが通っている学校のコンピュータのアップグレードを請け負っていた。そのメールの返信に10分もかかってしまう。ポールは注意がそがれたことにいら立ち、質問にそっけなく答えて、エリックに八つ当たりしてしまう。

エリックにメールを返信し終えたポールは、改めてプロジェクトについて考え始めようとする。思考を再開するたび、集中するのに余分な労力がかかり、使えるエネルギーの蓄えが減っていく。注意を切り替えるたびに、既存の役者を舞台から降ろし、新しい役者を舞台に上げる必要があるからだ。

また、最前列にいるベテラン役者たちが常に舞台に飛び乗ろうとするのを抑制しなければならない。そのすべてに大量のエネルギーを使うため、午前中のこの時間にして、もうエネルギー切れ寸前だ。

ポールはスナックを食べようと冷蔵庫の前へ行く。昨晩の残り物を見つめているとき、メール対応に追われる前に考えていたことを思い出し、コンピュータの前へ戻る。

そして、さっき意識に浮かんだサプライヤーを突き止めようとする。だがすぐに、今夜の隣人たちとのポーカーゲームに意識が向き、やがて先週のゲームのことまで思い出して、お金をあんなに持っていかなければよかったと後悔し始める。勝てないと持ち金を全部つぎ込んでしまう癖があるからだ。意識が現在に戻ると、今度はコンピュータのデスクトップが散らかっているのに気づき、文書をフォルダに整理し始める。途中、すっかり忘れていたプロジェクトのファイルを見つけて開いてみる。そのとき電話が鳴った。エミリーからだ。エミリーは、数分休憩がとれたので、今取り組んでいるプロジェクトについてポールと話したかったのだ。

ポールはエミリーとの会話とミーティングの準備との狭間で葛藤する。エミリーはポールの反応を自分への無関心だと誤解する。新しい役職の仕事を応援してほしいと言うエミリーに、ポールは自分も忙しいからとそっけない返事をする。腕時計に不意に目をやると、もう家を出る時間だった。

ポールは重要なことを考えようとしていたにもかかわらず、さまざまなディストラクション（注意散漫要因）が邪魔をして、結局考え始めることができなかった。自分が集中したいこと以外のあちこちに気が散ってしまったのだ。より効果的に仕事をするには、外的ディストラクションと内的ディストラクションの上手な管理方法を学ぶ必要がある。大事なときに集中力を発揮するために、ポールは脳の働かせ方を変えなければならない。

外的ディストラクション

ディストラクションは至るところに存在する。また、「常時オン」を可能にする今日のテクノロジーによって、生産性は大きく損なわれている。

ある研究によれば、職場のディストラクションによって一日当たり平均2・1時間が奪われているという。別の研究は、現代のオフィスワーカーは平均11分で集中が途切れてしまうことを明らかにした。いったん集中が途切れた後、元の作業に完全に戻るまでには25分もかかるという。電話や同僚との会話、文書作成など、人が3分ごとに活動を切り替えていることもわかっている。

マイクロソフトは、効率化向上ソフトウェアの開発を目的として、人の働き方を研究する部門を設置している。そこでは、注意散漫による影響を軽減するため、画面上の「通知」オブジェクトの色を変えるなど、さまざまな手法が試されている。

問題は、ディストラクションはどんなに小さなものでも、人の注意をそらすという点だ。いったんそれた注意を元に戻すには労力が要る。その回路が新しかったりもろかったりする場合は、特にそうだ。

ポールはプロジェクトの計画を立てようとするたびに、数十億ものできたての回路を再起動しなければならない。それは空中にただよう糸くずのように、一瞬で消えてしまいそうな回路だ。

ディストラクションはイライラを引き起こすだけでなく、心身を疲れさせる。ブドウ糖の蓄えがさらに減り、元の作業に戻るころには、集中力がいっそう低下している。

一時間に10回注意を切り替えると、生産的思考の時間は断片化される。ある研究によれば、オフィスワーカーは一時間に20回も注意を切り替えている。

エネルギーが低下すれば、理解、判断、想起、記憶、抑制の能力も低下する。その結果、重要な作業でのミスが起こりやすくなる。また、ディストラクションの影響により、思いついたいいアイデアを忘れ、貴重な知見を見失うといったおそれもある。素晴らしいアイデアを思いついていたのに、それを思い出せないのはもどかしく、かゆいところに手が届かないそのはがゆさが、新たなディストラクションを生む。

解決策の一つが、外的ディストラクション——メール受信音、電話の着信音、オフィスに入ってくる人々など——を管理することだ。計画立案や創造的作業などの高次の思考にどれほどのエネルギーが必要かを知れば、あなたも自分の注意を奪うディストラクションへの警戒を強めるだろう。

ディストラクションを管理する最も有効な方法はシンプルだ。

ずばり、考える作業をしている間は、すべての情報通信機器の電源を切ること。

脳は目の前のことに集中するのを好む。そのほうが楽だからだ。頭の中にあるとらえにくいアイデアの糸口をたぐりよせようとしているときに、注意をそらすことを自分に許すのは、痛みを止めて軽い喜びを味わうようなもので、なかなか抗いがたい。

外的ディストラクションをすべて遮断するのは、多くのディストラクションにさらされている場合は特に、メンタルパフォーマンスを向上させる最も有効な戦略とみられる。

内的ディストラクション

一方、私たちが対処するディストラクションの多くは、外的ディストラクションではなく、内的ディストラクションである。

思春期の訪れとともに、自分の内面に意識が向くようになると、多くの人が自分の心のコントロールの難しさに気づく。妙な考えが不意に頭に浮かぶし、子犬があちこちを嗅ぎまわるように気が散りやすい。

こうした傾向にはイライラさせられるが、いたって普通のことだ。気が散りやすい理由の一つとして、脳の中では神経系が絶えず数兆にのぼる接続を処理、再構成、再接続していることが挙げられる。これを示す言葉が周辺神経活動（ambient neural activity）である。

もしあなたが休息中の脳の電気活動を見られるとしたら、それはまるで、宇宙から眺めた地球が激しい嵐に見舞われて、稲光が毎秒数回さまざまな地域を明るく照らしているように見えるだろう。

こうした神経活動の結果、考えやイメージが次々と意識に現れる。夢を見ていると き、つまり、意識の幕の裏で神経接続が形成されて心に現れるときも、同様のプロセ スが起きている。目が覚めているときにも常時接続は生じているが、毎分数百も浮か んでくる思考の大半があまり注目を浴びないまま奥へ消え去る。

雑多な観客が舞台に飛び入りし、2秒ほどスポットライトを浴びた後、去っていく ようなものだ。だが注意をしないと、こうした余計な役者につい気を取られてしまう。

雑多な思考がすぐに消え去るのはよいことだ。邪魔が入らなくても集中力を維持す るのは難しいのだから。

ある研究によると、人が一つのことを集中して考える時間は、平均してわずか10秒であり、すぐに別のことに思考が移ってしまうという。外がいい天気だったり誰かが くしゃみをしたりするだけで、あるいは何の理由もなく、数分おきに舞台からいなく なる劇団のように、役者たちは簡単に気が散ってしまう。役者を舞台にとどめる努力 をしなければ、1シーンを完結させるのは難しい。

マサチューセッツ工科大学（ＭＩＴ）の神経科学者トレイ・ヘデンとジョン・ガブ リエリは、人が難しい作業の最中に内的思考に気を取られたとき、脳で何が起きてい るかを研究した。

その結果、注意がそれると、作業内容にかかわらずパフォーマンスが低下すること、注意がそれたときには内側前頭前皮質が活性化することを明らかにした。

内側前頭前皮質は前頭前皮質の内部、額の中央あたりに位置し、自分や他人のことを考えるときに活性化する。

脳のこの領域は、デフォルト・ネットワーク（訳注：デフォルト・モード・ネットワークともいう）と呼ばれるものの一部でもある。デフォルト・ネットワークは、集中した知的活動の合間など、あまり活動していないときに活性化する。

外的集中力を失うと、脳のデフォルト・ネットワークが活性化し、自分を悩ませている事柄への意識が高まるなど、内部信号に注意が向くようになるという。

ポールは先週のポーカーゲームに気を取られたとき、サプライヤーを突き止める糸口を見失い、思考を戻すまでにずいぶんと時間がかかった。

哲学者たちは数世紀にわたって、心をコントロールする難しさについて書いてきた。東洋哲学に「象と象使い」の有名な比喩《メタファー》がある。意識的な意思（理性）を指す象使いは、より大きいコントロール不能な無意識の心（感情）を指す象をコントロールしようとする。前頭前皮質が脳全体の容積に占める割合はわずか4パーセントであり、現代の脳科学はこの比喩が正しいことを認めているようだ。意識的な意思決定をつかさどる前頭前皮質は一定の影響力を持つが、脳の残りの部分のほうがはるかに大きくて力強い。

この事実は、前頭前皮質と脳の他の部分とを結ぶネットワークを強化する重要性を物語っている。

気が散る理由

ディストラクションの重大な問題点は、それが内的であろうと外的であろうと、集中を大きく妨げることにある。

すでに述べたように、それは集中するのに労力が要るからだけではない。周囲の新しい情報に気を取られるのは、膝反射に近い「反射的」反応でもある。

そうなる理由は、一説では、人の脳が数百万年かけて異変に注意を向けることを学んできたからだという。あるいは、科学者で哲学者でもあるバージニア大学のジョナサン・ハイトが述べているように、私たちが、藪の中から聞こえてくるカサカサいう音に注意を払ってきた人々の子孫だからだろう。新しい形の車、閃光、足下の異音、異臭――それらはすべて、目立つから、目新しいからという理由で、私たちの注意を引く。

目新しいものを検知するのに重要な役割を果たす脳の領域は、前帯状皮質と呼ばれる(105ページの図を参照)。

前帯状皮質は、予想に反することを察知したとき、たとえば、ミスをしたときや痛みを感じたときなどに活性化するため、エラー検出回路とみなされている。こうした人の生まれ持った癖は、あらゆる形態のマーケティングや広告、さらには異性との出会いを求める人たちによっても活用されている。

目新しさは注意を引き、ほどほどであればプラスに働く。だが、エラー検出回路があまりに頻繁に作動すると、不安や恐れにつながる。誰もが共通して大きな変化に抵抗を感じる理由はここにある。大きな変化は目新しすぎるのだ。

ポールが午前中に経験したように、仕事中は多くのディストラクションにさらされる。メールや電話、ファイリングを要するフォルダといった外的ディストラクションもあれば、ポーカーゲームの記憶といった内的ディストラクションもある。

内的ディストラクションの中には、舞台の限界から生じるものもある。

単に集中的思考に使えるブドウ糖の不足によって、何を考えていたか途中でわからなくなる場合もあれば、4つを超える概念など、多すぎる情報を一度に覚えようとして、情報を見失ってしまう場合もあるだろう。「キュー」に複数の意思決定がたまっ

前帯状皮質

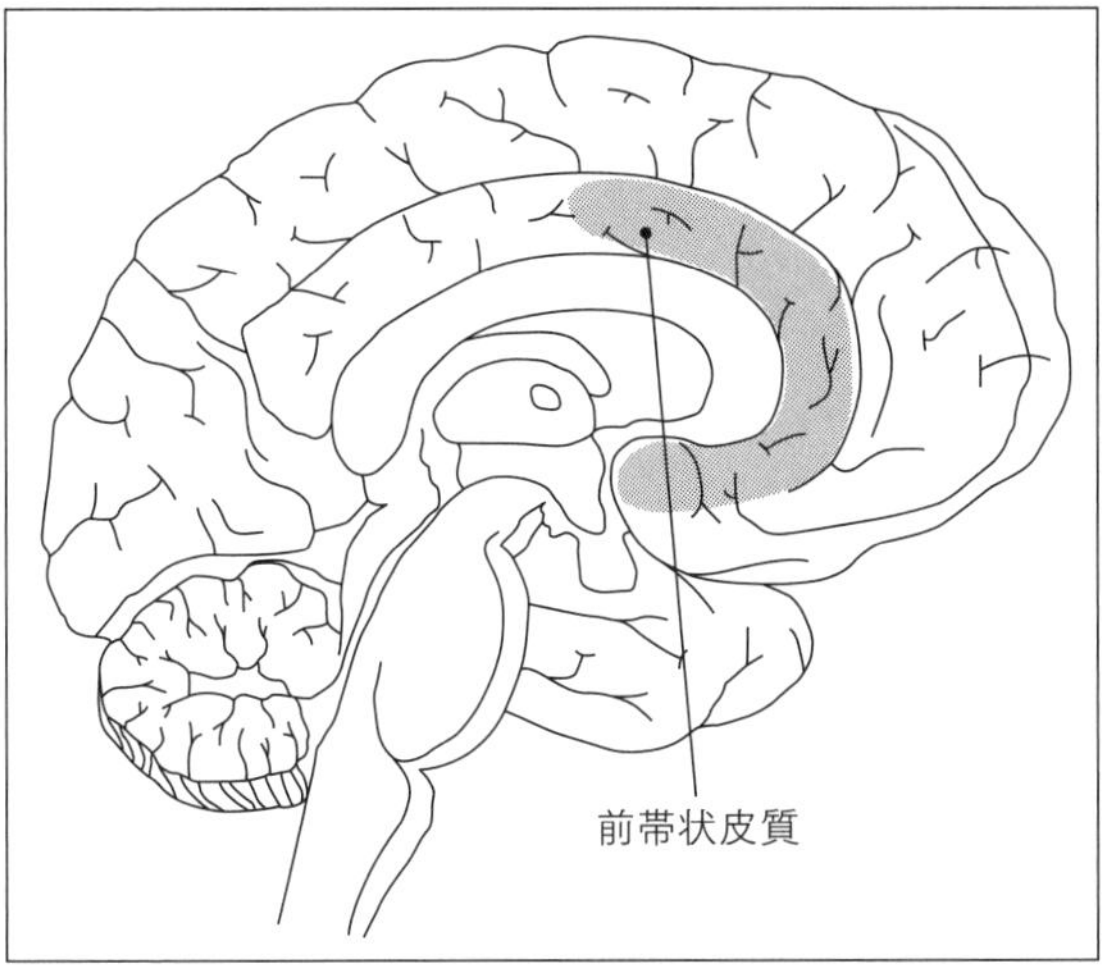

ていて、先に処理すべき意思決定がたびたび視界に現れる場合もある。さらには、役に立たない脇へ追いやるべき情報が短期記憶のスペースを占領している場合もあるかもしれない。

今ようやく、前頭前皮質を脳のゴルディロックスと呼んだ理由がわかり始めたのではないだろうか。脳がうまく働くためには、すべてが適度でなければならないのだ。

ディストラクションを追い払う

舞台が混乱する可能性を踏まえて、集中力を保つにはどうすればいいのかとあなたは思案しているかもしれない。人間は集中を維持するために特定の神経回路を発達させてきた。だが、この回路は期待通りには働いてくれない。

ある思考への集中を維持できるかどうかは、いかに集中するかではなく、いかに不適切なことに注意が向くのを抑えられるかにかかっている。

神経科学者が集中という行為の研究によく使うのが「ストループテスト」だ。

被験者は、違う色で印刷された言葉（色の名前）を見せられ、言葉自体ではなく、文字の色を読み上げるよう求められる。ここで挙げる例では、選択肢Cについて、脳は「灰色」と答えたい衝動に駆られる。脳にとっては、色を識別するより言葉を読むほうが簡単だからだ。

a．黒
b．灰色
c．灰色
d．黒

灰色という言葉を読まないためには、無意識の反応の抑制が必要となる。

脳科学者たちは、脳の血流の変化を記録する機能的磁気共鳴画像法などのスキャン技術を使って、人が自然な反応を抑制する様子を観察し、抑制が起きるときに活性化する脳のネットワークを突き止めた。中でも、前頭前皮質内の特定部位が、あらゆる種類の抑制をつかさどっていることが継続的に示されている。

この部位は腹外側前頭前皮質（ＶＬＰＦＣ）と呼ばれ、左右のこめかみの内側に位置する。腹外側前頭前皮質が抑制する反応は多岐にわたり、たとえば、運動反応、認知反応、感情反応を抑制するときには、この部位が活性化する。

言語、感情、動作、記憶には、脳のさまざまな部位が関わっているため、脳内には多数の異なる「アクセル」が存在するとみられる。

だが、脳にはあらゆる種類のブレーキに共通して使われるシステムがあり、それが腹外側前頭前皮質である。このブレーキシステムをうまく操る能力が、集中力と密接に関係しているとみられている。

ブレーキをかける

腹外側前頭前皮質が前頭前皮質内にあるという事実は大きな意味合いを持つ。

あなたの会社が自動車メーカーで、新車種の製造を行っているとしたら、ブレーキシステムには必ず、最も頑丈な素材を使うだろう。ブレーキの不具合があってはならないからだ。

ところが、人間の脳の場合、これと正反対のことが起きている。私たちのブレーキシステムは、脳の中で最も脆弱で、気まぐれで、エネルギーを消費する部位に位置している。

そのため、ブレーキシステムが最適な状態でしか作動しないケースもある。自動車がこんなつくられ方をしていたら、初ドライブで店に出かけたら最後、生きて帰れないだろう。衝動による行動を抑えるのは、可能ではあるが、たいてい簡単でないことも、そう考えるとすべてつじつまが合う。

腹外側前頭前皮質（VLPFC）

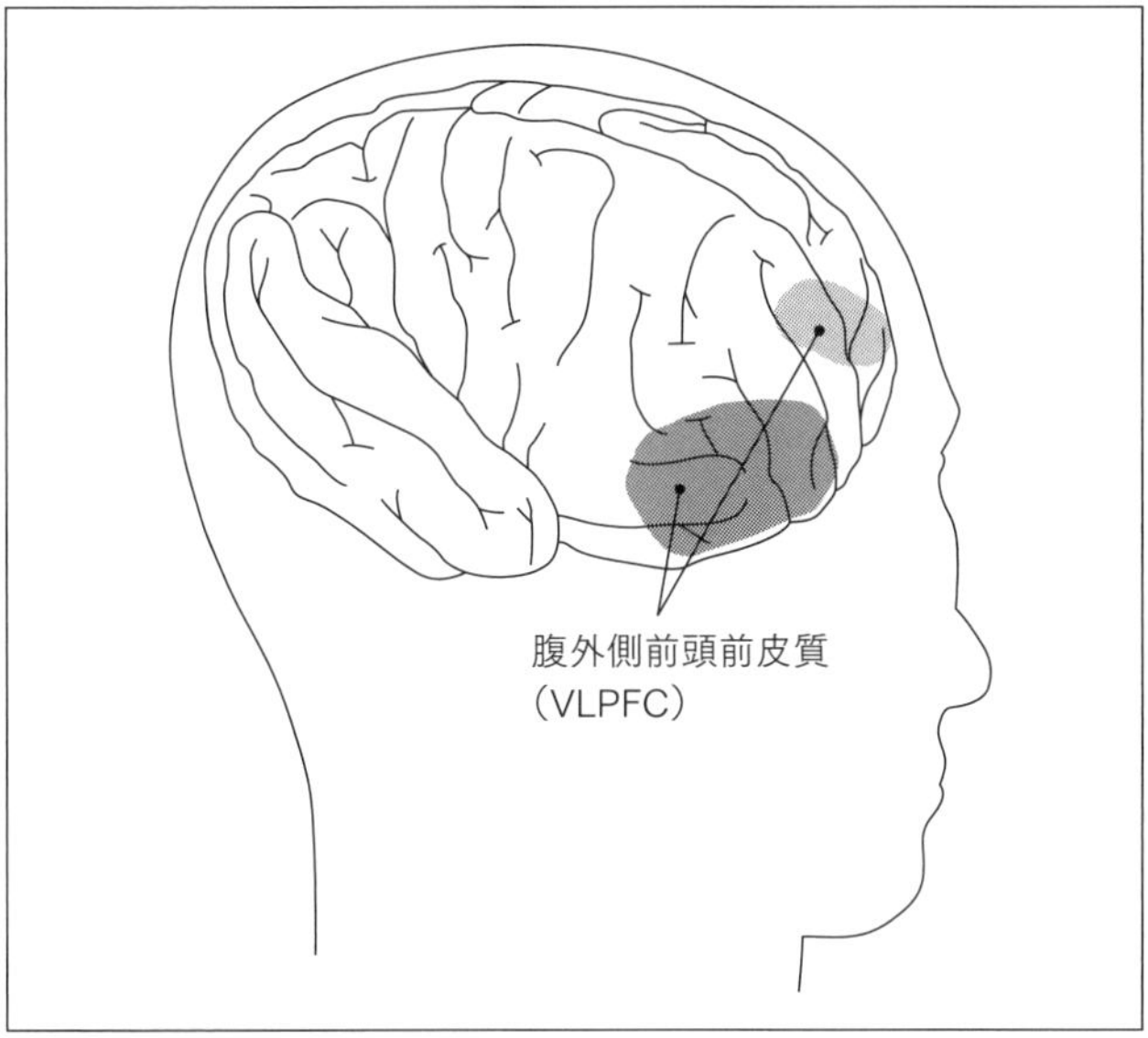

悩ましい厄介な問題を頭から追い出すのが難儀であったり、集中力を保つのがまったく不可能に思える場合があったりするのも、同じ事情からだ。

ブレーキシステムが前頭前皮質の中にあることの深刻な影響の一つとして、ブレーキをかける力が、かけるたびに低下することが挙げられる。

ブレーキの使用間隔を十分に空けないと、ブレーキを踏むたびにブレーキパッドがほぼ消失する車を所有しているようなものだ。シーン1で紹介したフロリダ大学の科学者ロイ・バウマイスターは、人が部屋に一人でいるときにチョコレートを我慢しなければならない状況を設定し、チョコレートを我慢した人たちが、その後の難しい作業をいち早く投げ出すことを突き止めた。

「自制心は限られたリソースである。いったん自制心を働かせた後は、さらに自制心を働かせる能力は低下する」とバウマイスターは述べている。

何かを我慢すると、次の衝動は抑えがたくなる。ダイエットが難しい理由や、物を書いているときにチョコレートを食べすぎてしまう理由など、多くのことがこの傾向によって説明できる。

抑制の仕組みはきわめて重要とみられるため、もう少し詳しく見ていこう。

カリフォルニア大学サンフランシスコ校の故ベンジャミン・リベットによる198

3年の研究は、ここで何が起きているかを明らかにしている。

リベットとその同僚は、「自由意志」が存在するか否かを見極めようとした。リベットらは自発的な動作を行おうと意識するタイミングを把握する実験を行った。指を持ち上げる動作についての実験だ。この実験によって、「自発的な」動作の0・5秒前に、脳がその動作に関連する活動電位と呼ばれる信号を送ることがわかった。

この活動電位は、神経科学的には、指を動かしたいという欲求を意識するかなり前に発生する。その欲求を意識する約0・3秒前に「今から指を動かす」と脳は決めているのだ。あなたが部屋の向こう側にいる魅力的な人に声をかけようという気持ちになったとしたら、脳はその0・3秒前から大胆になっていたことになる。

何かを動かしたい（行動したい）という欲求を意識したとき、脳はそれよりも数百万神経接続分早く、この決定を下している。

さらに、行動を起こそうと意識してから実際行動を起こすまでに0・2秒ある。この0・2秒というのはそれなりの時間であり、ある程度訓練を積めば、意識が衝動を察知して介入するのに十分な長さである。

これは大きなポイントだ。人には、脳から送られた信号に介入する力はほとんどない。脳はこうした周辺神経活動によって、さまざまな種類のとんでもないアイデアを意識に送りこむ。だが、あなたには「拒否権」がある。衝動に基づく動作をとるか否

0.3秒の拒否権

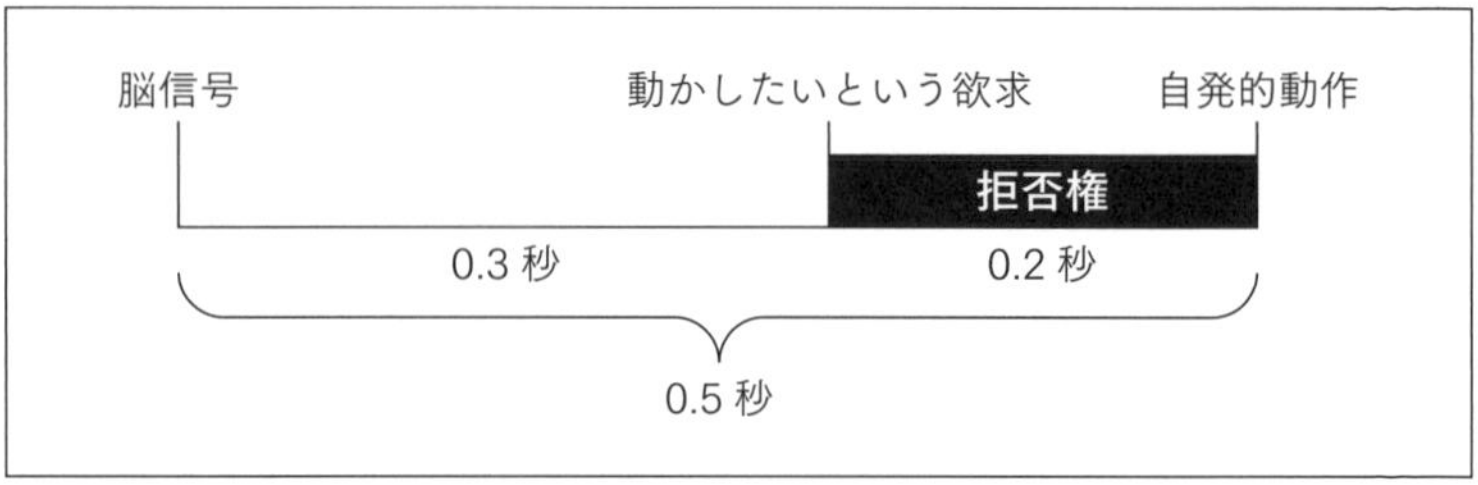

かを選択する能力だ。

とはいえ、「脳信号→欲求→動作」というプロセスの区切りに気づかなければ、大半の動物のように、脳信号から動作に直行する可能性が高くなる。

したがって、この短い時間の区切りを認識できる必要がある。

そのためには、自分の心の動きに注意を払い、行動を起こす衝動が生じた時点でそれを察知することが不可欠となる。

こうしてみると人に自由意志はあまりなさそうだが、衝動を抑える能力を指す「自由否定（free won't）」（ジェフリー・M・シュウォーツ博士による造語）はありそうだ。

だが、反応を抑制するための時間はきわめて短い。そして当然だが、舞台がいっぱいであれば、抑制の概念を維持するスペースを確保できない。疲労や空腹、不安を感じているときにミスが増え、不適切な衝動を抑えるのが難しくなる理由が、ここから見えてくる。

タイミングが肝心

ディストラクションの抑制は、集中力を保つための要となるスキルである。

ディストラクションを抑制するには、内的なメンタルプロセスを意識し、不適切な衝動が根付く前にそれを察知する必要がある。古くから言われているように「タイミングがすべて」だ。いったん行動を起こせば、エネルギーの循環が始まり、その行動を止めるのが難しくなる。

多くの行動には、本人の注意を引きつける興奮の高まりという報酬があらかじめ組み込まれている。メールプログラムを開いて知り合いからのメッセージに気づいたら、読まずにいるのは難しい。

心身の活動の大半は勝手にひとり歩きする。椅子から立ち上がろうとすれば、関連する脳の部位が数十カ所の筋肉とともにすべて活性化される。また、血液が送り出されて、エネルギーが体内を駆け巡る。椅子から立ち上がろうとするのを途中でやめるのは、最初に衝動を感じたときに立ち上がらないと決めるよりも、強力な拒否権と多くの労力を必要とする。

ディストラクションに気を取られないためには、行動に勢いがつく前の早い段階で、迅速かつ頻繁に拒否権を発動する習慣を身につけることが肝心だ。

こうしたタイミングには興味深い点がある。わかりやすいように、シーン3で触れた1980年代に行われた実験を振り返ってみよう。

この実験では、２つのグループに分けられた被験者が、目の前で点滅するライトの複雑なパターンに倣って、キーボードにパターンを入力した。一方のグループにはランダムなパターンを、もう一方のグループには複雑で意識的な識別が難しい反復するパターンを見せた。反復するパターンを見せられた被験者たちは、どういうわけか入力速度が10パーセント速かった。

実験後の確認では、被験者たちはテストのパターンを意識的に特定できなかったが、その潜在意識が――おそらく大脳基底核の働きによって――パターンを検知し、次のライトの点滅を予測していたのだ。

この実験がさらに面白くなるのはここからである。被験者が反復するパターンを把握できたケースもあったのだ。

その被験者たちは、パターンを言葉で説明するか入力することができた。そして、反復するパターンではない場合と比べて、30～50パーセント速いスピードでシーケンスを入力した。パターンを意識的に把握できた被験者たちは、０・３秒以内の間隔でパターンを入力したが、この０・３秒というのは、リベットの実験からわかるように、行動を起こしたいという欲求に気づいてから行動を起こすまでの時間差にきわめて近い。

行動を言葉で説明できるとき、少なくともこの実験では、行動を起こす前に何かしようとしている自分に気づいている可能性が高い。

言葉で明確に説明できれば、より強力な拒否権を発動できる。パターンを言葉で説明できるということは、前頭前皮質が関与していることを意味し、そのパターンに関してより多くのことができるのだ。

言葉に関するこの知見は、ディストラクションの管理に関係があるばかりか、ここまで述べてきたことすべてに関わっている。

もしあなたが頭の中の舞台が疲労する経緯を言葉で説明できれば、疲労が生じたときに察知できるはずだ。

舞台がいっぱいになっている感覚を言葉で表現できれば、その状態に気づける可能性は高い。

ある意味で、本書全体が、今までそれとなく起きていた状況の明確な言語地図を前頭前皮質内に作成できるようにすることを狙いとしている。

本書はあなたの脳のプロセスを明らかにする手助けをし、あなたはその結果、過剰な情報や注意要求、ディストラクション、さらに以降のシーンで検討するその他の課題への対処に不可欠な、強力な拒否権を持てるようになる。

脳は注意散漫になりやすく、ディストラクションはエネルギーを大量に消費する。集中力を保つためには、携帯電話の電源を切る以外にも学ぶべきことがある。難易度は高くなるが、衝動が生じたときの抑制のしかたを学ばなければならない。衝動を抑制するには、衝動から行動に移行する前に衝動にストップをかけなければならない。

さらに、関与するメンタルプロセスを明確な言葉で説明できれば、行動を抑止できる可能性が高まる。脳の働き方をよく知っておくことは有益であり、それによって、何かに取り組んでいるときに脳で何が起きているのかを把握できるようになる。

話が抽象的になりすぎる前に、これらを具体的に実感できるように、ポールの物語に戻って、彼が自分の脳内でディストラクションをもっとうまく管理できていたら、どのように行動していたかを確認してみよう。

After

午前11時半。ポールは1時間後、町はずれのレストランで見込みクライアントと会う予定だ。それまでに、クレジットカードプロジェクトを受注した場合に必要となるリソースを把握しておきたい。クライアントに会う前に、価格以外の詳細を検討しておく必要もありそうだ。

ポールは1枚の白紙を取り出して、プロジェクトに最適なサプライヤーを書き出そうとする。以前一緒に仕事をしたサプライヤーのおぼろげなイメージが意識に浮かび上がる。とそのとき、売り込みの電話がかかってくる。

ポールはプロジェクトに集中するあまり、ブレーキシステムを働かせるリソースが足りず、無意識にうっかり電話に出てしまった。その瞬間、もしディストラクションの処理に追われれば、プロジェクトの計画を立てるというエネルギーを要するデリケートな作業が終わらないと自覚する。

彼は電話を切る方向に話を持っていきながら、身につけたルーティンで、コンピュータと部屋にあるすべての電話の電源をオフにする。

電話を切ると、ポールはプロジェクトについて再び考え始める。もう他のディストラクションに邪魔されないとわかっているので、頭がすっきりしている。いつ鳴るともしれない電話に注意を向けていた分の舞台のスペースが空いたせいだろう。

舞台が空になったことで、ポールは売り込みの電話がかかる前に考えていたことを思い出し、数十億のニューロンで構成される複雑で脆弱なネットワークを再活性化する。

すると、思い出そうとしていたサプライヤーの顔が頭に浮かんだ。ポールがそのサプライヤーに電話をかけて手短に用件を伝えると、相手はプロジェクト参加への意欲を示した。ふたりは一緒にプロジェクトの進め方を考えていく。

アイデアを人に話したほうが、ただ考えているだけよりも、多くの回路が活性化され、集中力を保ちやすい。ネットワークが強固になるからだ。

ミーティング前に準備ができて、ポールはひと安心する。

そこで彼はコンピュータを立ち上げ、基本計画書を作成して印刷する。この基本計画書を見せれば、クライアントにしっかりとした印象を与えられるはずだ。

腕時計に目をやると、家を出るまでにまだ数分あることがわかった。

そのとき電話が鳴る。エミリーからだ。会議後に数分休憩がとれたので、新しい役職で2週目の初日の様子をポールに話したかったのだ。

ポールは「君ならきっとうまくやれるよ」と声をかけ、エミリーはポールの応援に感謝する。しばらくの間子どもたちの話をした後、再び腕時計に目をやる。そろそろ出発の時間だ。

脳に関する事実のまとめ│シーン4

- 注意散漫になりやすい。
- 注意散漫になるのは、自分のことを考えて、脳のデフォルト・ネットワークを活性化させた結果である場合が多い。
- 脳の中では、電気活動の嵐が絶え間なく発生している。
- ディストラクションは前頭前皮質の限られたリソースを使い果たす。
- 「常時オン」の状態（テクノロジーを通じて常に他者とつながっている状態）は、睡眠時間を削るのと同じくらい、著しくＩＱを低下させるおそれがある。
- ディストラクションを抑制することで、集中力が保たれる。
- 脳には、あらゆる種類のブレーキに関わるブレーキシステムがある。
- ブレーキシステムは前頭前皮質に存在するため、抑制には大量のエネルギーを使う。
- 何かを抑制するたびに、抑制する力は低下していく。
- 行動を抑制するには、勢いがつく前に、衝動が生じた時点でそれを察知する必要がある。
- メンタルパターンを明確な言葉で説明できれば、勢いがつく前の早い段階で、パターンを止める力が高まる。

最高の脳で働く方法｜シーン4

□集中する必要があるときは、すべての外的ディストラクションを完全に取り除く。

□難しい作業に着手する前に、頭をすっきりさせて、内的ディストラクションが生じる可能性を減らす。

□身体的行動をはじめ、あらゆる種類のブレーキをかける練習を通して、脳のブレーキシステムを向上させる。

□勢いがつく前の早い段階でディストラクションを抑制する。

シーン5

最高のパフォーマンスが可能なゾーンを探す

Before

ポールは、見込みクライアントとのミーティングに向かうために車に乗り込む。ミーティングは、車で30分ほどの、めったに訪れない町のレストランでランチをとりながら行われる。

道路へ出て、これから30分間メールや電話応対から解放されることにほっとしたポールは、深い安どのため息をつく。10分ほど走って高速道路に入ったとき、方向を間違えたことに気づく。娘を学校に送っていくときに毎日通る道に入ってしまったのだ。

このままでは遅刻する――そんな不安から注意力が高まる。どのルートで行けば間に合うか、ポールは真剣に考え始める。真昼の渋滞にはまりつつあるとわかって、時間を省くために裏道を通るルートを思いつく。高速道路を降りて狭い道をジグザグに走ることになり、アクセル操作がやや増える。こうした運転には相当な注意を要する。

約束の時間まであと5分。ポールは緊張し始め、以前ミーティングに間に合わなかったときのことを思い出す。この内的ディストラクションによって、曲がるべき角を曲がり損ね、さらに時間をロスする。

別の角をようやく曲がると、目の前にレストランが見えた。ポールは約束の時間から1分遅れてレストランに入った。

店員にテーブルまで案内されると、クライアントたちはすでにコーヒーを飲んでいるところで、自分よりもはるかにくつろいでいるように見えた。

ランチミーティングの席にたどり着くまでに、ポールは前頭前皮質のさまざまな状態——ミスをしたときの覚醒不足から、うまく対応したときの適度な覚醒、再び落ち着きを失くしたときの過覚醒まで——を経験した。

ポールが経験したことは、前頭前皮質の最後の重大な限界を表している。つまり、扱いにくいということだ。

適切な意思決定と問題解決を行うために、前頭前皮質は適度な覚醒状態にある必要がある。ポールが集中力を発揮するには、シーン4で見てきたようにディストラクションを減らすだけでなく、脳を適度な覚醒状態に持っていく方法も学ばなければならない。

役者はわがまま

脳部位の覚醒とは、その活動レベルを意味する。神経科学者が脳部位の覚醒レベルを測定する方法は複数ある。代表的なのは脳波図（ＥＥＧ）を使う方法で、頭にセンサーパッドをとりつけて脳の電気活動の種類やレベルを測るものだ。

もう一つは、主に機能的磁気共鳴画像法（ｆＭＲＩ）を使って、血流の増加で覚醒レベルを測定する方法である。

脳内では、覚醒状態が絶えず変化している。一部の部位が活発になると、別の部位が静まる。朝は郊外から中心部に数百万人が流れ込み、夜は郊外へ戻っていく都市を、高いところから眺めているようなものだ。脳の働きを表す比喩として、これは悪くない。というのも、仕事日の大半の時間、前頭前皮質は集中した活動を求められ、それを支えるために、前頭前皮質には血液や酸素や栄養素が流れ込み、電気活動も活発化するからだ。

前頭前皮質が最高の働きをするには、一定レベルの覚醒が必要となる。そのレベルはきわめて高いが、高すぎてもいけない。頭の中の舞台の役者は気が散りやすいばかりか、わがままでもある。

役者が最高のパフォーマンスをするには適度なプレッシャーが必要だ。プレッシャーが少なすぎると――たとえば、観客が一人もいないなど――集中できず、プレッシャーが多すぎるとセリフを忘れる。

逆U字

研究者たちが最高のパフォーマンスを実現できる「スイートスポット」の存在を知るようになって100年以上が経つ。

1908年、科学者のロバート・ヤーキーズとジョン・ドッドソンは、人間のパフォーマンスに関する「逆U字」理論と呼ばれる事実を発見した。ヤーキーズとドッドソンは、ストレスレベルが低いとパフォーマンスが低く、適度なストレスレベルになると最高のパフォーマンス（スイートスポット）に達し、ストレスレベルがさらに高まるとパフォーマンスが次第に低下することを突き止めた。

stressという動詞には「強調する」という意味があり、必ずしもネガティブなものではない。生活からストレスがなくなればパフォーマンスが改善すると思ったら大間違いだ。朝ベッドから起き上がるのにも一定のストレスが必要となる。

この種のストレスは、ユーストレス、またはポジティブなストレスとして知られている。ポジティブなストレスは集中力を高めるのに役立つ。

車で走り出したとき、ポールは仕事中に至福を感じるめずらしい現象に陥った。あまりに気分がよくて、行き先のイメージを頭に描いて保持するのを忘れてしまった。前頭前皮質が活性化していないと、人は習慣に従って行動しがちで、大脳基底核が優勢となる。そのとき、ポールは逆U字の左下部分、つまり、よいパフォーマンスをするのに十分なストレスがない状態だった。

夏休み中に予定が組まれた電話会議を忘れてしまうのも同じ理屈で、重要な仕事を覚えておく能力が、あたたかい日差しとピナコラーダのせいで溶けてなくなってしまう。リラックスしすぎてしまうのが原因だ。

裏道を走ることに集中し始めたとき、ポールは逆U字が示す「スイートスポット」に入り、すべてが最適に働く状態になった。ストレスの高まりがパフォーマンスの向上につながった。遅刻への不安が目の前の課題への集中力を高めたからだ。厳しい締め切りがなければ集中できないと感じる人は多い。恐れや緊迫感が、役に立つ適度な集中力を生むことがあるのは確かだ。

だが、到着地に近づき、いよいよ遅刻するかもしれないと考えたとき、ポールはパ

逆U字

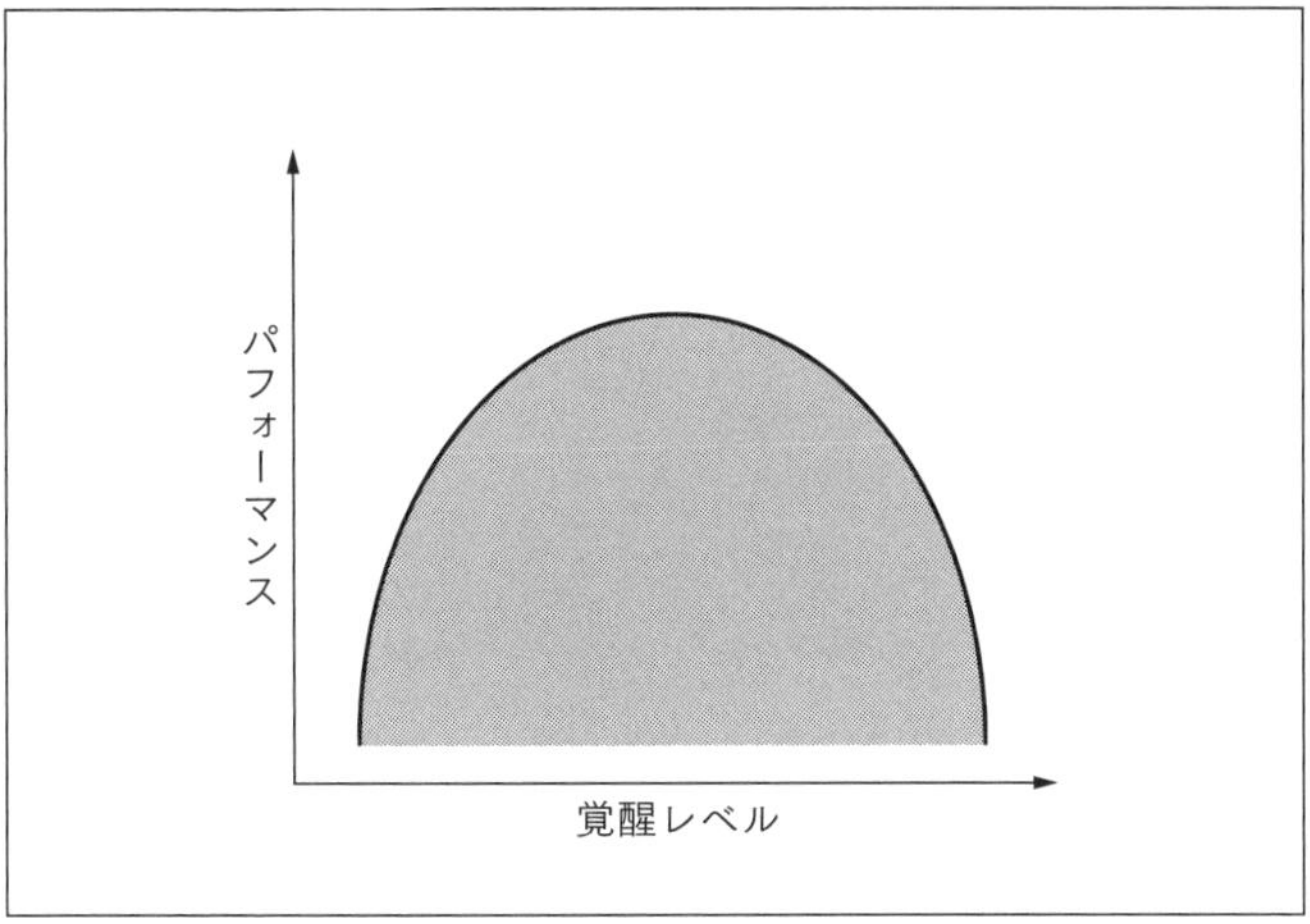

ニックを起こして、曲がり角を見逃してしまう。頭の中の地図にも手元の地図にも集中できなかったせいだ。覚醒レベルがパフォーマンスに悪影響を与えたのである。

残念なことに、これは数百万人の働き手が毎日自覚している精神状態である。一定レベルを超えた過覚醒になると、パフォーマンスは低下してしまう。

化学作用が最適な場合

いくつかの画期的な最新研究が、さまざまな覚醒レベルで生じる基礎的な生理現象について明らかにしている。

こうした発見の多くは、イェール大学の神経生物学者エイミー・アーンステンによるものである。アーンステンは20年にわたって前頭前皮質の研究に取り組み、その研究範囲はニューロン、シナプス、神経伝達物質、さらには遺伝子のレベルにまで及ぶ。アーンステンの研究成果は、前頭前皮質が扱いにくい理由を明らかにし、覚醒状態を管理する手法の方向性を示している。

まず、背景を簡単に説明しておこう。ニューロン（脳の神経細胞）は他のニューロンとじかに接しているのではなく、ニューロンとニューロンの間にはシナプスと呼ばれる小さな間隙がある。電気信号は神経細胞を通り、シナプスで化学信号に変換される。シナプスの両側に、こうした化学信号からのメッセージを受け取る受容体がある。

シナプスは、ニューロンの活動を促す興奮性信号とニューロンの活動を抑える抑制性信号という2種類の信号のいずれかを受け渡す。電気信号→化学信号→電気信号の変換を伴うこのシナプス伝達の仕組みは、シナプスの「発火」とも呼ばれる。

数兆個の変化し続けるニューロンが、ニューロン発火のパターンによってネットワーク化される。こうしたネットワークが、私が言うところの「地図」であり、その一例がポールの脳内にある「クレジットカード」の地図である。

前頭前皮質内のシナプスが正しく発火するか否かは、2つの神経化学物質が適量に存在するかどうかに左右される。その化学物質は、ドーパミンとノルエピネフリンである。

これらの化学物質が不十分だと退屈（覚醒不足）を感じ、多すぎるとストレス（過覚醒）を感じる。これらがちょうど適量となる中間にスイートスポットがある。

「日常生活の中で誰もがこれを自覚しています」とアーンステンは説明する。「たとえば、まだ目が覚めていないときや一日の終わりの疲れているときには、頭の整理や前頭前皮質を使う複雑な活動をするのは非常に難しくなります。さらに、過度なストレスを感じると、ノルエピネフリンとドーパミンが大量に放出され、全ネットワークが遮断されて神経の発火がすべて止まります。結果的に、神経細胞間の情報伝達がほとんどなくなってしまうのです」。

前頭前皮質がうまく機能するためには、驚くほど数が多く常に変化するシナプスに、脳が適量のノルエピネフリンとドーパミンを届ける必要がある。集中するのが難しく感じられる場合があるのも無理はない。

脳の化学作用は、周囲の環境刺激によって一日中変化している。もしうっかりバスの前に飛び出しかけたら、午後の残りの時間、いつもより目がさえていることに気づくだろう。また、ストレスに満ちた一日を終えて森林浴に出かけたら、穏やかな気持ちになれるはずだ。

しかし、命を危険にさらしたり休暇をとったりしなくても、さまざまなメンタルテクニックによって、自分の脳の化学的状態を変えることができる。こうした手法を使えば、警戒や興味、あるいはその両方のレベルを自在に操ることができる。

警戒する

目を覚まして世の中の動きを把握するためには「覚醒」が重要だとわかるだろう。カフェインなどの刺激物の摂取は別にして、覚醒を高める方法は主に2つある。

一つ目の方法は、おそらく最も簡単で手っ取り早いものだが、作業に「緊急性」を持たせてアドレナリンのレベルを上げることである。

人前で話をする前に大半の人がアドレナリンを感じるが、ノルエピネフリン（別名ノルアドレナリン）は、それと同様の作用を脳に与える。

ノルエピネフリンの分泌は恐れに関わる化学作用である。人はおびえると細心の注意を払い、神経をとがらせる。つまり、恐れが即座に強い警戒心をもたらす。ノルエピネフリンは、前頭前皮質内の回路を結びつけるのに重要な役割を果たすこともわかっている。

ノルエピネフリンの放出を促すために、あなたは自分に対してさまざまな「トリック」を仕掛けることができる。

たとえば、何かの活動をしている様子を思い描くと、実際に活動しているのと同様の代謝反応が生じる。ある研究によれば、指体操をしている自分の姿を思い描いただけで筋肉量が22パーセント増加したという。

これは実際の体操で達成される30パーセントの筋肉量の増加率に迫る数字だ（話がうますぎると思う人は、指体操している様子を頭の中に描き続けるのにも、かなり労力が要ることを思い出してほしい)。

警戒のレベルが低すぎる場合は、これから悪いことが起きると想像すること、文字通り恐ろしい出来事を思い浮かべることで、アドレナリンを生成できる。

シーン4の中で、ポールは月曜の午前中のランチ前ということもあって、覚醒不足の状態だった。そのため、集中するのが難しく、小さなディストラクションに気を取られてしまった。

こうした状況に置かれたとき、ポールは脳を使って、準備不足のままクライアントの前に立っている自分を想像すればよかったかもしれない。それによって生じる恐れがノルエピネフリンのレベルを上げ、集中力を高めるのに役立ったはずだ。

私はかつて、あるプロボクサーから成功の秘訣を聞いたことがある。彼はリングに上がれば命を落とすかもしれないと想像しながら、死にもの狂いでトレーニングに励んだという。

私も執筆するときには同様のトリックを使う。集中できないときは、自分が書いた文章を人に手渡し、相手がその中に誤りを見つけるところを想像する。そうすると、あっという間に目が覚める。

この手法を使うときに注意すべきなのは、頭に描くイメージに自分の人生を左右させないことだ。

あなたはやる気になれる分だけ脳を覚醒したいのであって、過剰な覚醒によって恐れにとらわれ、アロスタティック負荷を増やす結果になっては本末転倒だ。

興味を持つ

ポールの脳を神経科学的に適切な状態にするのに役立ったであろうもう一つの方法が、ドーパミン経路を使う方法である。

ノルエピネフリンが警戒に関わる化学作用ならば、ドーパミンは興味に関わる化学作用である。適度な覚醒状態を生み出すには、ノルエピネフリンとドーパミンの両方が適量必要となるが、この2つにはそれぞれ異なる効果がある。

ドーパミンはさまざまな状況で放出される。まず、眼窩《がんか》前頭皮質が目新しいもの、たとえば予期しないものや新しいものを検知すると、ドーパミンのレベルが上がる。子どもは新しいものが大好きだ。目新しいものによってドーパミンが大量に放出されると、興味がたちまち強い願望に変わる。

ユーモアも予期しないつながりを生み出すものにほかならない。面白い映像を見たり冗談を言ったりすると、ドーパミンのレベルが上がる。

もしあなたが何かを初めて口に出すほうが、それを繰り返し口に出すより楽だと気づいたことがあるなら、新しい回路が初めて活性化される心地よい興奮にも気づいているはずだ。

後から同じことを言っても、目新しさによるドーパミンの興奮作用がもう起こらないため、それを言うたびに余分な労力が必要となる。

ポールは自分の働き方のちょっとした部分を変えることで集中力を改善できる。たとえば、椅子の高さを変えるだけでもドーパミンの放出を増やすために十分な新鮮な視点を得られる。

あるいは、自分のプロジェクトを誰かに話しても、やはり新しい視点を得られる。さらには、人の冗談を聞いたり、好きな友人に電話をかけて一緒に笑い合ったり、興味深いものや楽しいものを読むだけでもいい。

科学者によれば、脳が報酬として認識するポジティブな出来事を予期することも、ドーパミンの生成につながるという。脳への報酬には、食べ物、セックス、お金、ポジティブな社会交流などがある。

ポールは、今回の提案で素晴らしい仕事をすること自体の報酬、この仕事から得られる収入、将来手にする報酬に注意を向けることで、自分の前頭前皮質を神経化学的に最適なスイートスポットに置くことができていただろう。

すべての研究を見渡すと、覚醒を生み出すには、恐れよりも、ポジティブな予測やユーモアを活用するほうがメリットが大きいことがわかる。

ユーモアとポジティブな予測はドーパミンとアドレナリンの放出を促す。恐れはアドレナリンの分泌につながるが、ネガティブな出来事の予測はドーパミンを減少させる。また、恐れは徐々に身体に悪影響を及ぼし得る他の化学物質の分泌も促す。

過覚醒には問題がある

過覚醒は、覚醒不足よりも深刻な問題となり得る。英国の労働者2600人を対象とした調査では、回答者の半数がプレッシャーで同僚が泣いているのを目にしたことがあり、8割以上が仕事でいじめを受けたことがあると答えた。

また、国を問わず、人々は情報過多な状況に置かれ、多すぎる情報から一気に過剰な刺激を受けている。ポールはミーティングに行く途中で曲がり角を見逃したときにパニックに陥り、過覚醒の負の側面を身をもって経験した。

過覚醒は、前頭前皮質に過剰な電気活動が起きていることを意味する。

この覚醒を抑えるには、頭の中を流れる情報の量とスピードを落とす必要がありそうだ。考えがまとまらないときは、アイデアを書き出して「頭の外へ出す」ことが役に立つ。頭の中の舞台でこうした情報を保持する必要がなくなれば、全体の活動も減るからだ。

もう一つの方法は、脳の他の大きな領域を活性化することである。それによって前頭前皮質の働きを抑えられる。

たとえば、周囲の音に意識を集中させる。すると、五感に入ってくる情報の認識に関わる脳の領域が活性化する。また、散歩などで体を動かすことによって運動皮質を活性化することもできる。すると、酸素やブドウ糖が運動皮質などのより活性化した脳部位へ流れるようになる。

ある脳部位が過剰に活性化した場合は、別の部位を活性化することで問題を解決できる場合がある。「ストレスを感じたら散歩すること」とは昔からよく言われていることだが、散歩が効果的な理由もここから理解できる。

過剰な覚醒は、恐れや不安を伴うだけではない。興奮や欲望などの、よりポジティブな覚醒を表す場合もある。

付き合い始めたばかりの恋人たちは「我を忘れ」、その場の勢いでいろいろとあきれたことをしがちだ。ある研究によると、付き合い始めの恋人たちの脳は、コカインを摂取した人の脳と共通点が多いという。ドーパミンは「欲望の麻薬(drug of desire)」と呼ばれることもある。「興奮してハイになり」ドーパミンが過剰になると、疲れ果ててしまう場合もある。

覚醒には個人差がある

ストレスを感じたり興味をそそられたりするポイントは、人によって大きく異なる。自転車に乗っても覚醒はほとんど高まらず、集中力を感じるにはローラーブレードを履いてマンハッタンの車や人の往来をかわすくらいのことが必要な人もいれば、自転車に乗ると考えただけで、すっかり途方に暮れてしまう人もいる。

こうした違いには、過去の経験や次の幕で説明する別の要因が関わっている。また、興味深いもののこのシーンの理解にはあまり役立たない遺伝的要素も絡んでいる。

とはいえ、覚醒とパフォーマンスの逆U字関係には、多くの日常的現象を説明する性別の要素も関わっている。

今朝ポールが面倒な状況に陥ったのは、提案書の作成をギリギリまで放っておいたことに一因がある。クライアントは4日前に概要書を送ってきたが、ポールはそのとき集中できなかった。まだ「緊急」案件ではなかったからだ。

アーンステンはこれをおおむね男性に多い現象だと述べる。「女性ホルモンのエストロゲンは、ストレス反応を促します。私の研究室の話をするなら、女性は締め切りのプレッシャーで覚醒が高まるのを嫌がって、何事も一週間前倒しで済ませます。一方、男性はギリギリまで作業に手をつけませんが、男性には土壇場で仕事を仕上げるよう自分を駆り立てるのに十分な量のドーパミンとノルエピネフリンがあるのです」

適度な覚醒を生み出す

ここまで過覚醒と覚醒不足の状態について検討してきたが、逆U字の頂点にあるスイートスポットの状態とはどのようなものだろうか?

ハンガリーの科学者ミハイ・チクセントミハイは数十年間にわたって、スイートスポットの研究をしている。チクセントミハイは1990年の著書『フロー体験　喜びの現象学』の中で、逆U字の頂点の体験を、ストレス過剰（過覚醒）と退屈（覚醒不足）の中間にある最適な状態だと説明している。これはある体験に没入し、時が止まったように感じている状態である。

ポールは、集中して裏道を通ると決めてから、やはり遅刻するかもしれないと恐れを抱くまでの間、「フロー」を体験した。

「フロー」は大きな活力をもたらす状態であるため、誰もが体験したいと願っている。

ポジティブ心理学の父と呼ばれるマーティン・セリグマンは、フロー状態を、快楽の幸福（美味しい食事や高級ワインから得られる喜び）よりも重要な、人としての幸福の3つの主な原動力の一つに位置づけている。**彼によれば、フローは自分の「強み」、つまり磨きをかけて身につけた振る舞いを生かすことにも関わるとみられる。**

フロー状態がこれほど魅力的で活力をもたらす理由については、私なりの見解がある。マイカーの運転など、最小限の労力や注意を払えば済む、体で覚えたルーティンでできることをしていると想像してほしい。

次に、こうしたルーティンを使って、少しだけ違う、いつもより若干難しいが、集中さえすればうまくできることをしているところを思い浮かべてほしい。

たとえば、いつもの車ではなく、レーストラック上でラリーカーを運転している様子だ。ハンドル操作やギアチェンジなどの基本的スキルの一部はすでに身につけているが、新しい要素がいくつか加わるため、多くの注意を払う必要がある。それによって、脳に新しいつながりが数多く形成されるが、すでに基礎となるつながりが多数存在するため、安全は確保されている。その結果、さほど労力をかけることなく、ドーパミンとノルエピネフリンが勢いよく流れる。

これらの神経化学物質の流れは、新しいつながりが数多く形成されることによって発生する。また、この化学作用によって集中が高まり、集中によって新しいつながりの形成が促される。こうして、集中して活力が増す好循環がつくられる。

要するに、前頭前皮質は扱いにくい。前頭前皮質が最高の状態で働くには、数十億の回路内の最適なポイントで、2つの神経化学物質が適量必要となる。これらの化学物質は警戒と興味に関係している。

幸いなことに、今まで見てきた通り、このプロセスに介入して自らの警戒と興味のレベルを操る方法がある。もう少しわかりやすくなるように、このシーンで述べた脳に関する知見をポールが理解していたとしたら、どのように行動できていたかを検証してみよう。

After

ポールはクライアントとのミーティングに向かうために車に乗り込む。ミーティングは、車で30分ほどの、めったに訪れない町で行われる。

ドライブをするのは好きなので、暖機運転しながらリラックスし、これから30分間メールの処理から解放されることに安どのため息をつく。目的地にたどり着くことに集中する必要があるとわかっているので、ミーティングに到着した自分の姿を思い描いて警戒レベルを引き上げる。すると、アドレナリンのレベルが高まってくる。

出発しようとしたとき、まず地図を確認すべきだとささやく声が聞こえる。大脳基底核が以前このパターンを見たことがあって信号を発しているのだが、警戒しつつも気押されてはいないポールは、このかすかな内部信号に気づく。そこで、地図を見て最適なルートを探し出す。お気に入りのCDをかけるが、10分おきに音量を下げて、道を間違えていないか地図で確認する。

ポールは集中しながらリラックスしている。この最適な状態にいると、意識的にそうしようと思ったわけではないのに、気がつくとこの移動時間を利用して、頭の中でクライアントへの売り込み方をリハーサルしていた。

最初にたくさん質問したうえで、過去に担当した大型プロジェクトを忘れずに紹介する。提案書の各項目の説明のしかたと想定されるクライアントのコメントを考えながら、頭の中でプレゼンテーションの通し稽古をする。

それによって、意識を研ぎ澄ませ、集中して準備ができていると実感できた。ミーティングが始まる数分前に到着したので、コーヒーを飲みながら落ち着いて書類を準備する時間も十分ある。

脳に関する事実のまとめ―シーン5

- 最高のメンタルパフォーマンスには、最小限のストレスではなく、適度なストレスが必要となる。
- ノルエピネフリンとドーパミンという、警戒と興味に関わる2つの重要な神経伝達物質が適量放出されているときに、最高のメンタルパフォーマンスを達成できる。
- 警戒や興味を高めるために、ノルエピネフリンとドーパミンのレベルを意識的に操る方法は数多くある。

最高の脳で働く方法―シーン5

- □一日を通して、自分の警戒と興味のレベルを意識する練習をする。
- □必要に応じて、軽い恐れを少しだけ思い浮かべてアドレナリンのレベルを高める。
- □必要に応じて、視点を変える、ユーモアを取り入れる、ポジティブなことを期待するなど、何らかの目新しさを用いて、ドーパミンのレベルを高める。
□前頭前皮質以外の脳部位を活性化させ、ドーパミンやアドレナリンのレベルを下げる。

◀シーン6
障害物をかわす

Before

正午。エミリーは、ランチミーティングで売り込む新しい会議の簡単な提案書を作成する時間を30分だけ確保している。

彼女は長年かけて、自分の脳について2つのことを発見した。期限が近づいてから書類づくりを始めれば、アイデアを難なく舞台に上げられること、確保した時間を使い切るまで、書くアイデアが広がっていくように感じられることの2つだ。

数分後、提案書がもう少しで書き上がるところで、小さなひらめき（インサイト）が生まれた。会議のブランド名の案を携えてミーティングに臨むべきではないかということだ。このひらめきの目新しさがエミリーの興味に火をつけ、ドーパミンのレベルを押し上げる。

だがエミリーはすぐさま、なぜもっと早く思いつかなかったのかと自分にいら立ちを覚える。会議のブランド名を考えるには、数分どころか数日かかることだってあると思い出したからだ。エミリーの不安は増し、明瞭な思考ができなくなった。そこでいったん振り返りをやめる。ブランド名づくりに興味は引かれるが、まずは基本提案書を仕上げようと決意する。そうすれば、もっとクリアな頭でブランド名を考えられるはずだ。

エミリーは自分の頭の働きを熟知しており、ディストラクションにいつまでも関わるより、ほんの数分でも舞台を空にすれば、アイデアをもっと生み出せるとわかっている。

エミリーが基本提案書を仕上げた時点で、会議のブランド名を考える時間はあと10分残されている。しかし、まだ頭の中がクリエイティブな作業に適した状態になっていないと感じる。ランチ前でブドウ糖が足りないからだ。

そこで、エミリーは電話の電源を切り、執務室のドアに「取り込み中」の札を下げる。脳がこのように不安定な状態にあるときは、たった一つのディストラクションが命取りになるからだ。エミリーはデスクの上にあった他の書類を片づける（この行為には、頭の中の舞台を空にする効果もある）。

そのうえで、コンピュータ上に新規文書を開き、ブレインストーミングを始める。

エミリーは早速、その会議について真っ先に思いつく言葉――持続可能なビジネス――に目を向け、ブランド名をつくり出すためにこの言葉をどう使うべきか考え始める。近ごろよく話題にする言葉なので、頭の中の客席の最前列にある。最近見た言葉や概念がなんとなく思い出されたり、無意識に自然と行動に影響を及ぼしたりすることはよく知られている。これはプライミングと呼ばれる脳の癖だ。

ブレインストーミングのリストは「持続」「持続させる」「持続するビジネス」「すべてを持続させる」「持続する利益」「利益を持続させる」といった言葉で始まっている。エミリーはどれも気に入らず、別のアプローチを考えようとするが、同じ思考から抜け出せない。

そうこうするうちに、気が散り始める。思うようなつながりをつくり出せずにドーパミンのレベルが下がり、ディストラクションを締め出すことが難しくなっているのだ。

エミリーは、自分へのいら立ちに注意が向くのを拒む選択をする。その代わりに、ランチミーティングでアイデアを発表する自分の姿を思い描くことに意識を集め、集中力を高める。しばらくして、「持続」というテーマに関する別の言葉をいくつか思いつく。

ミーティングに向かいながら、エミリーは自分が先を見通して最初に基本提案書を作成しておいたことに満足する。

少なくとも手元には完成した提案書と、最適な名前はまだ見つからないものの、提示できるブランド名候補があるからだ。

エミリーは、ここまで本書で説明してきた原則にほとんど従っている。

役者を舞台に上げやすいときに仕事のスケジュールを立て、保持する情報量を減らすために頭の中を整理し、一度に一つのことに集中し、外的ディストラクションを減らし、内的ディストラクションを拒否している。

しかし、それでも行き詰まっている。前頭前皮質の意識的なメンタルプロセスだけを使っても、思うようなブランド名を見つけることができていない。

つまり、脳内の別のリソースを活用する必要があるのだ。エミリーはここで、前頭前皮質に関するもう一つの意外な発見をしている。前頭前皮質自体が問題になる場合があるということだ。

このような状況は、特に創造性を求められる場面で起きやすい。エミリーは自分の脳をもっと理解し、状況に応じてより創造性を発揮できるように、脳の意識的な線形処理のスイッチを、いつ、どうやって切ればいいのかを知る必要がある。

インサイトは経済の原動力

エミリーは、神経科学の分野で**行き詰まり**と呼ばれるものにぶつかっている。行き詰まりは、望ましいメンタルパス（心的経路）へ向かう道をふさぐ障害物だ。あなたはそこへつながりたいのにつながれない。旧友の名前を思い出そうとしたり、子どもにつける名前を考えたり、執筆中スランプに陥ったりしたときに、行き詰まりは起きる。誰もが頻繁に経験するが、特に創造性が求められるときによく起きる現象だ。創造性を発揮するには、行き詰まりを回避する必要がある。

『クリエイティブ資本論』の著者である大学教授のリチャード・フロリダによると、現代の働き手の半数以上がクリエイティブな仕事に従事している。彼らは物を書き、創案し、設計し、描写し、色づけし、組み立て、何らかの形で世界に手を加えている。

クリエイティブな人たちは、要は目新しい方法で情報をまとめている。目新しさは注目を引く。ビジネスの世界では、注目を引くことが収益につながる。このように、クリエイティブなプロセスは、富を創造する大きな原動力となり得る。

ちょっとした目新しさはポジティブなドーパミン反応を引き起こすが、過度な目新しさは人を恐れさせる場合がある。この考え方と、逆U字に大きな個人差があるという事実とを重ね合わせると、新製品に対する大衆の反応がさまざまである理由が見えてくるはずだ。ウォルト・ディズニーは、新しいアイデアを試して全員が反対すれば、これはいけるかもしれないと思ったという。だが、大半の創造は『ファンタジア』のようなものではなく、既存のテーマを少しだけ変更したものだ。

つまり、働き手の半数は、既存のものに一部だけ手を加えて、より面白いものにしようとしている。そして、たびたび行き詰まる。

もう半分の「クリエイティブでない」働き手にも目を向けてみよう。

銀行員、サンドイッチ調理スタッフ、為替マネジャー、バハマの観光ヨットの船長など、その職種を問わず、おそらく大脳基底核に蓄えた体系化されたルーティンの実行に一日の大半を費やしているだろう。

そうしたなか、突然新しい問題——マヨネーズ切れ、大幅な為替変動（米ドルの価値変動）、ボートの燃料不足など——にぶつかったとする。

簡単に解決できる問題もなかにはある。たとえば、サンドイッチづくりのマニュアルには、緊急時のマヨネーズの調達場所が書かれているだろう。だがそれ以外の問題は、頭の中の検索機能を使いながら、目の前の問題を過去の問題と照らし合わせて解決策を見つけることになる。

バハマのヨットの上では、過去に燃料切れを起こしたときの対応を思い出す。客に手元にある食べ物を配り、アルコール類を無料にして、追い風で港まで航行したことなどだ。

しかし、今日ではビジネスのあり方が大きく様変わりし、「クリエイティブでない」人々であっても、従う手順も明確な答えもなく、同様の状況で使った解決策が役に立たない新しい問題にぶつかることが増えてきた。

たとえば、製造は中国、サービスの提供元はインド、納品先は欧州で、管理するのは顔を合わせたこともない人たちという、自分がよく把握できない製品の製造コストの減らし方がわかるだろうか?

ここで必要なのは、論理的な解決策ではなく、まったく新しい方法で知識(脳内の地図)を組み替えた解決策だ。それがインサイトと呼ばれる。

あなたが製品の形状に手を加えるクリエイティブな人であっても、船長であっても、行き詰まりを打開してインサイトを得る方法を知ることが成功のカギを握る。

「インサイト体験」の興味深い側面として、インサイトを得るためには舞台のスイッチを切ることが不可欠な点が挙げられる。活性化しすぎた前頭前皮質自体が問題の原因となることが多いからだ。

無意識のひらめき

長い間、インサイトは無自覚的に生じる不可思議な出来事と考えられてきた。その生物学的仕組みを誰も詳しく知らなかったため、インサイトの増やし方の理論を構築するのは難しかった。だが今日では、ノースウエスタン大学教授のマーク・ビーマンをはじめとする科学者たちのおかげで状況は変わりつつある。

ビーマンが最初に興味を持ったのは、脳が言語をいかに理解するかということだった。

ビーマンはパズルを用いた実験で、人が言葉の問題を解くときにインサイトを得る過程を調べている。パズルでは、tennis、strike、same といった3つの単語が与えられる。ゴールは、3つの単語すべてと関連性のある単語を見つけることだ。このパズルの答えは、match である。「tennis match（テニスの試合）」とも「strike a match

（マッチを擦る）」ともすることができるし、match（一致する）とsame（同じ）は同様の意味を持つ。

ビーマンはこの実験によって、被験者が約4割のケースで、答えがわかるまで次々とアイデアを試しながら論理的に問題を解くことを突き止めた。残る6割のケースでは、インサイト体験が起きているという。インサイト体験の特徴は、答えに至るまでの論理的な流れがなく、答えが突然「わかる」ことだ。

ビーマンはこう説明する。

「インサイトを得ると、答えが突然ひらめいてはっとしますが、ひらめいた答えに本人は絶大な自信を持ちます。いったん答えがわかると、間違いないと思えるのです」

インサイトを得たときに、確実で間違いないと感じることが、そのとき脳で何が起きているかを知る手掛かりとなる。

ビーマンとその研究チームは、脳が無意識下で問題を処理していたのかどうかを解明しようとした。プライミングに関する研究によると、潜在意識ですでに解いていた問題の答えを告げられたとき、人はその答えを早く読み取るという。ビーマンはそれが事実であることを突き止めた。

インサイトが生じるときは、無意識のプロセスが関わっているとみられる。意識して問題を解こうとしていないときに、インサイトが思いがけずどこからともなく降りてくることを考えても、これは納得がいく。たとえば、シャワーを浴びているときや、ジムで体を動かしているとき、高速道路を運転中などにインサイトが起こることもある。

インサイトに関するこうした知見から、創造性の向上に役立つとみられる方法が導き出される。無意識の脳に問題を解決させるという方法だ。こうしてあなたは、平日の日中に散歩をして、上司から不審な目を向けられたときの説明に使える科学的根拠を手に入れたことになる。

幸いなことに、散歩以外にも、インサイトを増やす洗練された方法がある。その方法を理解するために、「アハ！」体験の瞬間に関する研究成果を深く掘り下げていこう。

行き詰まり

やや直観には反するが、インサイトを理解する最良の方法の一つは、インサイトが生じる直前に起きることを知ることだと科学者たちが明らかにしている。それはつまり、「行き詰まり」だ。

この研究を主導する科学者の一人が、イリノイ大学シカゴ校のステラン・オールソンだ。人が新たな問題に直面したとき、過去の経験のなかで効果を上げた方法をいかに使おうとするか、オールソンは説明している。新たな問題が過去の問題と似ていれば、この方法はうまくいく。だが多くの場合、事はそううまく運ばず、過去の解決策が邪魔になって、より効果的な解決策が浮かぶのを妨げる。誤った方法が行き詰まりのもとになるのだ。

エミリーは、持続性に関する言葉のループにはまって行き詰まっている。一つの考え方にとらわれてしまったせいだ。一つの道筋に沿った思考をやめなければ、新しいアイデアは浮かばないことをオールソンの研究は明らかにしている。「過去の経験に基づく予測を積極的に抑止・抑制しなければならない」とオールソンは述べる。「これは意外なことである。というのも、抑制は悪いことであり、創造性を低下させると思われがちだからだ。しかし、以前のアプローチが最有力候補として、活性度の最も高い状態にある限り、同じアプローチに磨きをかけた方法は見つかっても、まったく新しいアプローチが思い浮かぶことはない」。

ここでシーン4の抑制の概念が再び浮上する。何かを考えないようにする能力は創造力の要なのだ。

何かの問題で行き詰まったときに、公園を散歩する新たな言い訳をあなたは手に入れた。早速これを実践し、「仕事のことを忘れて、頭を空っぽにするために散歩してきます」と上司に発言したのを最後にクビになってしまう人がいそうだ。

変に聞こえるかもしれないが、行き詰まったときに必要なのはまさにこれであることを研究が明らかにしている。誤った答えが、正しい答えが浮かぶのを妨げているからだ。

ではここで、行き詰まりをじかに経験する機会を提供したい。一見きわめて明白だが、解こうとするとほとんどの人が行き詰まる言葉のパズルにトライしてみよう。H、I、J、K、L、M、N、Oという文字の羅列が何を表すのかを問うパズルだ。時間をとって答えを探してみよう。

だが同時に、どんな方法を試したか、どこで行き詰まったかを覚えておいてほしい。答えは見つかっただろうか？

よくみられる行き詰まりは、このパズルを頭文字として解こうとするケースだ（「He Is Just Kindly Laughing（彼はただ優しく笑うだけ）」など）。しかし、実際の答えはそんなこじつけではなく、いったんわかれば至極納得のいくものだ。

これらの文字は何を表しているのか？
それは、ＨからＯまで（Ｈ to Ｏ）のアルファベット順の文字。
まだピンとこないだろうか？
あなたが毎日飲んでいるもの、つまり「水（H_2O）」だ。

このエクササイズは、凝り固まった思考から抜け出るのがいかに難しいかを示すよい例だ。頭文字が答えだと思い込むと、その思い込みが他の答えを締め出してしまう。「頭文字」の地図が脳内で作動し、これを保持する電気活動が他の回路の形成を妨げる。

行き詰まりを回避するのは、橋の上で車の進行方向を変えるようなもので、いったん片側の交通を遮断しないと、逆方向へは行けない。

オールソンによる抑制の原理は、シャワーを浴びているときやプールの中でインサイトが得られる理由を説明している。ただし、水とはまったく関係がない。問題から離れて一休みすると、活発な思考が収まるということだ。

これはわずかな時間であっても効果があるとみられる。次回、クロスワードなどの言葉のゲームで行き詰まったら、数秒間まったく違うことをしてみよう（靴ひもを結び直したりストレッチしたりといった簡単なことでいい。要は、問題について考えないようにすることだ）。その後で問題に戻ったときに何が起こるか確かめてほしい。**前頭前皮質、つまり意識的処理能力自体が問題になる場合があると気づくだろう。意識的処理をやめると、答えが見つかるのだ。**

脳のこうした癖は、あなたが自分で見つけられない問題の答えを、他人が見つける理由の説明にもなる。他の人はあなたの思考にとらわれていないからだ。問題を知りすぎていることが解決策を見つけられない理由になり得る。新たな視点が必要な場合もあるのだ。

これは普通の考え方とは異なる。私たちは通常、問題解決にあたる最適な人物はその問題を知り尽くした人だと考える。**だが、日々の仕事で多くの行き詰まりが生じるなか、必要とされるのは、その問題に詳しい人と詳しくない人が知恵を出し合う機会を増やすことだ。**

こうした人たちが一緒に考えたほうが、それぞれで考えるより早く解決策を見つけ出すことができる。

それでは、エミリーの話に戻ろう。彼女は創造性を発揮する必要に迫られたとき、真っ先に頭の中を整理するために正しいことをすべて行ったにもかかわらず、行き詰まってしまった。

エミリーはどう行動するべきだったのだろうか？　実のところ、最後の数分間は問題にさらに集中すべきではなく、直感に反することをすべきだった。

つまり、貴重な数分のうち1分を使って、まったく違うこと、たとえば興味深いことや楽しいことをして、インサイトが生まれるかどうかを確かめるべきだった。

奇妙な方法に思えるかもしれないが、エミリーが試したように、ミーティングでの自分の姿を思い浮かべて不安を増すことによって集中力を高めても、インサイトが増えることはなく、むしろ減ってしまうことをビーマンは明らかにしている。

遠い情報のつながり

キャリアを危険にさらしかねない散歩以外に、インサイトを増やすどんな方法があるだろうか？

ヒントはビーマンの研究にある。インサイトで問題を解決した人たちは、右耳の下にある右前側頭葉と呼ばれる脳部位がより多く活性化していた。この部位は、遠い関係にある情報をまとめる働きをする。右前側頭葉は、全体的なつながりに深く関わる右脳の一部である。

人はある場面の全体像ではなく詳細に注意を向けているとき、脳を左脳モードに切り替え、インサイトのプロセスを遮断するという。

インサイトを得た人たちは、その直前に興味深い脳の信号を感じていることをビーマンは突き止めた。

そのとき、一部の脳部位は車のアイドリングのように静まり返る。ビーマンによれば、「人がインサイトによって問題を解く約1秒半前に、脳に入り込む視覚情報を処理する右後頭葉全体で、アルファ帯域の活動が突然持続的に増加する」という。

このアルファ帯域の活動はインサイトが生じた瞬間に消滅する。ビーマンはこう続ける。「アルファ帯域の活動は、問題解決に近づいていると予期されること、脳内のどこかにある解決策を示唆する不安定で微弱な活性化がみられることを本人に知らせるものだと私たちは考えています。視覚のインプットを遮断・低減して脳内のノイズを減らし、その解決策が見えやすいようにするのが活動の狙いです。『黙れ。考えごとをしている最中なのだから』と言っているようなものです」。

おそらくあなたも、気づかないうちに常にこれをやっている。誰かと話していると き、心を落ち着かせるために、一瞬上を見るなどして視線をそらす。これは、かすかな内部信号に集中するために、脳がインプットを遮断する方法である。こうしなければ、インサイトが生じる可能性が下がるからだ。

ビーマンは、心の状態とインサイトの間に強い相関関係があることも明らかにしている。

幸福感が増すとインサイトが生じる可能性が高まり、不安が増せばその可能性が下がる。これは、かすかな信号を察知する能力と関係している。不安なときは、ベースとなる活性度が高く、全体的に電気活動が活発なため、かすかな信号を察知するのが難しくなる。ノイズが多すぎて、信号がよく聞こえなくなるからだ。

グーグルなどの企業が楽しみや遊びを許容する職場環境を整えている理由はここにある。これらの企業は、こうした職場環境がアイデアの質を高めると考えているのだ。

思考回路を切り替える認知制御に関わる脳部位がインサイトを得る前に活性化されることは、他の実験でも明らかにされている。

ある方法で問題を考えているとき、問題を解決できる可能性を高めるには、頭を切り替えて別の方法で問題を考える必要がある。インサイトを得る直前には、内側前頭前皮質が活性化する傾向にある。

内側前頭前皮質はデフォルト・ネットワークの一部であり、自分自身の経験の認識と関係している。被験者に研究室の脳スキャナ内で問題を解かせたところ、内側前頭前皮質の活性度が低く、脳の視覚野の活性度が高かった人々は、インサイトを得られにくい傾向がみられた。

この被験者たちは問題をよく見ているが、自分がどういう見方をしているかを認識していなかった。ビーマンは数々の実験を経て、誰がインサイトを得る可能性が最も高く、誰がそうでないかを、実験開始前に脳の活性化パターンだけで判断できるまでになった。

ビーマンの研究結果は次の通りだ。

多くのインサイトを得られる人は、他の人と比較して優れた洞察力を持っているわけでも、解決策を見つけることに貪欲なわけでも、問題により集中して取り組んでいるわけでもなく、必ずしも天才ではない。

ビーマンが実験前に脳スキャンデータに基づいて選ぶことができた「インサイトマシン」と呼べる人たちは、**自分の内的経験の認識に優れている人たちだ。彼らは自らの思考を観察できるので、自分の考え方を変えることができる。**

こうした人たちは認知制御にも長けているため、必要に応じて心を落ち着かせることができる。

これらの興味深い研究結果は、研修や教育全般に大きな意味合いを持つ。学校や大学や職場では、知識や一般知能ばかりに重点が置かれ、自分自身を知ることや認知制御についてはほとんど重視していない。

今後、行き詰まりの回避が重要になるとすれば、問題解決を教える方法を見直す必要があるかもしれない。

自分の中のＡＲＩＡに注意を払う

これらの研究をすべてまとめると、理論上は、インサイトを高める手法や実践の展開は可能なはずである。

私はこの課題に10年以上取り組み、ＡＲＩＡモデルを開発した。ＡＲＩＡとは、意識（Awareness）、振り返り（Reflection）、インサイト（Insight）、行動（Action）を指す。

このモデルは、インサイトのプロセスをリアルタイムで認識できるようにインサイトの各段階を説明するとともに、インサイトを得る可能性を高める実践的手法を提供する。

意識は、脳が行き詰まりになにげなく注目している状態である。

意識の段階では、その問題を舞台に上げておきたいが、他の役者も舞台に上がれるように、問題が占領するスペースを極力小さくしようとする。

前頭前皮質の活性化を最小限に抑えるため、問題に注目しすぎず、雑念を抑え、問題をできるだけ単純化する。

単純化の効果的な方法は、その問題を極力少ない言葉で言い表すことだ。「もっとエネルギーが欲しい」と自分に言い聞かせるほうが、「自分の仕事や家族により注意を向けるため、運動や娯楽の時間をつくるために、もっとエネルギーが欲しい」と言うよりも、脳の活性度は相当低くなる。

振り返りの段階では、行き詰まりを頭に置きながら、思考の内容ではなく自分の思考プロセスを振り返る。H_2Oの例では、自分がとった方法がどれもうまくいかないと気づいた場合はインサイトが生じやすくなり、まったく新しい方法が意識に現れる可能性が高まる。

振り返りの目的は、自分の行き詰まりを高い目線から見ることであり、詳細に踏み込むことではない。高い目線から見ることで、インサイトに重要な役割を果たす右脳の領域を活性化し、ゆるいつながりの形成を促すことができる。朝まだ目覚めきっていないときの、くつろいで焦点の定まらない頭の状態を再現するのも効果がある。アイデアがぼんやりと頭に浮かんでくるのはそういうときだからだ。

インサイトの段階はとても興味深い。インサイトが生じた瞬間、ガンマ帯域の脳波（ガンマ波）が一気に活発になる。ガンマ波は最速の脳波であり、ニューロン集団が毎秒40回同時発火すると発生する。ガンマ波は、脳の各領域が互いに通信し合っていることの表れである。深い瞑想状態にある人には、ガンマ波が多く発生している。学習障害を持つ人はガンマ波の発生が少なく、意識不明の人にはガンマ波の発生はほとんど見られない。

次に示すのは、ビーマンがグラフ化したインサイト発生前後のガンマ波の推移である。最初に急上昇している濃い線はアルファ波であり、脳は落ち着きに向かっている。次に急上昇しているのがガンマ波で、まさにインサイトの瞬間に上昇している。

インサイトは力強い活力ももたらす。その活力は人の表情や声、しぐさに見て取れる。さらには、電話での会話からも感じ取れる。聞き手がその内容をよく知っているときは、なおわかりやすい。

ガンマ波とアルファ波の推移

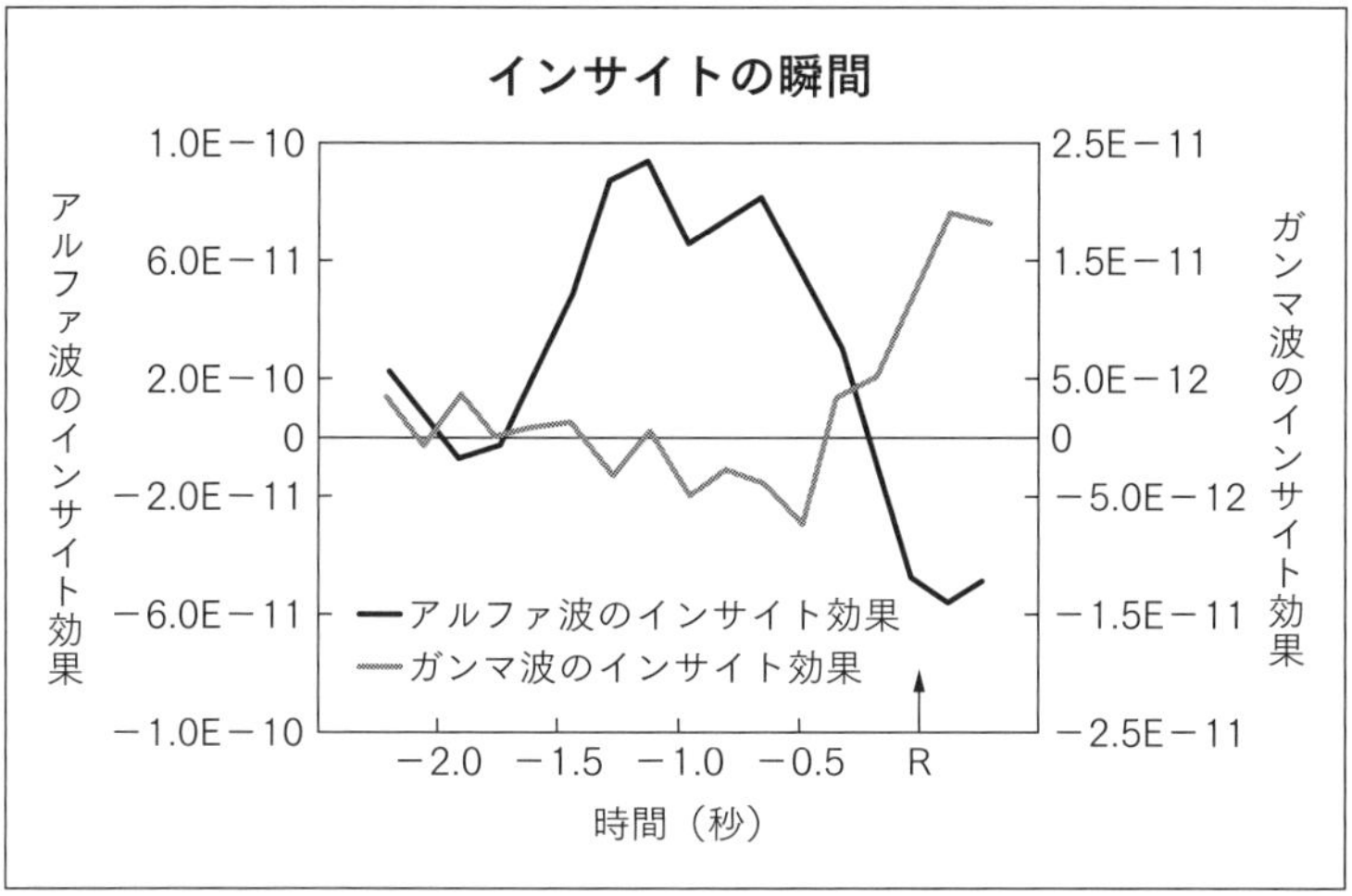

インサイトは物事が変わる瞬間であり、アドレナリンとドーパミンの放出も同時にもたらす。インサイトは刺激的で、人を引きつけ、最高の気分にさせる。

行動の段階は、インサイトが生じたときに放出されるエネルギーを生かす機会である。このエネルギーは強力だが長続きしない。面白い本の結末で突然すべてが腑に落ちたときに感じる高揚感を思い出してほしい。

数分間は心地よい感動に浸るが、10分後にはかなり冷めている。この「高揚感」が存在する間は、勇気とやる気が湧いて何らかの行動を起こそうという気になるが、神経化学物質の効果が薄れるにつれ、やる気は急速に低下する。

ARIAモデルは、脳のインサイトがどれほど有益になり得るかを示している。

私が実施したワークショップでは、70名を超えるビジネスリーダーが参加し、インサイトの神経科学と他者にインサイトをもたらす方法を学んだ。

その後、各参加者は5分時間を与えられて、お互いにこのモデルを使って実際のビジネス課題の解決に取り組んだ。参加者が取り組んだ課題のうちの75パーセントが、わずか5分の会話で解決された。「解決」とは、本人が新たな視点から状況をとらえ、違う形で課題に取り組む明確な判断を下せるようなインサイトを得られたことを意味する。

参加者たちはただ、インサイトを得る可能性を高めるために、相手の脳を適切な状態にする方法を学んだだけである。私たちの脳はインサイトが大好きだ。したがって、主には、前頭前皮質に邪魔をさせないようにして、脳の深いところから発せられる信号が聞こえるようにすることがカギとなる。

ＡＲＩＡモデルは、自分にも他人にも使える。このモデルは、インサイトに関わる脳のプロセスを覚えておくためのものである。

それでは、これらの知見をすべて頭に入れたうえで、エミリーがどうすれば必要なときにもっと創造性を発揮できていたか確認してみよう。

After

正午。エミリーは、新しい会議の提案書づくりをする時間を30分確保している。作業を始めて数分経ったころ、会議のブランド名の案を携えてランチミーティングに臨むべきではないかというひらめき（インサイト）が生まれた。ドーパミンのレベルが上がるのを感じる。一つのインサイトが、さらなるインサイトを生むのに必要な化学作用を促すとわかっているので、すぐにこのエネルギーを活用しようと決める。

そこで、すべての電話とポケットベルの電源を切り、執務室のドアに「取り込み中」の札を下げる。そのうえで、コンピュータ上に新規文書を開き、ブレインストーミングを始める。

エミリーは概要書にあるキーワード――持続可能なビジネス――に目を向け、ブランド名を生み出すためにこの言葉をどう使うべきか考え始める。

このテーマに関する10の言葉を思いついた後、いったん手を止めて自分の思考経路に注意を払う。そして「持続」というテーマにとらわれていることに気づく。エミリーは心を落ち着かせて、他の糸口をたどろうと耳を澄ます。

とそのとき、「未来」についてのかすかな思考に気づき、それをたどっていく。すると別の10の言葉が浮かぶ。エミリーがさらなる手掛かりを求めて耳を澄ますと、リスクを減らすという「保険」の考え方をすぐに思いつく。するとまた別の言葉がいくつも頭に浮かんでくる。

こうした作業を終えたとき、これ以上新しいテーマは浮かんでこないとわかった。かすかなつながりが形成されるようにするには、別のところに注意を向ける必要がある。エミリーは自分が行き詰まり、このまま続けてもこの3つのテーマに沿った答えしか浮かばないと自覚する。

エミリーは思考の堂々巡りを抑制するために、脳を切り替えてギアを抜く。そして、ポールに電話をかけて様子を尋ね、数分間おしゃべりをする。ポールが顧客へのプレゼンを控えて緊張しているという話を聞くうちに「リラックス」という新しいテーマが頭に飛び込んでくる。

彼女は電話を切って「未来に向けたリラックス」「リラックスした未来」という言葉を思いついたところで、また行き詰まりを感じる。そこで注意を切り替えて、不安を和らげようと子どもたちの写真に目をやる。

すると突然、無意識下で気持ちの高ぶりを感じ、「ビジネスの未来を保証する」という力強いアイデアが生まれる。エミリーはすぐに検索して、このフレーズが使われていないことを確かめ、このテーマに沿って提案書を書き直す。

ドーパミンがさらに放出され、最高の仕事ができるフロー状態になる。他の提案書の下書きをする時間もまだ残されている。

活力に満ちた状態で、自分の期待以上のアイデアを生み出し、エミリーはポジティブな気持ちでミーティングに向かう。

現在、あなたも行き詰まりを感じているかもしれない。

本書のここまでのテーマは、前頭前皮質をより効率的に使うことである。仕事で成果を上げるための私からの提案は、舞台には最小限の役者を、一度に2～3人ずつ、正しい順序で、適度な覚醒レベルで上げるということだ。

ただし、ときにはすべての役者を舞台から降ろし、無意識のプロセスで問題を解決できるようにすることを提案したい。

だが、舞台を中断するタイミングを**いつ、どうやって**決めればいいだろうか？

また当然のことながら、大きな問題となるのは、誰がその決定を下すかということである。

これらの疑問に答えるため、本編を一休みして、脳に関する知見をさらに掘り下げてみたい。

脳に関する事実のまとめ――シーン6

●問題の解決を図るとき、同じような答えにいとも簡単にはまり込む。これを行き詰まりと呼ぶ。
●行き詰まりを解消するには、脳をアイドリング状態にして、間違った答えの活性化を抑制する必要がある。
●インサイトを得るには、かすかな信号に耳を傾け、ゆるいつながりが形成されるようにしなければならない。そのためには、電気活動を最小限に抑えて心を落ち着かせる必要がある。
●リラックスした幸せな気分であればあるほど、インサイトが頻繁に生じる。
●具体的なデータよりも、情報と情報のつながりに関わっている右脳が、インサイトに大きく貢献している。

最高の脳で働く方法――シーン6

□プレッシャーを取り除き、期限を延長し、楽しいことをして、とにかく不安を減らす。

☐休憩をとり、気楽で面白いことをして、答えが浮かんでこないか確かめる。

☐心を落ち着けて、かすかなつながりの中にあるものを確かめる。

☐問題を掘り下げるより、情報と情報のつながりに注目する。詳細に入り込むより、高い目線からパターンとつながりを検討する。

☐問題を顕著な特徴にまで単純化する。それによって、高い目線から問題を振り返り、インサイトの前に生じるかすかなつながりの気配に注意を払い、インサイトが生じたときにじっと集中できるようにしておく。

演出家に出会う

1章の最後はポールとエミリーの物語からいったん離れて、脳に関するさらに詳しい知見を検討していこう。私はここまで、自らの脳を理解することが仕事の成果を高めると主張してきた。脳の知識があれば、その都度違った意思決定ができるからだ。しかし、脳に関する知識を深めるだけでは不十分かもしれない。前回のエミリーのシーンに出てきた太字の表現に注目してほしい。

「(エミリーは)『持続』というテーマにとらわれていることに**気づく**。エミリーは心を落ち着かせて、他の糸口をたどろうと**耳を澄ます**。とそのとき、「未来」についてのかすかな思考に**気づき**、それを**たどっていく**」。

エミリーは自分のメンタルプロセスの流れに注意を払っている。自らの脳の動きを観察しているのだ。

この観察という行為をしなければ、脳の知識はたいした変化をもたらさない。

「最高の脳で働く」には、自らの脳を理解することと、脳のプロセスを観察できることの2つが不可欠となる。

舞台の比喩において、役者は意識を向ける情報を表し、観客は記憶や習慣などの無意識下の脳内情報を表す。

これに加えて、私が**演出家**と呼ぶ登場人物もいる。

演出家は、今経験していることの外側に立つことができる意識の一部を表す比喩だ。

この演出家は、あなたの人生というショーを観て脳の反応のしかたを判断し、ときには台本を書き換えることもできる。

演出家の概念の歴史

この演出家の概念はさまざまな呼び方をされ、何世紀にもわたって科学者、哲学者、芸術家、神秘主義者などの大きな関心を集めてきた。

西洋哲学の黎明期に、ソクラテスは「吟味されざる生に生きる価値なし」という言葉を残した。

現在では、自分を観察する経験を、自己認識やマインドフルネスと呼ぶ人もいる。「自分の思考を思考すること」を指すメタ認知、あるいは「自分の意識を意識すること」を指すメタ意識と呼ばれることもある。

呼び名はどうあれ、この現象は多くの世界文学の中心を成す一貫したテーマであり、哲学、心理学、倫理学、リーダーシップ、マネジメント、教育、学習、トレーニング、育児、ダイエット、スポーツ、自己啓発などの領域でも、中核的概念として登場する。**人間の経験について論じた本で「自分を知ること」があらゆる変化の第一歩だと書かれていないものを見つけるのは難しい。**

この概念の普及に伴い、次の2つの事象のいずれかが起きているとみられる。まず、著者たちが揃いも揃ってとんでもない盗用をしていること。次に、自分が経験する各瞬間の状況を一歩離れたところから客観視できる能力に、何らかの重要かつ普遍的で生物学的な要素が関わっていること。研究は後者を示唆している。

認知科学者たちは、1970年代に初めてワーキングメモリー（舞台）に実行機能と呼ばれる側面があることを認識した。この実行機能はある意味で、ワーキングメモリーの他の機能の「上位」にあり、自らの思考を監視し、最適なリソース配分を選択するものである。1990年代の新技術の開発と、とりわけ2007年前後の社会認知・感情神経科学（または、社会認知神経科学）と呼ばれる分野の出現によって、この現象の研究は深化した。

社会認知神経科学は、認知神経科学、脳機能研究、社会心理学、人間関係の研究を組み合わせたものである。社会認知神経科学が出現する以前は、一つの脳がどう機能していかるかに神経科学者たちの注目が集まる傾向にあった。

だが、社会認知神経科学者たちは、脳が他の脳とどう関わるかに注目し、競争と協力、共感、公平性、社会的苦痛、自己認識などの課題について研究を進めている。最後の領域は、ここで特に重要となる。他人を理解するために使う脳部位の多くは、自分を理解するために使う脳部位と重なっている。

哲学的に難しいテーマの探求に意欲を燃やす社会認知神経科学者たちは、とらえどころのないこの演出家について、もっとよく知りたいと望んでいる。

ケビン・オクスナーは、ニューヨークにあるコロンビア大学の社会認知神経科学研究所の所長であり、社会認知神経科学の父と呼ばれる2人の研究者のうちの一人である。彼の見解は次の通りだ。

「自己認識は自分自身から離れて、自らをできる限り客観視する能力です。多くの場合、それは第三者の視点から自分を見ること、つまり別の人の目を通して自分を見ているところを想像することを意味します。私がカメラになって自分の姿を見つめ、自らの答えを観察することを指します。自分を意識し、自分自身に対するメタ視点を持つことは、まさに他人と交流するのと同じです。これはまさに社会神経科学が理解しようとしている根本的な事柄なのです」

こうした自分が経験している状況の外側にいる能力、つまり自己認識力がなければ、一瞬一瞬の自分の行動を抑制し管理する能力はほとんど持てない。

こうしたリアルタイムでの目的志向の行動調整は、成熟した大人の行動に不可欠である。そのためには、無意識の経験の流れから脱して、注意の対象を選択する能力を身につける必要がある。演出家がいなければ、人は欲や恐れや習慣によって動く自動制御システムに成り下がる。

演出家を分析する

多くの神経科学者が演出家の概念を指すものと認める専門用語は、**マインドフルネス**である。元々は原始仏教の概念だが、今日では科学者によって、開かれたありのままを受け入れる心で今この瞬間に意識を向けている状態を指す言葉として使われている。

マインドフルネスは「今この瞬間」を生き、リアルタイムで起きていることに意識を向け、見えていることをありのままに受け入れるという考え方である。

この分野の代表的な研究者・著者であり、カリフォルニア大学ロサンゼルス校（UCLA）のマインドフルネス・アウェアネス研究所の共同所長を務めるダニエル・シーゲルは、マインドフルネスをマインドレスネス（心ここにあらず）の反意語と位置づけ、「マインドフルネスによって、多様な選択肢を検討したうえで最適な選択をする心のゆとりが生まれる」と説明している。

神経科学者にとって、マインドフルネスは精神世界や宗教、瞑想の類いとはほとんど関係がない。

マインドフルネスは誰にでもある程度備わっており、多様な方法で身につけることができる特性である（マインドフルな状態は自分で起動でき、その頻度を増やせば増やすほど特性として身につきやすい）。

マインドフルネスは仕事の効率化にも重要であることがわかっている。メール処理をやめて、一日の最適なスケジュールの組み方を検討する必要があるという直感に耳を澄ましているとき、あなたはマインドフルな状態にある。ミーティングへ行く途中で道に迷わないよう集中する必要があると意識しているときも、マインドフルな状態にある。

いずれのケースでも、あなたは体内から発せられる信号に気づいている。こうした信号に気づく能力は、より効果的に仕事をするための中心的基盤である。

脳に関する知識は重要だが、その知識を役立てるには、各瞬間に脳が何をしているかを同時に意識する必要がある。

現在世界中で何百人もの科学者たちがマインドフルネスの研究を進めているが、こうした研究の中心人物の一人が、バージニア州リッチモンドにあるバージニアコモンウェルス大学のカーク・ブラウンだ。

ブラウンは大学院生時代、他の人と比べて、病気からの回復時に体内から発せられる信号を察知する能力に長けている人たちがいることに気づいた。自分の中で生じている内的経験を意識している人は、そうでない人よりも難手術から早く回復するとみられた。

体内からの信号を察知することを専門用語で**内受容感覚**という。これは自分の内界を認知することである。当時、内界で起きていることを察知する能力を測る既存の尺度はなく、ブラウンは自らそれを開発した。これがマインドフルネス・アテンション・アウェアネス・スケール（ＭＡＡＳ）と呼ばれるものである。

ＭＡＡＳは現在、個人の日常的なマインドフルネス度を測定する代表的な尺度となっている。

誰もがこの種の認知能力を持っているが、マインドフルネスの度合いには個人差があることをブラウンは発見した。

ブラウンは長年にわたって被験者を調べるなかで、**ＭＡＡＳスコアと、心身の健康ひいては人間関係の質との間に相関関係があることを突き止めた。**

「最初は、自分たちのデータに誤りがあると考えた」とブラウンは説明する。「スコアがこれらすべてに関連しているなんてあり得ない、と。だが、それ以降に実施した研究はどれもこの発見を裏づけた」。

マサチューセッツ大学医学部のストレス軽減クリニックおよび医療・ヘルスケア・社会のためのマインドフルネスセンターの創設所長であるジョン・カバットジンは、その研究のなかで、皮膚疾患を治療中の患者がマインドフルネスを実践すると、治癒が早まることを明らかにした。

また、オックスフォード大学のマーク・ウィリアムズの研究でも、マインドフルネスの練習によって、うつ病の再発率が75パーセント低下することが明らかにされた。

マインドフルネスが健康の増進と維持に有用なのは明らかだが、これは単にマインドフルネスにストレス軽減効果があるからなのだろうか？

それとも、何かもっと強力な作用が働いているのだろうか？

中国の主要な神経科学者イ・ユアン・タンはこの問いに答えようとした。２００７年、タンはマインドフルネスがリラクゼーション・トレーニングの一形態にすぎないのか、あるいは別の何かが作用しているのかを確かめる研究を行った。

40名の被験者に5日間にわたって、毎日20分間心身統合瞑想法（ＩＢＭＴ）と呼ばれるマインドフルネス・トレーニングを施した。別の被験者グループには同じ期間、リラクゼーション・トレーニングを施した。

「わずか5日間のトレーニングであったが、その後2つの被験者グループの間には顕著な違いがみられた」とタンは説明する。

マインドフルネス・トレーニングを実施した被験者グループは、唾液試料に基づく免疫数値が平均50パーセント近く高くなった。さらにこの被験者グループは、ストレスホルモンとも呼ばれるコルチゾールのレベルも低かった。

マインドフルネスが単なるリラクゼーションを超えるものであるのは明らかである。もしそうならば、マインドフルネスとは一体何なのだろうか？

なぜ人の生命の多くの領域にこれほど大きな影響を及ぼすのだろうか？

マインドフルネスの神経科学

トロント大学のノーマン・ファーブが6人の科学者とともに2007年に行った「マインドフルネス瞑想が明らかにする自己参照の特徴的神経モード（Mindfulness meditation reveals distinct neural modes of self-reference)」と題した研究は、神経科学の視点からマインドフルネスを理解する新分野を切り開いた。

この研究の重要性を理解できるように、まずその内容を簡単に説明しよう。

人は生まれつき、脳内に外界の内部表現、いわゆる「地図」を作成する能力を持っている（これらの地図はネットワークや回路と呼ばれることもある）。

この地図は、注意を払っている対象に応じて徐々に進化する。その一例がポールのクレジットカードの地図だ。弁護士は数千件の訴訟案件の地図を持ち、カラハリ砂漠のサン人は水を探すための地図を持ち、3人目の子どもをあやす若い母親は、子どもたちの寝かしつけ方の地図を持っている。また、私たちは生まれつき、嗅覚の地図などの特定の地図が自動的に立ち上がる高い能力も持ち合わせている。

ファーブと6人の科学者たちは、人が一瞬一瞬に自分の人生をどう経験しているのかを調べる方法を解明した。そして、人には世界と交わる2つの特徴的な方法があり、2つの異なる地図群を使っていることを発見した。

一方の地図群には、ディストラクションとインサイトに関するシーンですでに述べた脳の領域が関係している。海馬《かいば》をはじめとする記憶領域と連動した、内側前頭前皮質を含む「デフォルト・ネットワーク」である。

このネットワークがデフォルトと呼ばれるのは、他にたいした出来事がなく、自分のことを考えているときに活性化するからである。

夏のある日、桟橋の突端に腰かけて、心地よい涼風に髪をゆられながら、冷たいビールを手に時間を過ごしているとき、あなたはその素晴らしい一日を満喫するのではなく、いつの間にか今晩の夕食の献立をどうするか、料理をしくじってパートナーに笑われやしないかと考えているかもしれない。これは、計画や空想、熟考に関わるデフォルト・ネットワークが作動している状態である。

デフォルト・ネットワークは、自分や他人について考えるときにも作動して「物語」をつくりあげる。物語は登場人物たちが時間をかけて互いに交流する筋立てになっている。

脳は自分や他人の過去に関する膨大な情報を保持している。デフォルト・ネットワークが作動しているとき、あなたは自分の過去と未来や、自分が知っているあらゆる人たち（自分を含む）のこと、さらにはこの巨大な情報のタペストリーがどう紡がれているのかについて考えている。ファーブの研究の中で、デフォルト・ネットワークは「物語回路」と好んで呼ばれている（日常的に使う言葉としては、**物語回路**が私はいいと思う。デフォルトよりも覚えやすく、マインドフルネスを語るにふさわしく、響きが少しだけ上品だからだ)。

この物語のネットワークを使って世界を経験するとき、あなたは外界から情報を取り入れ、それが何を意味するかというフィルターを通して情報を処理し、自らの解釈を加える。物語回路が作動した状態で桟橋に座っていると、涼風は涼風ではなく、夏の終わりを告げるサインとなり、たちまちどこにスキーに行こうか、スキーウェアをクリーニングに出す必要があるだろうかとあなたは考え始める。

デフォルト・ネットワークは、あなたが起きている間はほとんど作動しており、作動させるのに労力はさほど要らない。このネットワーク自体に何も悪いところはないが、問題は、このネットワークを通してしか世界を経験しないのは、あなたの本意ではないことにある。

ファーブの研究によると、世界を経験するまったく別の方法がある。科学者たちはこの種の経験を**直接経験**と呼ぶ。直接経験のネットワークが作動しているときは、別の複数の脳部位が活性化する。これには島《とう》皮質という体感の知覚に関わる部位が含まれる。また、エラーの検知と注意の切り替えをつかさどる前帯状《ぜんたいじょう》皮質も活性化する。直接経験のネットワークが作動しているとき、あなたは過去や未来のこと、他人や自分のことをしきりに考えたり真剣に検討したりすることはなくなり、リアルタイムで五感に入ってくる情報を感じている。桟橋に腰かけているあなたの意識は、肌に触れる太陽の温もり、髪をゆらす涼風、手の中の冷たいビールに集まる。

物語と直接経験の2つの回路が逆相関関係にあることは、他の研究でも明らかになっている。つまり、皿を洗いながら間近に迫った会議について考えていると、割れたグラスに気づかずに指先を切る可能性が高まる。物語の地図が作動している間は、視覚に関わる脳地図があまり作動しないからだ。物思いにふけっているときには、あまり物が見えていない（あまり聞こえても、感じても、気づいてもいない）。残念ながら、こうした状態ではビールもあまり美味しくない。

しかし幸いなことに、このシナリオは両方向に作用する。あなたが皿洗いをしている間、手にあたる水の感覚などの外から入ってくるデータに意識を集中しているときは、物語回路の活動が低下する。これはたとえば、間近に迫ったストレスのたまるイベントが気になって物語回路が興奮状態にあるとき、深呼吸をして今この瞬間に集中することが、興奮を静めるのに効果的な理由を説明している。その瞬間、五感すべてが「活性化する」からだ。

この研究をより有意義なものにするために、今から簡単なエクササイズに挑戦してみよう。外から入ってくる情報の中から、10秒間だけ意識を集中させる情報を見つけてほしい。座って本書を読んでいるなら、椅子に座っている感覚に集中し、椅子の肌触りや弾力性などの要素に細心の注意を払ってみよう。あるいは、周囲の音に集中して、聞こえてくるさまざまな音を観察してもいい。今から10秒間だけこれをやってみよう。

あなたがこのエクササイズを試したとしたら、注意を向けていた情報の他に、いくつか気づいたことがあっただろう。

まず、一つのことに10秒間意識を集中させるのがいかに難しいかわかったはずだ(それ自体が興味深い)。10秒の間に、おそらく集中しようとしていた情報から注意がそれて考えごとを始めたのではないだろうか(このエクササイズに対する最も一般的な反応だ)。

注意が椅子の感覚からランチに向かった瞬間、あなたの脳は直接経験から物語のネットワークに切り替わった。その後エクササイズのことを思い出して選択した情報の流れに注意を戻したとき、直接経験の回路が再起動した。

この簡単な実験によって、2つの回路を切り替えるときの自分なりの感覚がつかめる。同様のエクササイズを繰り返し行えば、回路が切り替わったときにうまく気づけるようになる。

これは各種のマインドフルネス瞑想を実践している人たちに起きていることだ。瞑想を実践している人たちは、直接経験したことと、脳が加えた解釈との違いに気づくのがうまくなる。また、こうしたエクササイズを常に行うことで、内面の状態の観察に関わる回路が太くなる。演出家に注意を払えば、演出家は強くなり、より強力な権限を持つようになる。

10秒間のエクササイズで、他の感覚が鋭くなることもわかったかもしれない。桟橋に座って、皮膚に触れる太陽の温もりにじっと注意を向けていると、すぐにそよ風にも気づく。

直接経験のネットワークを起動すると、入ってくる情報が豊富になり、周囲の多くの情報に気づけるようになる。気づく情報が増えれば選択肢も広がるため、より適切な選択が可能になり、仕事が効率よく進む。

では、ここまでの内容をまとめてみよう。あなたは物語回路を通して世界を経験することができる。この回路は計画立案、目標設定、戦略構築に役立つ。

また、より直接的に世界を経験することもできる。その場合、より多くの感覚情報を感知することが可能となる。直接経験のネットワークを通じて世界を経験すれば、物事の実態に迫ることができる。周りで起きている出来事に関するより多くの情報、より正確な情報を感知することができる。リアルタイム情報を多く感知できれば、より柔軟な対応がとれるようになる。さらに、過去や習慣、予測、前提にとらわれることも減り、起きた出来事への対応力が高まる。

演出家を働かせれば、より多くの感覚情報を感知できるようになる。また、ここからがさらに興味深いのだが、この感覚情報には自分の思考や感覚、情動や内面の状態に関する「自分自身」の情報も含まれる。

演出家を働かせると、自分の中で起きていることにもっと気づけるようになる。最も役に立つのは、仕事をやり遂げようとしているときに自分の脳内で何が起きているかを把握できるようになることだ。

たとえば、過度な疲労によって舞台が機能しない、舞台上がいっぱいになりすぎている、舞台に活を入れる必要がある、インサイトが生じるように舞台を中断する必要がある、など。

こうした観察によって、演出家を自在に働かせるタイミングを把握しやすくなる。

練習のポイント

ファーブの実験において、瞑想習慣のある人など、物語と直接経験の回路を意識する練習を常にしている人たちは、2つの回路をより明確に区別していた。こうした人たちは常に今どちらの回路を使っているかを把握し、回路を容易に切り替えることができた。一方、これらの回路を意識する練習をしたことがない人たちは、無意識のうちに物語回路をとる傾向にあった。

カーク・ブラウンの研究によれば、マインドフルネス度が高い人は、無意識のプロセスをより強く意識している。さらに、こうした人たちはマインドフルネス度が低い人よりも認知制御力が高く、自分の行動や言葉を具体化する能力に長けている。

あなたに力強い演出家がついていれば、そよ風に吹かれながら桟橋にたたずんでいるときに、今晩の夕食の献立を心配して素晴らしい一日を満喫し損ねていることに気づき、あたたかな日差しに注意を向け直す可能性が高い。

こうして注意を切り替えるとき、あなたは脳の機能を変えており、それによって脳の働き方に長期的な影響をもたらせる可能性がある（その仕組みの専門的側面については、後のシーンで取り上げる）。

ダニエル・シーゲルは次のように説明する。「頭と心に対する安定して研ぎ澄まされた集中力を身につければ、それまで区別できなかったニューロン発火の経路を感知できるようになり、回路の修正もしやすくなる。こうして頭と心に意識を集中することによって脳の機能、さらには脳の仕組みを変えることができるようになる」。

シーゲルが述べているのは、演出家を自在に働かせれば、常に自分の精神状態について多くの情報を感知できるということである。そうすれば、注意の対象を変える選択ができる。

そして、これがまさに本書の要点だが、自分の脳を理解することで、自分の脳を変える能力が高まるのだ。

舞台の収容人数の少なさ、目新しさによるドーパミンの増加、インサイトの獲得に多少時間がかかることなど、自分自身が経験していることに多く気づけば気づくほど、マインドフルな状態でじっと観察をする機会が増える。

山の上で瞑想をしなくても、仕事をするなかで自己認識を高めることができるのだ。

これは朗報だ。

だが悪いニュースもある。次の章で学ぶように、複雑な状況にあるときやプレッシャーを感じているときは、演出家を働かせるのが難しい。日々の忙しさに追われて何年もこの回路を起動せずに過ごす人もいる。仕事で演出家を働かせるのは容易ではない。

最近、職を退いてしまったが、マインドフルネス研究の第一人者であるジョン・ティーズデールは、「マインドフルネスは習慣であり、実践すればするほど、楽にその状態に入れるようになる……つまり、身につけることができるスキルである。自分にすでに備わっているものを引き出せばいいだけだからだ。マインドフルネスは難しくない。マインドフルな状態でいるのを忘れないようにするのが難しいだけだ」と説明する。

私は最後の言葉がとても気に入っている。**マインドフルネスは難しくなく、マインドフルな状態でいるのを忘れないようにするのが難しいだけ。**したがって、演出家を客席の最前列に待機させ、必要なときにすぐ舞台に飛び乗れるようにしておかなければならない。

どうすればやるべきことを簡単に覚えておけるだろうか？

最近の経験として真っ先に思い浮かぶように、脳内で準備しておくべきだろう。

演出家を待機させておく最善の方法として、普段から演出家を使う練習をしておくことが挙げられる。演出家を働かせる練習をしている人が自分の脳の仕組みを変えていることが、数多くの研究で明らかになっている。こうした練習を積めば、認知制御や注意の切り替えに関わる皮質の特定領域の厚みが増す。

何を使って練習するかはさほど問題ではない。大事なのは、直接的な感覚に意識を集中させる練習とその頻度だ。

それには豊富なデータの流れを使うことが役に立つ。床の上の小指の感覚よりも、床の上の足全体の感覚に注意を向けておくほうが易しい。後者のほうが活用できるデータが多いからだ。食べているとき、歩いているとき、話しているときなど、何をしているときにも演出家を働かせる練習ができる。

演出家を育てるといっても、必ずしもじっと座ったまま呼吸に注意を向けなければならないわけではない。自分のライフスタイルに合った方法を見つければいい。

私と妻は、子どもと夕食をとるときに、食べ始める前の10秒間だけ、呼吸3回分静かに意識を集中させる決まりをつくった。そのおかげで、夕食をより美味しく感じられるようになった。

演出家を舞台の近くに待機させておけば、役者を行儀よくさせておくこともできる。

演出家が脳の変化にリアルタイムで気づくため、経験を言葉でうまく言い表せるようになり、かすかなパターンが生じたときに素早く察知できるようになる。

このスキルによって、微調整を加える能力も高まる。自分の意識でリアルタイムに脳の機能を変えることで、適応力が高まり、どんな課題が生じても最も効果的な方法で対処できるようになる。

エミリーとポールが新たな課題に直面しているので、物語に戻って舞台上の展開を見守ることにしよう。2章では、優れた演出家が難しいシーンをどのくらいよいものにできるかを確かめる。

第2章

プレッシャー下でも冷静を保つ

脳は論理処理マシンをはるかに超えた存在である。その目的は生命の維持にあり、脳は絶えず周囲の世界が生命を維持するうえで危険か有益かを判断している。驚くほど細かいレベルで危険か報酬かを感知することによって、思考のしかたや内容に劇的な影響を及ぼすことができる。

危険や報酬に対する無意識の反応は、一般に情動（訳注：一時的で急激な感情の動き）と考えられている。情動に翻弄されずに制御する能力は、混沌とした世界で成果を上げていくうえできわめて重要である。

第2幕において、ポールは情動が思考に及ぼす影響に気づき、情動が優位にあるときに主導権を奪い返す方法を学ぶ。エミリーは、状況をコントロールしていることを実感したいという脳の深い欲求について学び、強い情動の管理に不可欠なスキルを見いだす。最後に、期待が脳の情報処理方法に関わり、周囲の世界に対する認識のしかたにも大きな影響を与える場合があることをポールは理解する。

シーン7
思わぬ展開に動揺する

Before

午後0時45分。ポールはウェイターにメニューを戻す。

「それで、期日までにできると思いますか？」ミゲルという名の年配の役員が訊いた。ポールが前向きな返事をしようとしたとき、ふと過去のプロジェクトの記憶が脳裏に浮かぶ。そのクライアントも厳しい納期を設定してきた。焦ったポールはクライアントの真のニーズをつかみきれないまま作業を進め、結局納期も予算もオーバーしてしまった。

ポールは当時に戻ったかのように、いら立ちがよみがえってくるのを感じる。この感情をあらわにしたくはない。むかつきを抑えようとするが無駄なようだ。さらに悪いことに、物語回路が興奮して内的な思考にとらわれてしまい、外から入ってくる情報が認識しづらくなる。ミゲルが質問してから少々時間が経ちすぎたことにもポールは気づかない。

8週間でこのプロジェクトを完了させるために何が必要かを考えるのに、さらに時間がかかる。もはや納期を守れるか自信がなくなり、24週間ほど時間が欲しいと言いたくなる。感情が乱れて明晰な思考ができない。

「できると思います……」と言った後、ポールはこう尋ねる。

「ですが、もう少し余分に時間をいただくことは可能でしょうか？」

もう一人の役員のジルは困惑した表情を浮かべる。ジルの完璧なネイルと巻き髪は、子どものころに通った学校の女性校長を思い出させる。ポールはその校長に3日間の謹慎を科されて遠足に行けなかったことを振り返る。自分の質問に対するジルの視線に軽蔑が混じっているように思える。スーツの中で体温が上昇する。


「こうしたプロジェクトを実施する態勢は整っていますか？」とジルは訊く。

今朝電話とコンピュータの電源を落としてミーティングの準備に専念し、こういった質問に答えられるようにしておけばよかったとポールは悔やむ。額に汗がにじむ。ジルが気づくのではないかと思うと、さらに汗が出る。自分の不快感を悟られまいと集中していると、たった今ジルが言ったことから注意がそれる。

「すみませんが、ご質問は何でしたか？」とポールは訊き返し、少し赤面する。

「ああ、そうでした。弊社の態勢のことでしたね。おっしゃる通り、うちはとても小さな事業者です」とポールは答える。

過去に同規模のプロジェクトを手がけたことを知らせるかすかな声が頭の中で聞こえる気がするが、どのプロジェクトかはっきりわからない。ミーティングが終わるまでに、そのプロジェクトのことを思い出せるよう願う。

「確かに、うちは大企業ではないかもしれません」とポールは続けた。

「ですが、少なくとも地場の事業者です。このまま多くの仕事を海外に流出させ続ければ、この国はだめになります」。そう言い終えたとき、海外の競合他社の存在を示唆する概要書のコメントを思い出すが、発言を撤回するには手遅れだ。

「まあ、私たちもこの国を愛してはいますが、プロジェクトが4分の1のコストで済むのにそうしないのはおかしいでしょう。それが海外の小売業者と競争する唯一の道なのですから」とジルは答え、ミゲルもうなずく。

ポールの胸騒ぎはさらに激しくなる。ミーティングはそれから30分間続き、いっそう厳しい質問が浴びせられる。

最後に、ミゲルとジルは時間を割いてくれたことへの感謝をポールに伝えた。ポールは表面では笑顔を見せつつ、内心疲れ切っていた。

車に戻ったポールは、無意識のうちに帰路も往路と同じ複雑なルートを通り、今度は道に迷ってしまう。ミーティングでの神経を使うやりとりによって、前頭前皮質が疲弊していたからだ。

運転中イライラしながら地図を読み取ろうとしているうちに、黄信号で減速した前の車にぶつかりそうになる。

家へたどり着くと、息子のジョシュがいつもより早く学校から戻って玄関前の階段に座っているのが見えた。「こんな早い時間に家で何をしているんだ?」とポールは怒鳴る。

「なぜ電話に出なかったんだよ」とジョシュは怒鳴り返す。

激しい情動を感じていたポールは、早目に帰宅して修学旅行から戻ってくるジョシュを出迎える予定だったのをすっかり忘れていた。自分が間違っていると頭ではわかっているが、息子と言い争わずにいられない。

「お前、俺の目の前でドアを乱暴に閉めるな」とポールは大声を上げる。彼はジョシュがドアを乱暴に閉めるたびに罰金をとるべきではないかと考える。

そのとき、ミーティングでのいら立たしい行き詰まりを解消するインサイト——罰金、手数料、料金という言葉——が突然浮かび上がる。

そうだ。自分はかつて同様のプロジェクトを手がけていた。

なんてことだ。2年前に担当した有料道路プロジェクトは今回のクレジットカードのプロジェクトとほとんど同じで、うまくいったではないか。

これをミーティングの最中に思い出してさえいれば。

ポールは大変な一日を過ごしている。ストレスの多い状況に置かれているうえ、脳の癖のせいで事態は悪化する一方だ。過去の情動的な出来事を追体験し、現在のパフォーマンスにも影響が及んでいる。情動を抑えようとして失敗し、売り込みもうまくいかなかった。

ポールは情動を制御する方法に関する誤った思い込みに基づいて行動している。彼は何も感じないようにするのが**プレッシャー下で冷静を保つ**最善策だと考えている。これは「自制」型のアプローチだ。だが実際には、脳による情動管理のしかたを変えて、プレッシャーを感じても動じないようにする必要がある。ポールがコーディングよりも営業に力を入れてビジネスを成長させたいと考えているなら、この新たな回路をつくることが不可欠だ。

大脳辺縁系の働き

人の情動は複雑で、多くの脳部位が関わっている。情動経験は大脳辺縁《へんえん》系と呼ばれる大規模な脳のネットワークと結びついている。大脳辺縁系は、扁桃体、海馬、帯状回、眼窩前頭皮質、島皮質など、さまざまな形でつながった脳部位で構成されている。大脳辺縁系は思考や物、人、出来事と情動の関係性を追跡し、一瞬一瞬あなたが世界をどう感じるかを決め、多くの場合まったく無意識に行動を駆り立てる。

大脳辺縁系が一式揃っていなければ、人の脳は基本的な働きはしても、ひどい状態に陥る。もし大脳辺縁系がなかったら、大脳基底核が正しい組み合わせの運動ニューロンを発火させることで、あなたはベッドから起き上がることはできるが、起き上がった途端に動けなくなるだろう。

各瞬間に無数の選択肢があると、次にやるべきことの全選択肢を論理的に判断するための時間やエネルギーが不足する。

朝食をとるべきか？　何を食べるか？　どこで食べるか？　あるいは、もっと睡眠をとるべきか？　その場合ベッドに戻るのか、それともソファかデスクで眠るのか？　一瞬一瞬の判断には、合理的なプロセス以上のことが関わっており、価値判断に基づ

大脳辺縁系

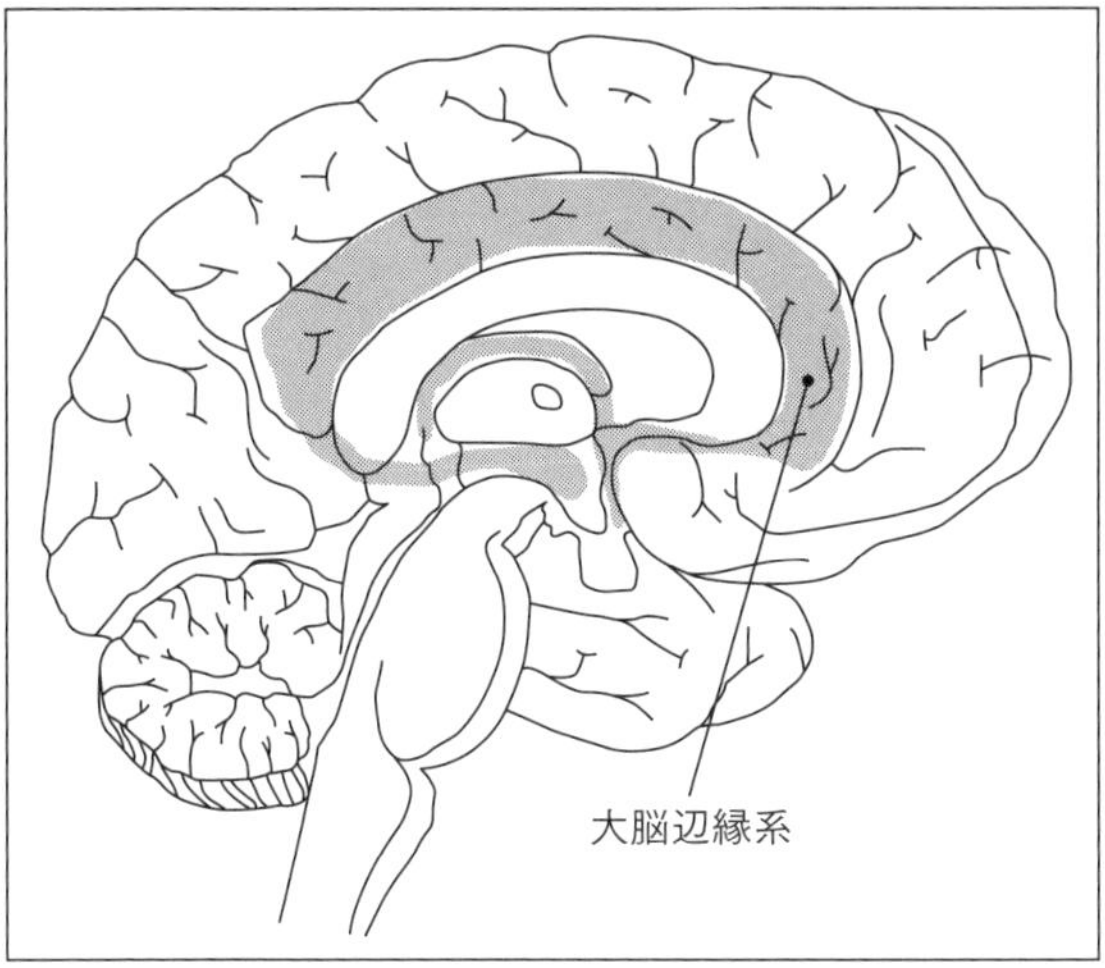

いた細かい選択が必要となる。

朝食のシリアルの良し悪しを含め、こうした価値判断を下すことが大脳辺縁系の主な機能の一つである。

接近か回避か

エビアン・ゴードンは、世界最大の脳データベースを構築しているブレイン・リソース・カンパニーの創設者である。過去10年間のゴードンの主要な知見の一つは、彼とリア・ウィリアムズがインテグレート（INTEGRATE）モデルの中で提唱した、脳が周囲の世界を危険なものか生命維持に有益なものかに分類する包括的な組織化原理を有するという説である。

「人が人生で行うすべてのことは、危険を最小化し、報酬を最大化する脳の決定に基づいている。『危険を最小化し、報酬を最大化する』のは、脳の組織化原理である」とゴードンは説明する。

大脳辺縁系は脳に流れ込むデータをスキャンし、何に、どのように、注意を多く向けるべきかをあなたに伝える。

たとえば、木になった赤い実が危険か美味かを知らせるのが大脳辺縁系の仕事だ。好奇心、幸福、満足などの情動は**接近**反応である。一方で、不安、悲しみ、恐怖は**回避**反応である。

脳が命にかかわる脅威を察知したとき、それは**一次的脅威**と呼ばれる。一次的脅威には、森の中でクマに遭遇する、空腹・暑さ・のどの渇きを感じるといった現実的な脅威に加え、単に写真の中の怒った表情を見るといったことも含まれる。脳が生存に有益なものを察知すると、いわゆる**一次的報酬**に気づいて報酬の感覚を味わう。一次的報酬には、食べ物、お金、セックス、さらには見覚えのある顔などが含まれる。

大脳辺縁系は絶えず**接近**するか**回避**するかを判断している。この判断は、意識的に気づく（もし気づくとすれば）0・5秒前に無意識に行われている。ある研究によれば、脳は無意味な単語を見聞きしたときも同じことをしており、単語の音素や音声単位を快か不快かのどちらで認識したかによって、その単語をポジティブかネガティブのいずれかに分類するという。

情動を感じると、大脳辺縁系が自動的に興奮する。このプロセスには多くの脳部位が関わっているが、特に興味深いのは海馬と扁桃体の2つである。

海馬は大きな脳部位であり、意識的に経験できる記憶を指す宣言的記憶に関わっている。こうした記憶は脳全体に広がる神経地図の数十億にのぼる複雑なネットワークでつくられている。

海馬はこれらの地図を整理して索引を付ける役割を果たす。

海馬はただ事実を記憶しているだけではなく、事実に関わる感情も記憶している。強い感情を抱いたものほど思い出しやすい（もっと複雑な理由で思い出せない、激しい情動を伴う出来事を除く）。好きだった高校教師のイメージを思い浮かべることができれば、あなたがその教師をどう感じていたかも思い出せる。記憶がよみがえった瞬間に感情が湧き上がるが、これにはすべて同じネットワークが関わっている。

海馬はある対象が危険か報酬かを記憶するネットワークの重要な部分であり、新しい経験を過去の記憶と結びつける。ポールがジルを見て自分の学校の校長を思い出したとき、こうした大脳辺縁系の反応が生じていたのだ。

扁桃体は、嗅覚をつかさどる領域の真上にあるアーモンド形の部位である。脳の「情動中枢」とみなされることが多いが、扁桃体は大脳辺縁系ネットワークの一部にすぎず、海馬などの大脳辺縁系の他部位と連動して働く。

扁桃体はある興味深い特徴のおかげでよく知られている。情動反応の強さに比例して興奮が増すという特徴だ。扁桃体は感情を測る脳の温度計のようなものである。fＭＲＩを使った研究でも扁桃体の興奮ははっきりと見て取れる。興奮は接近か回避のいずれかの情動によって引き起こされる。ただ、これから見ていくように、この2種類の情動は異なる形で大脳辺縁系に興奮をもたらす。

歩いて近づき、走って逃げる

ジョナサン・ハイトは著書『しあわせ仮説』の中で、私たちが藪の中から聞こえてくるカサカサいうかすかな音にさえ多くの注意を払ってきた人々の子孫だと書いている。危険に満ちた世界において、生き残れたのは過度に用心深い人たちだった。

探針で扁桃体を刺激すると（自宅で試すのはお勧めしないが）、通常は一定の情動を感じる。不安などの**回避**の情動である。もちろん、この不安は脳に探針が入っていることへの普通の反応かもしれない。だが、扁桃体が神経質で不安定で混乱しやすいことは通説となっている。

大脳辺縁系は、喜びよりも不安を感じたときのように、報酬よりも危険を察知したときのほうが、はるかに激しく活性化する。

危険による興奮のほうが急速に生じ、長く持続し、抑えるのが難しい。最も強力な**接近**の情動である性欲でさえ人を走らせる可能性は低いが、恐怖は一瞬で人を走らせる（この特性を確かめるには、プラスチックのクモを誰かの手の上に置いてみるだけでいい）。

接近の情動は**回避**の情動よりも微妙で、変化しやすく、積み重なりにくい。これは、ポジティブな情動がさらにポジティブな情動を生む上昇スパイラルが、ネガティブな情動がさらにネガティブな情動を生む下降スパイラルほど多く見られない理由でもある。人間は歩いて**近づく**が、走って**逃げる**ものだ。

問題、ホットボタン、グレムリン、ホットスポット、悪魔

大脳辺縁系はさまざまな状況で興奮する。このシーンでは、今の状況が過去の問題と同じだと気づいたために、ポールの大脳辺縁系が興奮した。これは、以前クマに遭遇した道を歩いているのと似ている。ポールにとって、クマは厳しい納期であり、過去に自分を悩ませたもの、あるいは少なくとも収入に響く結果となった出来事だ。

誰にでも大脳辺縁系の興奮を引き起こす独自の「ホットボタン」（訳注：情動の引き金）がある。こうした引き金は心理学者や哲学者によって何世紀にもわたって議論され、無意識、パターン、グレムリン、悪魔、問題などさまざまな呼び方をされているが、ここでは**ホットスポット**と呼ぶことにする。ホットスポットは、大脳辺縁系に蓄積され、「危険」とタグ付けされた経験のパターンである。ホットスポット（や同等のもの）が生じる基になったパターンが再び現れると、その状況にタグ付けされた危険度に応じた脅威反応が生じる。

現実の危険や想像上の危険（あるいは、まれに強い報酬）によって大脳辺縁系が過度に興奮すると、さまざま脳機能の低下を引き起こす。

こうした脳機能の低下は無意識のうちに起こるため、誤った自信を生じさせることもある。たとえば、恐怖を感じてアドレナリンが増加すると、集中を実感して自らの判断への自信が増すが、実際は最善の判断を下す能力が低下しているケースもある。

過度な興奮の影響

大脳辺縁系が過度に興奮すると、前頭前皮質機能に使えるリソースが減少する。興奮していないときに職場の同僚の名前を1秒で思い出せたとしたら、興奮しているときには5秒かかったり、1時間経っても思い出せなかったりするだろう。

同じことが理解、判断、想起、記憶、抑制といったすべての前頭前皮質機能について起こる。作業を終わらせるためのブドウ糖や酸素が減って、意識的プロセスに必要な前頭前皮質内の複雑な地図が作動すべきときに作動しない。既存の限界がいっそう足を引っ張ることになるのだ。

大脳辺縁系の興奮と前頭前皮質機能との関連は、驚くほど低いレベルで生じる。ある研究では、2グループの学生に、同じ紙上の迷路をページ中央に書いたネズミになったつもりでやってもらった。一方のグループには、迷路の端にチーズ(報酬)の絵を、他方のグループにはフクロウの絵を描いておいた。各グループはその後、創造性テストを受けた。

すると、チーズに向かったグループのほうが、約50パーセント多く問題を解くことができた。

別の研究は、問題文の最後に笑顔が見えるか、あるいはしかめ面が見えるかによっても、前頭前皮質の働きに差が出ることを明らかにしている。

ポールの問題はミーティングの席に着く前から始まっていた。ランチに到着したとき、彼はすでに強い情動を感じていたが、その情動を抑える手立てを何も講じなかった。過去に失敗したプロジェクトを思い出して、ポールの認知機能は低下した。その結果、クライアントから最初に連絡があったときに告げられた「納期重視」という大事なポイントを忘れて、余分に時間をもらえないかと不用意に尋ねてしまった。

おまけに、過去に手がけた同様のプロジェクトを思い出せなかった。この記憶が彼のプレゼンテーションの救世主となり得たのに、帰宅してジョシュと会話をするまで、その記憶はよみがえらなかった。

意識的プロセスに割くリソースが不十分なとき、脳は「自動操縦」モードになり、深く根付いた機能や、最近の出来事などの客席最前列に近いアイデアに頼るようになる。

基本的に、脳は最小限のリソースでできることをしているため、省リソースの手段を使う。ポールの場合、省リソースの機能を使ったことで、ミーティングの帰路も往路と同じルートを通ることになった。そのルートが舞台の前に用意されていたからだ。疲れ切っていたことを考えれば、ポールはこのルートを選ぶべきではなかった。おまけに、携帯電話の電源も入れ忘れてしまった。

大脳辺縁系の興奮の高まりが招く次の問題点は、演出家が行方知れずになることである。

演出家を働かせれば、認識できる情報が増え、より適切な判断が下せる。

プレッシャーにさらされているときは、適切な判断がいっそう重要になるが、大脳辺縁系が興奮していると、その演出家を見つけにくくなる。

会議で意見を述べた人に「なぜそのように思うのですか？」と質問してみよう。相手はたいてい一呼吸置いてよく考えてから答えるだろう。

思考について考えるには大量のリソースが要る。4人の役者を舞台に上げ、さらにもう4人の役者に最初の4人がしていることを観察して説明させるようなものだ。舞台には元々2〜3人分のスペースしかなく、大脳辺縁系が舞台のリソースを減らしていればもっと少人数しか入らないことを考えると、非常に厄介な状況だ。演出家がいないと、ポールは過去のクライアントの記憶などの雑念を舞台から遠ざけることがほとんどできなくなる。

大脳辺縁系の興奮に伴う3つ目の問題点は、起きた状況への反応がネガティブになりがちなことである。マイナス面ばかりに目が行き、リスクをとらなくなるのだ。

生命の危険に対して超意識を働かせる大脳辺縁系は、脅威によって興奮状態にあるときは、さらなる危険を警戒する。

興奮が高まるにつれて、ポールはその新規プロジェクトをやり遂げられないと考える可能性が高まる。彼はプロジェクトの見積でも安全策をとりすぎている。これはプロジェクト管理の面では役に立つが、自分のサービスを売り込むときにふさわしい姿勢ではない。また、これほどネガティブな状態だと、自社の能力に関する厳しい質問への受け答えなどで、行き詰まりを打開するインサイトを得るのは難しくなる。

過度に興奮した大脳辺縁系のせいで舞台のスペースが狭まり、ネガティブな状態に陥るだけでも問題だが、さらに悪いことがある。

大脳辺縁系が興奮すると、何もないところにつながりをつくる可能性が高まるのだ。

興奮状態のなかで、ポールはいつの間にか、嫌いだった女性校長にジルが似ていると考えていた。扁桃体が興奮すると、入ってくるデータを誤解して「思いがけないつながり」をつくる。

この誤解は「一般化」の法則によって起こる。もし最近ヘビを見たのなら、あなたの脳はなんとなくヘビに見える物体も警戒するようになっている。これは「低解像度」で少量のデータしか保存しない扁桃体の記憶保存のしかたに原因がある。１枚の大きな写真よりもサムネールのほうがメール送信速度が速いように、扁桃体は低解像度で情報を処理することによって、1000分の1秒で潜在的脅威に反応することができる。

これは危険にさらされたときに働く便利な機能である。1匹ヘビを目撃すれば、他にもいる可能性があるため、ヘビに似たあらゆるものに警戒するのが得策だ。しかし、扁桃体による脅威の記憶の近似化によって、思い違いの可能性も高まる。

不安を感じているときに「思いがけないつながり」が生じる2つ目の原因として、**注意の瞬き**と呼ばれる情報処理の限界の存在が挙げられる。

これは、異なる刺激を把握するのに必要な時間間隔である。大半の人の注意の瞬きは0・5秒。新しいことを考えるために頭を空にするのに0・5秒かかるということだ。

だが、いくつか言葉を聞いた後、興奮時によく見られるように内なる声に注意が向くと、次に言われた言葉を聞く時間がまったくなくなるかもしれない。クレイグ・ハスト博士はマインドフルネス・トレーニングを医学生に教えているが、その理由は、こうしたトレーニングがストレスを軽減することに加えて、マインドフルネスを実践する医者は優れた判断ができることを理解しているためだ。

「何かが自分に近づいてくるとき、私たちは実際それを見ていない」とハストは説明する。不安を感じているときは注意が内向きになっているため、刺激を見逃し、言われていることが聞き取れなくなるのだ。

過度な興奮がもたらす最後の問題点を紹介しよう。

長期にわたって過度な興奮状態にあると、アロスタティック負荷が高まる。これは血中のコルチゾールやアドレナリンといったマーカーのレベルが慢性的に高くなることを意味する。そうなれば、常に脅威を感じ、新たな脅威に耐える力が弱くなる。

研究によると、アロスタティック負荷が高まると、既存のニューロンを殺し、記憶の形成に重要な役割を果たす海馬内の新しいニューロンの成長を止めるおそれがある。

情動を適切に制御する能力は、明らかに「あれば助かるスキル」ではない。仕事のみならず、人生の成功に不可欠なものだ。

幸い、神経科学研究で有効性が確認された、興奮の影響を覆して無効にできる脳の仕組みを活用した方法がある。ある状況によって過度な興奮状態に陥るおそれがあるからといって、必ずしも実際にそうなるわけではない。

興奮を最小限に抑える方法は複数あり、そのすべてについて、演出家が何らかの形で舞台に介入する必要がある。

タイミングが肝心

スタンフォード大学の心理学教授であるジェームズ・グロスは、情動制御研究の第一線で活躍する研究者である。

グロスは、情動が生じる前と生じた後に何が起きているかを判別する情動のモデルを開発した。グロスの説明によれば、情動が生じる前には、いくつか選択のプロセスがある。それが**状況選択**、**状況修正**、**注意配分**である。

クライアントへの売り込みが苦手だと自覚していれば、ポールはもう売り込みをかけない選択をしていたかもしれない。これが仕事の状況選択である。

いったんある状況に置かれたら、状況をある程度修正できる。それが状況修正である。ポールは売り込みをかける選択をしたうえで、万全の準備をすることもできただろう。

ある状況にすでに置かれていても、注意を向ける対象は自分でまだ決めることができる。それが注意配分である。ポールは売り込みをかけると決めて、その準備を整えてもなお不安を感じながら、その不安に注意を向けないことを選択できたかもしれない。

このアプローチは、ディストラクションの管理方法——本書ですでに紹介した拒否権の発動——と似ている。

こうした選択は、情動が生じる前にのみ有効となる。いったん情動が生じると、3つの選択肢しかなくなる。最初の選択肢は、情動の**表出**である。子どもがするように、動揺したら泣くということだ。もちろん社会や職場のほとんどの場面で、これがうまくいくことはない。

2つ目の選択肢は、表出の**抑制**、つまり、感情を抑えて相手に悟られないようにすることである。ポールはミーティングの冒頭で感情を抑えようとした。過去の案件の失敗について自分に腹を立てていたが、それを見せまいとした。

3つ目の方法は**認知変容**である。「苦境に追い込まれた後も、比較的遅い段階であっても、まだ違ったとらえ方ができる」とグロスは説明する。

認知変容は2つに分けられる。一方は**ラベリング**と呼ばれ、状況を受け止めて情動にラベルを付ける方法である。もう一方は**再評価**と呼ばれ、起きた出来事に対する自分の解釈を変える方法である。再評価については次のシーンで取り上げるため、ここではラベリングに焦点を当てる。

グロスは、被験者に情動を誘発するシーンの映像を見せる実験を行った（今ここでその映像を思い浮かべてもらうつもりはない）。そのうえで各被験者にさまざまな情動制御方法を試してもらい、被験者の情動状態への影響を、自己評価とコルチゾールレベルや血圧などの身体的変化の両面から評価した。

その結果、意外かつ重要な結果が得られた。ネガティブな情動経験の抑制を試みた被験者たちが抑制に失敗したことを、グロスは突き止めたのだ。

これらの被験者たちは、外見上は普通に見えても、内面では抑制を試みなかった被験者と同じくらい大脳辺縁系が興奮し、一部ではそれ以上に興奮しているケースもあった。コロンビア大学のケビン・オクスナーは、ｆＭＲＩを用いてこの研究結果を再現した。

何かを感じないようにしても効果はなく、それが裏目に出る場合さえあるということだ。ポールは売り込みをかけているときにこの問題をじかに経験した。自分に対するいら立ちを抑えようとして、かえって不安を感じてしまったのだ。

それだけではない。情動の表出を抑えようとすると、別のところへ意識的に注意を向けているかのように、出来事を記憶する力が低下することもグロスは明らかにした。

これと同じことがポールにも起きた。会話の筋道を追えなくなり、ジルに質問を繰り返すよう依頼する羽目になった。情動の表出を抑えようとすると、大量の認知リソースが必要になり、今この瞬間に注意を払うリソースが減ってしまうのだ。

グロスは、被験者がさまざまな情動制御方法を試している間、その向かい側にオブザーバーを座らせた。そして、被験者がネガティブな情動の表出を抑制すると、オブザーバーの血圧が上昇することを発見した。オブザーバーは情動が見えてくると予測するが、何も見えてこないからだ。

奇妙なことだが、このように情動表出の抑制が実際に他人を不快にさせるのだ。「受動喫煙のように、抑制は他人に影響を及ぼす」とグロスは説明する。残念ながら、ポールは情動をうまく制御する方法を理解していなかったために、一緒に仕事をして心地よく感じてほしい相手を逆に不快にさせてしまった。

このように抑制にはマイナス面が多々あるが、情動の表出はさらに問題外であることが多い。

状況選択によって、情動を刺激する出来事から距離を置こうとすることもできるが、自宅にひきこもりがちになるといったデメリットもある。注意を向ける対象を拒否する能力も役に立つが、いったん情動が生じると、そのためのリソースがなくなることもある。その場合、情動を抑えるために別の手を打たなければならない。

ここで必要となるのが何らかの**認知変容**だ。

置かれた状態を言葉で表す

大脳辺縁系が興奮すると、前頭前皮質に使えるリソースが減少する。しかし、これは逆にも作用する。前頭前皮質の興奮を高めると、大脳辺縁系の興奮を抑えることができるのだ。

この2つはシーソーのように働く。情動の感覚を特定する適切な言葉を見つけようとすることで、この切り替えを起こすことができる。これはシンボリックラベリングと呼ばれる手法である。

カリフォルニア大学ロサンゼルス校（UCLA）の教授を務める神経科学者マシュー・リーバーマンは、もう一人の社会認知神経科学の父である。大脳辺縁系と前頭前皮質機能との関連性を研究する第一人者でもあり、ラベリングに関する画期的な研究を行っている。

リーバーマンが同僚とともに2005年に行った重要な研究では、30人の被験者に対して、怒った顔、おびえた顔、嬉しそうな顔の写真を見せた。被験者はまず、対象となる顔を同様の表情をした別の顔の写真と組み合わせるよう求められ、今度は同じだけの時間で、その顔を本人の情動を正確に言い表した言葉と組み合わせるよう求められた。

被験者が情動を表現した顔を言葉でラベル付けしたときは、扁桃体の活動が少ないことがｆＭＲＩのスキャンデータで明らかにされた。

興味深いことに、この状況で活性化された脳の部分は右腹外側前頭前皮質である。右腹外側前頭前皮質は、脳のブレーキ機能の中心となる部位であり、あらゆる種類の抑制をつかさどる部位として本書に繰り返し登場する。

「この部位はラベリングを行うときに活性化する」とリーバーマンは説明する。「また、これと相関して、扁桃体、帯状回、島皮質を含む大脳辺縁系の活動が低下する」。リーバーマンによるラベリングの実験で示されたように、本人が意識的に抑制しようとしていなくても、右腹外側前頭前皮質は活性化する。被験者はこの実験で、人の表情を言葉にしているだけだ。

別のラベリングの研究は、人間の興味深い癖を明らかにしている。

被験者は、自分の情動について話した場合に気分がよくなるか悪くなるかを予測するよう求められた。

すると、情動のラベリングが情動的興奮を高めると予測する強い傾向が見られた。意外にも、情動のラベリングは気分を悪化させると予測する被験者さえいた。情動のラベリングが情動を抑えることを示す実験を行った後でも同じ結果だった！

自分の感情を口にすると、感情をさらに悪化させるという誤った予測によって、ビジネスパーソンをはじめ多くの人々が、自分の感情を語らずにいる。これは人間性に関する誤った思い込みから残念な習慣が身についてしまった例だ。

だが、私たちは人間性に対する辛辣《しんらつ》な見方を改めたほうがいい。情動経験について話すことが情動を表面化させることを、多くの研究が明らかにしている。重要なのはその方法だ。

興奮を和らげるには、情動を少ない言葉で言い表す必要がある。理想を言えば、象徴的な表現を使うほうがいい。間接的な比喩、指標、情動経験を単純化した言葉などだ。

言葉で表すには前頭前皮質を活性化する必要があり、それによって大脳辺縁系の興奮が和らぐ。ここで肝心なのは、少ない言葉で表せば情動を抑える効果があるが、情動について会話を始めると逆に情動を強める傾向があるということだ。

UCLAの別の神経科学者デイビッド・クレスウェルも情動制御について研究している。彼はリーバーマンによるラベリングの実験を再現した。ただし、この実験では、最初に被験者のマインドフルネスの度合いをマインドフルネス・アテンション・アウェアネス・スケール（MAAS）を用いて測定した。

「マインドフルネス度が高い人には、扁桃体の不活性化が見られた。というよりも、実際には扁桃体の働きが完全に止まっていた」とクレスウェルは説明する。

マインドフルネス度が高い人たちの場合、脳のより多くの領域が抑制プロセスに関与していることがこの実験で明らかになった。「活性化したのは右腹外側前頭前皮質だけではなく、内側前頭前皮質、右背外側前頭前皮質、左腹外側前頭前皮質（左こめかみの下）などの領域にも活性化が見られた」とクロスウェルは述べている。

プレッシャー下で冷静を保つ能力は、今日では多くの仕事の基本的要件である。リーダー的立場にいる人たちにとっては、この能力の必要性はさらに切実である。

マイクロソフト経営幹部のコーチングを担当しているジョアン・フィオーレは次のように語っている。「日々自らの重責をまっとうしなければならない幹部の方々の心境を想像するだけで、私は圧倒される思いがする」。

成功しているエグゼクティブの大半が、大脳辺縁系が興奮した状態でも冷静でいる

能力を身につけている。これは情動状態をラベリングする能力にも関わる。

彼らは、自分の車がスリップしかけていると気づいたときの恐怖体験を言葉で言い表せる上級ドライバーに似ている。スリップしている間、その言葉を即座に想起できるため、パニックが和らぐのだ。

ストレスは必ずしも悪いものではない。重要なのはストレスにどう対処するかである。成功を収めている人たちは、強いストレスを活用して**ユーストレス**（適切な良いストレス）に変える方法を身につけ、前頭前皮質機能を高めている。彼らは**ネーミング**や今後のシーンに登場するその他の手法を使うなどしてストレスに対処している。

プレッシャーにさらされながらも成功している人々は、高い覚醒状態にありながら、明晰な思考ができるよう落ち着きを保つ方法を身につけている。時間をかけて練習を積むことで、この能力は無意識のリソースとなる。情動に適切に対処できるように脳を配線できるのだ。

では、情動制御がうまくできていれば、売り込みをかけている間、ポールの状況がどう変わっていたかを見ていこう。

After

午後0時45分。ポールはウェイターにメニューを戻す。

「それで、できると思いますか?」とミゲルという名の年配のクライアントがポールを見て尋ねる。

「大変厳しいスケジュールですね」とポールは答え、少し考えるために間を置いた。そのときふと、クライアントに急かされて失敗した過去のプロジェクトが頭に浮かんだ。注意がそれたことに気づいたポールは、舞台のスペースを取られないようにこの考えを退け、クライアントとその表情に注意を向け直す。

ポールの頭には、リアルタイムで自分の思考プロセスを観察できる強力な演出家がいる。過去の問題に一瞬でも注目すれば回避の情動が生じかねないこと、五感に集中することで物語回路を抑制できることを彼は知っている。

自在に注意を働かせているポールは、「できない」と言いたがっている自分がいることに気づいている。同時にこのプロジェクトを勝ち取りたいという思いもある。これを勝ち取れば、彼のビジネスの売上は倍増する。だが、8週間でソフトウェアの設計と導入を終わらせるために何が必要となるか、まったく把握できていない。本当のところ、24週間ほど時間が欲しいと言いたい。

彼は一瞬後ろへ下がって自分の思考プロセスと心の状態を観察し、今起きていることを一言で表せると気づく――自分は「プレッシャー」を感じているのだ。演出家を働かせ、自分の経験にラベルを付けることによって、脳の興奮が和らぐ。このすべてが1秒以内に起きている。

前頭前皮質機能に使えるリソースが豊富にあるため、ポールは概要書にインドの開発者チームに関する記述があったことを思い出す。つまり、他のサプライヤーは8週間でやると言っているのだと理解する。ポールは2つの選択肢を比較検討するため、舞台に2グループの役者を上げて、自分がどちらを選びたいかを確かめる。

役者グループ1はこの仕事を断るという選択肢、役者グループ2はこの場で「できます」と言い、後で対応方法を考えるという選択肢だ。それぞれの選択肢がもたらす結果を思い描きながら、その影響を比較する。過剰なストレスはかかっていないため、ポールはまだ楽観的であり、最後のコメントからわずか2秒後に「……ですが、できると思います」と思わず口にする。

ジルというもう一人のクライアントは困惑した表情を浮かべるが、ポールは動じない。彼女は内面で対話をしてポール以外の何かのことを笑っているのだろうと推測する。ジルの完璧なネイルと巻き髪は、子どものころ通った学校の女性校長を思い出させるが、ポールはこの記憶に含み笑いをして、そのままやり過ごす。

「こうしたプロジェクトを実施する態勢は整っていますか？」とジルは訊く。

ポールは守勢に立たされていると感じるが、その状況を黙って受け入れることで、改めて情動を静める。思考の背後でアイデアが生まれる気配を感じるが、つながりを思い出すには落ち着く必要があるとわかっている。するとすぐに、最近手がけた大型プロジェクトを思い出す。

「よろしいでしょうか。このプロジェクトは私が最近手がけた案件ほど規模が大きくありません」とゆっくり呼吸しながらポールは答えた。「2年前に東部へ向かう有料道路の料金徴収システムを手がけたときは、1日2万台分のクレジットカード決済を処理するソフトウェアを構築・導入しましたが、その案件を納期通りに予算内で完了させました。御社の店舗網全体で1日何件の決済が発生する見込みですか？」

「件数は大体同じです。ただ、本件は場所が1カ所ではなく、100店舗を網羅する点が違いますが」とミゲルは言う。

「それは問題ありません」。今度は自信を示そうと、間髪入れずにポールは答える。身を乗り出してさらに続ける。「実を言うと、500カ所からデータを集める技術はそう難しいものではありません。誰にでもできます。むしろ難しいのは、ソフトウェアを各店舗に適切に導入するという細かい部分です。確かに大企業ではありませんが、私の強みは同様の案件を手がけた実績があるということです。私にお任せいただければ、この手のプロジェクトに初めて携わるサプライヤーが犯しがちな失敗を回避できます。また、私は小回りが利くので、御社のスタッフと緊密に協力することができます。なんなら毎日オフィスに出向いて対応してもかまいません」。ポールはこの点についてジルがメモを取っていることに気づく。

食事が終わった時点で、ミーティングがうまくいったという確信はないが、ポールは自分のパフォーマンスには満足している。疲れを自覚し、帰路は主要道を通ることにしたので、頭を使う必要もない。脳をほぼ自動操縦にしておける快適なドライブは、舞台の充電にもってこいだ。

数分後、携帯電話の電源をオフにしていたことを思い出して電源を入れると、ちょうどジョシュから早く帰宅することを知らせる電話が入った。自宅へ戻り、ポールはジョシュと15分間野球をして、脳をさらにリフレッシュさせる。その後、机に戻って、今回のプロジェクトを勝ち取った場合の仕事の進め方を考える。

脳に関する事実のまとめ ｜ シーン7

- 脳は、危険を最小化（回避反応）し、報酬を最大化（接近反応）する包括的な組織化原理を有する。
- 大脳辺縁系は興奮しやすい。
- 回避反応は接近反応より強力で、急速に生じ、長く続く。
- 回避反応によって認知リソースが減少し、自分の思考について考えるのが難しくなる。その結果、防衛本能が働き、特定の状況を誤って脅威とみなす。
- いったん情動が生じると、抑制しようとしても効果がなく、状況が悪化する場合もある。
- 情動を抑えると、出来事を記憶する力が著しく低下する。
- 情動を抑えると、他人を不快にさせる。
- 情動をラベリングすると気分が悪化するという誤解が多い。
- 情動のラベリングには、大脳辺縁系の興奮を和らげる効果がある。
- 興奮を和らげるには、情動に関する長い対話ではなく、短い象徴的な言葉でラベリングを行う必要がある。

最高の脳で働く方法――シーン7

□演出家を使って、自分の情動状態を観察する。

□大脳辺縁系の興奮を高めるおそれがあるものを意識し、興奮が起こる前にそれを減らす方法を考える。

□早い段階で情動の存在を感知できるように、情動が生じた時点で気づく練習をする。

□強い情動の発生を感知したときは、情動が優位になる前に即座に別の刺激に注意を向ける。

□発生した興奮を和らげるために、情動状態を言葉で言い表す練習をする。

シーン8

不確実な状況に混乱する

before

午後1時。エミリーはオペレーションマネジャーのリックと財務担当ディレクターのカールとのランチを終えたところだ。休暇の計画に関する当たり障りのない会話が終わり、いよいよ新しい会議の計画を説明するときがきた。

これまでは、所定の予算を割り振られて、スポンサーの確保、講演者の手配、マーケティングの準備といった、体系化された一連の手順を実行するのがエミリーの仕事だった。だが今は、予算を編成し、会議を運営する部下を監督する役割を担っている。エミリーの目標は、新しい会議を考案し、予算を組み、その予算を達成すること。組織の他のリーダーに新しい会議を「売り込む」必要もある。それが今日のランチミーティングの目的だ。

エミリーは、持続可能性に関する会議という最初の大きな構想について説明する。ビジネスリーダーが一堂に会し、経済的な課題や気候変動、グローバル化に直面する企業の長期的な健全性を高める方法を議論する場をつくりたいとエミリーは願っている。

このテーマに情熱を持っているが、会議案が承認されるかどうか不安を感じている。ビジネス界にこのアイデアが広く受け入れられるかどうか、参加料の金額設定、講演者の人選、現場責任者にチームの誰を任命するかなど、不確定要素が多数ある。

エミリーは長年自分が担当してきた現場の実務責任者の役割を人に任せることにも不安を感じている。自分ほどの優れた仕事が他の誰にできるだろうか？


女性は往々にして情動のラベリングに長けている。エミリーは自分の不安を自覚している。だが、ラベリングだけでは大脳辺縁系は静まらない。今はまだ、ラベリングの効果よりも緊張を強く感じている。

リックとカールは無意識にこうした不安を感じ取り、それがふたりの大脳辺縁系を刺激して警戒モードにする。彼らはエミリーの案の前提について質問を始める。それによってエミリーの大脳辺縁系が暴走し、質問される理由がわからなくなる。

自分の判断が信用されていないのか？　自分が女性だから？　エミリーは自ら

の選択を否定されているように感じ、仕事のコントロール感の欠如にいら立ちを覚える。さらに、予算を与えられ、自分の担当領域を一人で取り仕切った最近の仕事を振り返る。

続く2つの案件のプレゼンテーションもうまくいかない。いら立ちが生じるたびにラベリングをして無視しようと努めるが、この方法では不十分なようだ。

こうした苦労に見合う価値が今回の昇進にあるのか疑問に思いながら、エミリーはランチミーティングを後にする。

エミリーのここでの課題は、前回のシーンでポールが直面した課題とは異なる。ふたりともアイデアを売り込まなければならないが（売り込みはどんな職種でも一番ストレスがかかる）、エミリーのほうが売り込みに慣れているため、この作業に関わる大脳辺縁系の興奮レベルの基準がポールよりも低い。ポールはキャリアの大半をコンピュータと向き合って過ごしてきたからだ。

ポールの場合、過去の情動が今になって表に現れ、大脳辺縁系が過度に興奮した。エミリーの大脳辺縁系は未来に関する不安のせいで興奮している。

脳は確実性を強く求める。未来の不透明感と自己コントロール感の欠如はどちらも

大脳辺縁系の強い反応を引き起こす。

エミリーはランチミーティングの間、その両方を一度に経験している。新しい役職で成功を収めるには、ラベリングだけでは対処できない強い情動の認識とコントロールができるように、自分の脳を変える必要がある。

唯一確実なのは、不確実性が増していること

脳を予測マシンだと考えてみよう。大量のニューロンリソースが、各瞬間に何が起こるかを予測することに充てられている。

神経科学研究所を創設したジェフ・ホーキンスは、著書『考える脳　考えるコンピューター』の中で、予測に関する脳の傾向について説明している。

ホーキンスは次のように書いている。「脳は外界からパターンを受け取り、記憶として保存し、過去に見たことがあるものと今起きていることを組み合わせて予測をする……。予測は単なる脳の働きの一つではなく、新皮質の最も主要な機能であり、知能の基盤である」

あなたはただ聞いているのではない。聞きながら次に何が来るかを予測している。あなたはただ見ているのではない。一瞬一瞬何が見えてくるかを予測している。

各単語の最初と最後の文字だけ正しく、残りの文字の順番がでたらめな文章を一部に含んだメールでも、大半の人は内容を読み取ることができる。

脳は近似したパターンを認識し、それが意味する内容の最も妥当な推測をするのが得意だ。この予測プロセスには五感が総動員される。たとえば、にぎやかなナイトクラブでも人の声を聞き取れるのはそのせいである。私たちは聞こえないときにも「聞いて」いるのだ。

だが、この予測能力には、五感以外の多くのものが関わっている。『「思考」のすごい力』の著者であるブルース・リプトンによると、人が一度に意識的に注意を払うことができる環境信号は約40種類だという。無意識の場合、この数は200万を超える。予測にはこれだけ大量のデータが活用できる。脳は周りの世界のパターンを認識することで、何が起きているのかを知りたがり、確信したがる。

何かの中毒のように、確信を求める欲求が満たされると、報酬の感覚が得られる。低いレベルの場合、たとえば、歩行中に足が地面に着地する場所を予測してその通りになっても報酬は得られるが、その報酬の感覚はかすかなものなのでほとんど知覚できない。

予測の「快」は、パターンを繰り返す音楽を聴くときにはより強くなる。予測し、その予測に合ったデータを取り込む能力は、全体的な**接近**反応を生じさせる。これは、ソリティアや数独、クロスワードパズルなどのゲームが楽しい理由の一つだ。これらのゲームは、安全な方法で世界の確実性を高めることで、ちょっとした快感をもたらす。

店頭の手のひら認証装置から、株価動向を予測して何百万ドルの利益を投資家にもたらすといわれる幻の「ブラックボックス」に至るまで、拡大する不確実性を解消しようと、あらゆる産業が躍起になっている。会計業界やコンサルティング業界の一部は、戦略立案と「予測」によって、確実性の高まりを実感できるようエグゼクティブを支援することでお金を稼いでいる。

2008年の金融市場が本質的に未来は不確実であることを改めて浮き彫りにしたが、一つ確実なのは、人はいつでも、少なくとも不確実性が減ったと**実感する**ために多額のお金を払うということだ。

脳にとって、不確実性は生命を脅かすもののように感じられるためである。

ある状況の成り行きを予測できないとき、もっと注意を払うよう脳に警告が伝わり、全体的な**回避**反応が生じる。

２００５年の研究が明らかにしたところによると、わずかな曖昧さだけでも扁桃体は活性化する。電話で数回話したことはあるが、会ったことも写真を見たこともない人のことを考えてみてほしい。あなたはその相手に軽い不確実性を感じている。そして、このわずかな不確実性が相手への接し方に影響を及ぼしているとみられる。相手の外見を知った後に自分の接し方がどう変わるかに注目してみよう。

不確実性は、ある状況の完全な地図をつくれない状態と同じで、パーツが一部欠けているために、地図が完成しているときのように気持ちを落ち着かせることができない。

持続可能性会議の提案が承認されるか否かをめぐってエミリーが経験している不確実性を検討してみよう。

脳は先を読み、未来を思い描き、各瞬間だけでなく長期にわたる物事の展開を緻密に計画したがる。エミリーの脳は、２つの異なる未来をつくり出そうとしている。提案が承認される未来と承認されない未来だ。それぞれの地図は巨大で、同様のネットワークが関わることから、両方を一度に頭の中に保持するのはほとんど不可能である。

エミリーは２つの巨大な地図を知らない間に切り替えている。それ自体が非常に疲れるプロセスだ。さらに、自分のプロジェクトが承認されるか否か不明なため、意思決定のキューに何かがたまっているように感じられる。この意思決定が下されれば、脳が望んでいる他の多くの意思決定がスムーズにできるようになる。

エミリーの場合、自分の会議のアイデアが認められるかどうか、会議をいつどこで開催するか、誰に現場の指揮を任せるかが不明なことによって、最高のパフォーマンスを発揮する能力が損なわれている。同僚もこれに気づいている。

エミリーは不確実性に対処するために、より強力な情動制御方法を身につける必要がある。だが、こうした方法の説明に入る前に、エミリーの状況を悪化させたもう一つの要因を詳しく検討してみよう。

自律性と自己コントロール感

エミリーは不確実性による不安とともに、仕事に対する自己コントロール感の低下を認識してストレスを感じている。エミリーは今、複数の人から何回も承認を得なければならず、会議を自ら運営するのではなく、部下に運営を任せなければならない。上級職に就いたにもかかわらず、自分で選択できるという自律感が低下している。

自律性は確実性と似ており、この2つは関連している。

自己コントロール感の欠如を感じるときには、「行為主体性」の欠如、つまり成り行きに影響を及ぼせないと感じる。

先のことを決められず、一瞬一瞬何が起こるかを予測できないという感覚が生じる。この感覚は当然のことながら不確実性を高める。

だが、確実性と自律性は別個の問題とも考えられる。確実性の欠如によってストレスを感じながらも、自律性は十分確保していることはあり得る。自分が自分のボスでありながら、商談成立まで収益の見込みが立たないポールのようなケースだ。あるいは、安定した仕事で確実性は十分確保されているが、マイクロマネジメントをする上司が自主的な判断をさせてくれない場合もある。

自律感は報酬や脅威の大きな決定要因となる。

コロラド大学ボルダー校のスティーブ・マイヤーによると、ストレスを生じさせるもの（ストレッサー）に対するコントロールの度合いが、ストレッサーが生物の機能を変えるかどうかを決めるという。

マイヤーの研究結果は、コントロール不可能なストレッサーだけが悪影響をもたらすことを示唆している。**回避もコントロールもできないストレスは破壊的な影響をもたらし得るが、同じストレスであっても回避可能だと感じることができれば、その影**

響は大幅に軽減される。

ノースカロライナ大学ウィルミントン校の心理学教授、スティーブン・ドウォーキンは、ドラッグがラットに及ぼす影響を研究している。ある研究において、ラットはレバーを押すことによって自らの意思で直接コカインを摂取する。そのラットは食物摂取と睡眠が不足してやがて死んでいく。ここで驚くのは、2番目のラットが最初のラットと同時に同量のコカインを自分の意思とは関係なく摂取したときに起きる現象である。2番目のラットのほうが早く死んでしまうのだ。その違いは自己コントロール感だ（と科学者は考えている。ラットは多くを語らないからだ）。

冗談はさておいて、こうした研究は電気ショックなどのストレッサーによって実施され、人間に対しても（もちろん、死に至るまでではないが）行われている。科学者は繰り返し、ストレッサーに対するコントロール感がストレッサーの影響を変えていることを確認している。

それだけではない。英国の公務員に関する研究によれば、たばこを吸わない下級職員のほうが上級幹部よりも健康問題を多く抱えているという。

上級幹部は多大なストレスにさらされているといわれており、この結果は直観的にはピンとこない。だが、選択権があるという認識は、食習慣などの要因よりも健康にとって重要とみられる。何らかの方法でストレスを経験することを選んでいるほうが、選択権や自己コントロール感を持てないままストレスを経験するよりも、受けるストレスが少ない。

人々が自ら小規模ビジネスを立ち上げる主な理由が「ワークライフバランス」であることを数々の研究が明らかにしている。だが、小規模ビジネスの経営者は会社員と比べて労働時間が長く、収入は少ないことが多い。それでも、会社員でいるより起業を選ぶのは、選択の自由が増えるからである。

老人ホームで暮らす人々を調査した別の研究では、自分の環境について選択可能なことを3つ余分に与えられた被験者グループは、対照グループと比較して、死亡者の数が半数にとどまったことがわかった。対照グループは同じ敷地の別の階に住む人々である。選択自体は、別の種類の植物や娯楽を選べるという程度のささいなものだった。

エイミー・アーンステンは、大脳辺縁系の興奮が前頭前皮質機能に与える影響を研究している。アーンステンは脳にとってのコントロール感の重要性について簡潔にこう述べた。「前頭前皮質機能の喪失は、自分が状況をコントロールできていないと感じたときにだけ起こります。自分でコントロールしているか否かを判断しているのは前頭前皮質そのものです。そのコントロール感が錯覚であっても、私たちの認知機能は保たれるのです」。

つまり、コントロールできているという認識が、行動の大きな決定要因となるのだ。

選択権

自律性に関するもう一つの考え方は、選択権の有無という視点だ。**自分に選択権があると認識すると、ストレスを感じていたものでも、自分でもっとコントロール可能だと実感できる。**ある状況で自分に選択権があるとわかれば、自律性と不確実性の両方の脅威が減る。

ミーティングのスケジュールの変更を選択できたなかで、今日を会議案の発表日に選んだことを思い出せば、エミリーは提案の承認に関するストレスを軽減できる。

少しでも選択権があると意識するだけで、大脳辺縁系の興奮を抑えられるとみられる。新しいチームメンバーを雇用する必要があるが、自分に選択の余地はなく、フラストレーションを感じていると想像してほしい。

もし静かに考える時間をつくって、人を雇う前向きな理由（長期的な作業負荷の軽減など）を見つけられれば、大脳辺縁系は**接近**反応へと切り替わる。接近の状態であれば、自分の状況を振り返るのがはるかにたやすくなる。

選択権があるという認識の重要性は、子どもで試してみるとわかりやすい。子どもは往々にして自分に選択権がないことに不満を持っている。子どもがベッドに行きたがらないとき、逆に選択権を与えることで、その抵抗を和らげることができる。本を読んでほしいか、お話をしてほしいかを選ばせるのだ。こうした選択権は大いに効き目がある。

脳にとって重要なのは、選択権があるという「認識」だ。ティーンエイジャーの行動に関する研究によると、反抗期は生物学的に不可避なものではなく、反抗期という現象自体がない文化圏も多い。西欧諸国のティーンエイジャーに関する研究によれば、西欧のティーンエイジャーは獄中の囚人よりも選択の自由が少ないという。考えさせられる研究結果だ。

選択できる方法が見つかると、ささいなことでも脳に相当な影響を及ぼし、自分の反応を**回避**反応から**接近**反応へと切り替えられる。

これが奇妙に思われるなら、物を押しのける行動と自分のほうへ引き寄せる行動でも、脳にこの種の変化をもたらせることを知ってほしい。情動状態はときに驚くほど変わりやすい。一つの言葉やフレーズが大きな違いをもたらす場合もあるのだ。

運転中に渋滞に巻き込まれて遅刻しそうなことにいら立った場合、こうした脳の状態では、書類を忘れるといった小さなフラストレーションが大きないら立ちに変わる。もしかすると、ある時点で自分の演出家が働き始めるかもしれない（鏡を見れば、ひどく不機嫌な顔をしているはずだ）。演出家が働けば、イライラを手放し、運転中はリラックスを心がけようと決め、夜その出来事を書き留めようという気持ちになるだろう。だが、不機嫌で疲れ果てていたら、こうしたことは起こらない。

状況の犠牲者に甘んじることなく、自分の精神状態に責任を持つと決めた瞬間に、周りの情報が多く目に入るようになり、友人に電話することを思い出すなど、より幸せを感じる機会を認識できるようになる。

これは選択肢を見つけてその選択をする経験であり、その瞬間に、自分が認識するものや認識のしかたが変わる。

自分の人生に「責任を持つ」ことの重要性については、多くのことが書かれてきた。

責任は対応力を意味する。能動的な選択をして接近反応を生み出せば、入ってくる情報に柔軟に対応する能力が高まる。

この概念は仕事のパフォーマンスを最大化するためにも重要である。仕事中は大脳辺縁系を過度に興奮させるような場面に数多く遭遇するからだ。

意識的に見方を変える選択をするというこの考え方は「認知的再評価」と呼ばれ、ランチミーティングでエミリーに欠けていたものである。

困難な状況も再評価で切り抜けられる

認知的再評価（略して、再評価）は、情動制御のための認知変容のもう一つの方法である。一連の研究によると、再評価には通常、ラベリングよりも強い情動抑制効果があり、大きな情動的衝撃の影響を軽減する手段となる。

再評価は、リフレーミングや再文脈化といった別の呼び方をされることも多い。

コロンビア大学のケビン・オクスナーは、ジェームズ・グロスの心理学研究を一部踏まえて、再評価の神経科学研究を行っている。オクスナーは次のように説明する。

「心理学の文献に、下半身まひになった人も宝くじを当てた人も、6カ月後には、同じくらいの幸福度になっていることを明らかにした有名な研究結果が紹介されている。人は非常に悲惨な状況に置かれても、ポジティブな面を見つける手立てを講じているのは間違いなさそうだ。あなたに常にできることが一つあるとすれば、状況が持つ意味の解釈のしかたをコントロールすることであり、それこそが再評価の本質的な目的である」

オクスナーの再評価実験の一つでは、被験者が教会の外で泣いている人々の写真を見せられる。被験者は写真を見て、当然悲しい気持ちになる。その後、被験者はその写真が結婚式の場面であり、人々は嬉し涙を流していると想像するよう求められる。被験者がその場面の評価を変えた瞬間に被験者の情動反応は変化し、オクスナーはｆＭＲＩを使ってそのとき脳で何が起きているかを記録している。

「私たちの情動反応は、結局は世界に対する自分の評価から生じており、自分の評価を変えることができれば、情動反応が変わる」とオクスナーは説明する。

ほとんどの再評価がポジティブ方向であるが、ネガティブに再評価し、見方が悪い方向に変化する可能性もある。エミリーはランチミーティングでネガティブに再評価し、同僚の質問が自分の判断に疑問を唱えたものだと思い込んでいる。

認識した危険の威力は大きく、誤った方向への再評価はたとえ小さなものでも大きな影響を及ぼし得ることを忘れてはならない。

オクスナーの研究は、人々がポジティブな再評価をすると、右腹外側前頭前皮質と左腹外側前頭前皮質が活性化し、それに伴って大脳辺縁系の活動が低下することを明らかにしている。これはリーバーマンが突き止めた、人が情動をラベリングしたときに起こる動きと似ている。

要するに、感情の抑制ではなく、最初に感情を生み出す解釈を変えることによって、大脳辺縁系の意識的なコントロールが可能ということだ。

再評価は万能

自分自身の観察に基づいて、私は主に4つのタイプの再評価があると考えている。第1のタイプは、結婚式か葬式かの写真の実験で起きた再評価である。**この再評価は、脅威を感じる出来事をもはや脅威ではないと判断するものである。**

私たちはこのタイプの再評価を頻繁に、たいていは知らない間に行っている。たとえば、空港で搭乗口に向かって歩いているときに搭乗口が見当たらないと、乗り遅れるのではないかと不安になる。搭乗口が視界に入って人の列が見えた途端に不安は消える。自分が危険な状態にいないとわかって、たちまち気分が楽になる。この最初のタイプの再評価は、出来事の**再解釈**である。

1970年代にワールド・トレード・センターのツインタワーの間を綱渡りした大道芸人フィリップ・プティのことが思い出される。プティは高さの恐怖をコントロールする方法を自ら編み出した。ヘリコプターをチャーターし、ツインタワーを超える高さまで飛ばして、開け放ったドアに腰かけて時間を過ごすことで、歩こうとしている場所よりも高い位置に慣れたのだ。ツインタワーの上空1000フィートでも危険ではないと自分の脳に思い込ませることで、数日も経たないうちに、ワイヤーの上は「安全」だと感じるようになった。ワイヤーの位置をもはやさほど高く感じなくなったのだ！

このタイプの再評価は、出来事に対する無意識の情動反応を変化させるものと考えられる。

第2のタイプの再評価は、多くの効果的管理手法や治療技術の中心となっている。これは**ノーマライジング**と呼ばれ、幅広く有効な手法である。

たとえば、あなたが新しい仕事に就いたばかりで、文具やコーヒーの在りかなど簡単な情報の地図さえまだ頭の中にないとしよう。すべてが新しい状態だ。新しいとは、不確かなこと、ひいては興奮を引き起こすことを意味し、舞台上のスペースを減らす。

さらに、新しい環境に身を置くというのは、自分の舞台を多用する必要があるということでもある。役者が過労になると、ラベリングや再評価によって不確実性に伴う興奮を抑えるのが難しくなる。

このように、まったく新しいことをすると、負のスパイラルを生み出す可能性がある。変化を起こすのがきわめて難しい理由はここにある。物事を違うやり方で行うと、気が遠くなるような負のスパイラルを引き起こしかねない。

新しい役職での最初の数週間は気後れするのが「普通」だとエミリーが理解していれば、不確かな感覚は薄れていただろう。

経験を言葉で説明できれば、不確実性が減り、自己コントロール感が高まる。**否定や怒りなど、変革の最中に生じる情動や段階を言葉で説明することで脅威反応を和らげる効果がある。**

新しい役職のストレスであれ、ティーンエイジャーの子育ての課題であれ、その状況を普通のこととみなすとき、第2のタイプの再評価を活用していることになる。

第3のタイプの再評価はもう少し複雑だが、基本的に情報の**再整理**である。

脳は入れ子の階層に情報を保存し、すべての情報が他の考えと関連して位置づけられている。これはある意味、組織図に似ている。脳内のすべての地図が、いくつかの地図の上、別の地図の下か横に位置する。

たとえば、エミリーは「家族」の地図を「仕事」の地図より重要なものと評価している。また、人と協力するという考えよりも、自分の職務を一人でこなすことを重視している。

新しい役職に就いたことで、エミリーは優先順位の変更を迫られている。持続可能性会議を実施したいと思っているが、そのためには人ともっと協力する必要がある。だが、エミリーは人と協力するより、一人で仕事をすることを重視している。つまり、何かを変えなければならない。各状況に対する自分の価値観を見直すことで、エミリーは人との協力を前向きにとらえる方法を見つけ、協力を重視するようになるかもしれない。

こうした再評価は、脳内の膨大な数のニューロンを、膨大な数の他のニューロンと関連付けて、新たな階層に再整理することにつながる。

この認知変容は、進める再構成の度合いにより、大量のエネルギー放出を伴う傾向にある。

周りの世界の評価のしかたを再整理することによって、脳の情報保管の階層構造が変わり、脳の世界との接し方が変わる。

最後のタイプの再評価は、おそらく実行が最も難しいが、最も効果が高い場合もある。

行き詰まりとインサイトに関するシーンでわかったように、人の考え方は非常に固定化しやすい。人が衝突する原因で最も多いのは、一方が自分の世界観にとらわれて、相手の目線で世界を見られないことだ。

自分の世界観を抜け出し、相手の立場で考えるとき、あなたは違う背景から状況を見ている。エミリーはランチミーティングで、信頼されていないと思い込まずに、自分のことをまだよく知らない同僚の目線から自分を見ることによって、この再評価を行えたはずだ。

このタイプの再評価は、視点を移して物事を見ようとするものであるため、**再配置**とみなす。

相手の立場、相手の国や文化の視点、あるいは別の時点の自分自身の視点から物事を見る場合がこれに該当する。

再解釈、ノーマライジング、再整理、再配置。これら4つのタイプの再評価はいずれも、人々が普段から使っている手法である。

再評価の背後にある生物学的仕組みを深く理解し、こうした手法の地図を充実させて見つけやすくすることで、再評価をもっと頻繁に即座に始めることが可能となり、プレッシャー下で冷静を保つ能力を大幅に高めることができる。

情動制御の「キラーアプリケーション（決め手）」となる再評価

第1章では、逆U字の頂点、つまり意思決定や問題解決に最適な覚醒レベルを保つという考え方を紹介した。これは、一度に複数のレベルで思考できる落ち着いた覚醒状態である。

確かにその通りだが、誰もそのような「完璧な世界」には住んでいない。仕事には複雑で不確実で厄介な問題がつきものである。

情動をうまく制御できない人は、たいていの仕事で1時間ともたない。

大半の人にはある程度の情動制御能力が備わっている。それでも、最高のパフォーマンスを発揮するために最適なレベルを超えた興奮状態で働いている人がほとんどだ。

過度な興奮状態では、演出家を見つけにくい。演出家がいなければ、気が散りやすく、関係のない観客が舞台に飛び入りして幅を利かせる。過度な興奮が少しでも起これば、単純な仕事に時間がかかったり、重要なインサイトを見逃がしたりといった結果につながる。

とはいえ、必ずしもそうなってしまうわけではない。脳について理解を深めれば、先行きの不安が招く大脳辺縁系の極度の興奮状態をはじめ、どんな状況であっても冷静さを保つことは可能だ。この能力をもたらすのが再評価である。

再評価の研究が自身の思考に及ぼしている影響を尋ねたときに、ケビン・オクスナーが述べたことについて考えてみよう。

「**情動反応が基本的には周りの世界の解釈や評価から生じ、私たちがこの評価を変えることができるなら、変えようと努力しなければなりません。**ある程度の努力をしないのは、むしろ無責任です」

では、エミリーが置かれた状況で、仕事をうまく運ぶために再評価がどれほど重要であるかを検証してみよう。

持続可能性会議のアイデアについて、同僚を納得させられるか確信が持てず、エミリーは不安と無力感を感じている。

グロスによる情動制御の一連の選択プロセスに戻ると、エミリーは会議案を売り込むために他の誰かを送りこむという状況選択ができるが、それでは相手からの受けがよくないかもしれない。

日当たりのいい公園でミーティングを開くという状況修正ができるが、場所を変えたところで不安は消えないかもしれない。

自分の不安に意識が向かないよう注意の切り替えを図ることもできるが、興奮が強すぎて切り替えられないかもしれない。

情動を表出することもできるが、それがどう受け取られるかは目に見えている。

感情の抑制を試みることもできるが、不安はなお消えず、場合によっては不安が増して、同僚にも不安を与えるかもしれない。

エミリーがとり得る最善の選択肢は認知変容である。だが、情動のラベリングでは不十分とみられるため、残された選択肢は再評価ということになる。


エミリーは、会議案を同僚に売り込むことへの不安を自覚して、無理に売り込む必要はないと判断する再評価を行うかもしれない。

代わりに同僚に協力を求めようと決めるか、あるいは、同僚を自分では気づかないことに気づいてくれる人とみなすことにするかもしれない。そうすれば、ＣＥＯへのプレゼンテーションの際に、あらゆる角度の視点を網羅できるようになる。

こうした方法を使って出来事に対する解釈を変えることで、ミーティングの展開が変わり、そうでなければ実現しなかった重要な会議の開催にこぎつけることができるだろう。オクスナーはおそらく正しい。再評価を実行しないのは、ときに無責任なのだ。

再評価に関する研究は、再評価には欠点はあってもごくわずかで、利点が多いことを明らかにしている。

グロスは別の室外実験を行い、情動の対処に再評価と抑制のどちらを多く使う傾向にあるかに基づいて、数百人の被験者を2つのグループに分けた。そのうえで、この2グループを楽観性、環境制御力、ポジティブな関係性などのさまざまなテストによって比較した。

その結果、すべての要素について、再評価することが多い被験者のほうが抑制傾向の被験者よりも幸福度が大幅に高いことがわかった。

グロスはまた、男性は女性よりも抑制傾向が強いことを突き止めた。男性は総じて周りの世界についての「物語」を自分に語りかけるのは「男らしく」ないと考え、「笑って耐える」ことを選ぶのかもしれない。

「年齢を重ねた大人のほうが、若者より情動制御に長けていることを示唆する研究が数多くある」とグロスは説明する。自らの情動を表現する能力は、ティーンエイジャーの最も素晴らしく最も恐ろしい性質の一つである。

十代の若者が大人になるにつれ、主な情動制御方法として抑制か再評価のどちらを身につけるかは、将来の幸福を左右する重大な要素なのかもしれない。

再評価と幸福度の関係

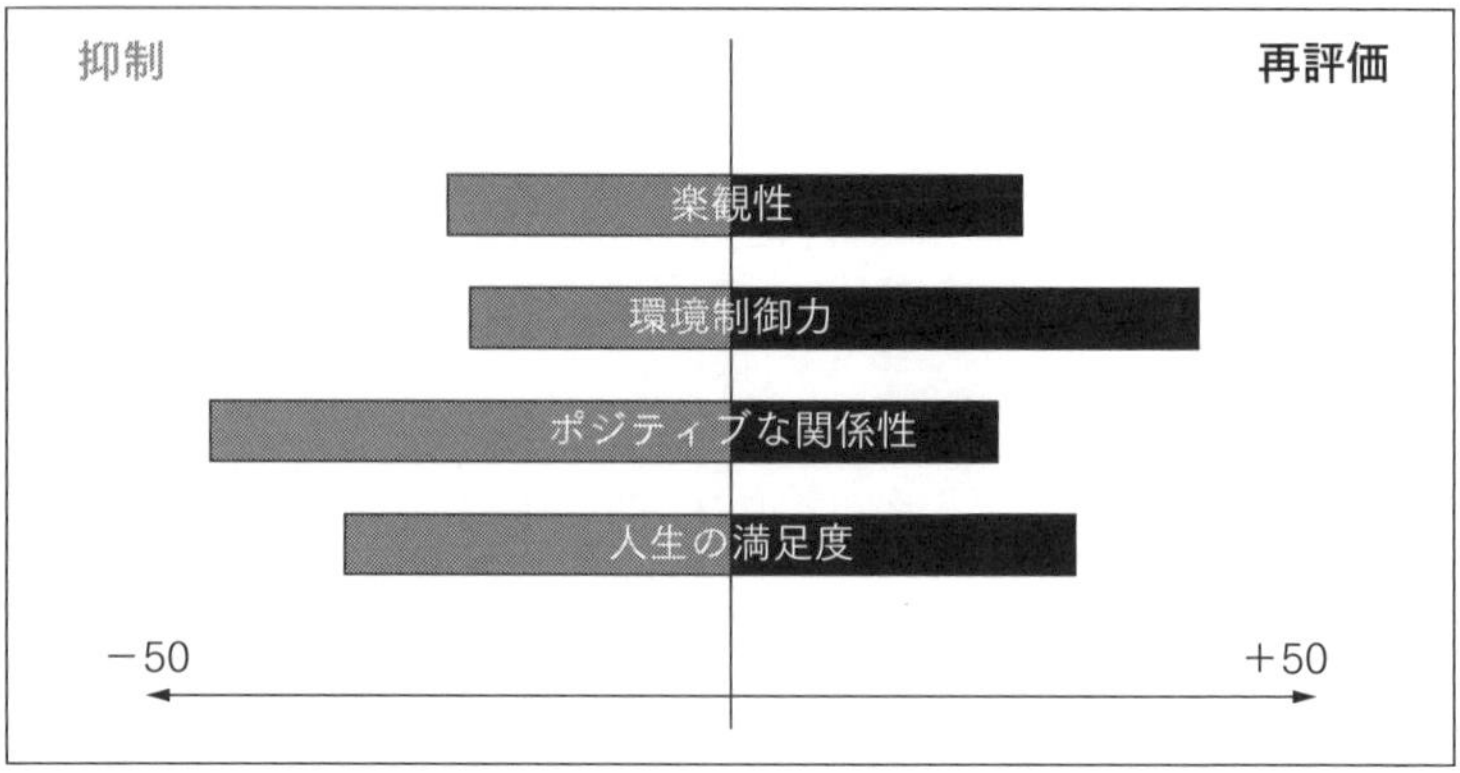

グロスは、生粋の科学者らしい素晴らしく控え目な表現で「再評価はネガティブな情動の経験と再現を減らす非常に有効な方法とみられる」と述べている。グロスは慎重すぎるかもしれない。私の考えでは、再評価はメンタルプロセスを観察する能力と並ぶ、人生の成功に不可欠な最重要スキルだ。

私が再評価と、教育や社会全体におけるその役割について質問したとき、グロスはもっと感情をあらわにしてこう述べた。「この知識は早い段階から頻繁に教えられるべきだと思います。飲み水にさえ含まれるべきです」

再評価は世界平和をもたらし、飢餓をなくす方法であるかのように思えるかもしれないが、一方で哲学的な難問も提起する。

私は2007年、とあるがん研究所の医師の前で、再評価に関する研究発表をした。すると、ある上席研究員の医師が私に食ってかかった。「仕事での成功は、現実と向き合うよりも、周りの世界に関する偽りの解釈をでっち上げる能力に左右されると言うのですか？」と。

この質問に答える前に、私は一呼吸置いてしばらく思案しなければならなかった。研究によれば、人生をやや楽観的にとらえている人たちは実際に一番幸せとみられる。

幸せな人たちは、多くの職種でより優れたパフォーマンスを見せる。医師の質問に対する答えは、基本的に「イエス」なのだ（当然、過剰反応を示す人もいるだろうが）。論理的で、事実に基づいて考える科学者にとって、この答えは受け入れがたいかもしれない。再評価には物事を多くの角度から見る能力（認知的柔軟性）が必要だが、創造力豊かな人たちのほうがこの能力に長けている傾向にある。技術者にとっては、別の視点から創造的に物事を見るという考え方は、非論理的であるばかりか、ややなじみのない不確実なものだ。

だが、これにも別の見方がある。言うなれば再評価だ。偉大な神経科学者ウォルター・フリーマンの次の言葉を検討してみよう。「脳にわかるのは、脳内で把握したことだけである」。世界に関する解釈がすべて脳による解釈、結局は自分の解釈にすぎないと認識すれば、あらゆる瞬間にどの解釈を用いるかを選べるというのは理にかなっている。

再評価にはいくつか悪材料もある。

再評価は代謝リソースを多く消費するのだ。再評価を行うのは容易ではなく、舞台がいっぱいであったり役者が疲れていたりすると、特に難しい。再評価を行うには、まず既存の考え方をやめなければならず、それには大量のリソースが要る。

次に、代替的解釈を複数生み出す必要があるが、生み出した代替的解釈を一つに絞り込むための時間ずっと、それらを頭に保持しなければならない。

さらに、出来事について最も筋の通った代替的解釈を選び、選んだ解釈に意識を集中し続けなければならない。

このすべてが、強力な演出家が必要なことを示している。**自分の認知力を自在に最大限活用する余力がなければ、再評価を行えるのは十分休息がとれているときに限られる。**

再評価を容易にする方法の一つは人の手を借りることだ。メンタリングやコーチング、キャリアカウンセリング、各種セラピーのツールや手法の多くが、出来事に対する本人の解釈を変えることを狙いとしている。

メンターやコーチは、本人が自分では気づかないことに目を向ける。もう一つ余分に前頭前皮質を持つようなものだ。

再評価を容易にするもう一つの手段は練習である。

再評価の練習を積めば積むほど、前頭前皮質と大脳辺縁系の間のネットワークが太くなり、再評価に労力がかからなくなる。楽観主義者は、人生に降りかかる災難について自然にポジティブな再評価をする癖を身につけた人といえるかもしれない。楽観主義者はいつでも過度な興奮状態に陥る前に興奮を抑え、疑念が広がる前に物事の明るい面を見る。

ユーモアも再評価の一形態である。私の知り合いの元企業CEOのジョン・ケースには、ミーティングで人が緊張しているときによく使うフレーズがあった。「お得な自動車保険を契約したところだと言いましたっけ?」。前後関係を無視したこのコメントは、人を笑わせ、相手の見方を深刻なものから愉快なものに、つまり回避から接近へと変えた。

困難な状況を笑い飛ばすことによってどれほど選択肢が見えやすくなるか、あなたも気づいたことがあるはずだ。

ユーモアであれば、違う視点を多数吟味して、多様な目的に応じた完璧な視点を見つけ出すといった認知リソースを消費する再評価の手順を踏む必要はなく、ただ自分をくすりと笑わせる視点を選ぶだけでいい。そのため、私はユーモアを安上がりな再評価の一種とみなしている。

自分の脳を再評価する

話を次の段階に進めよう。自分の限界、間違い、機会喪失、物忘れ、悪習慣に対するフラストレーションは、大脳辺縁系の活動を活発化させる可能性がある。自分に腹を立てたときの無意識の反応として、こうした感情を抑制し、内なるフラストレーションを脇へ追いやろうとすることが多い。だが、あなたはすでに抑制が情動に与える影響を理解している。

これは本書の中心となる考え方につながる。

脳についての理解が深まるにつれ、自分の弱点や間違いの多くは、脳の成り立ちに原因があることがわかってくる。

複雑な仕事の状況について考えながら同時に家の中を歩き回ることはできない（私はドアに足の指を挟むという痛い目に遭って、そのことに気づいた）。それはあなたのせいではない。脳のせいだ。

不安によって大脳辺縁系が活性化しないと、海外で通訳なしに地下鉄に乗るなど、新しい複雑な動作を覚えることはできない。そして、こうした状態では間違いを犯しやすい（私はこれも、ある日道に迷って身をもって学んだ）。だが、それはあなたのせいではない。脳のせいだ。

また、午後4時からの会議で、あなたや他の出席者が素晴らしいアイデアを思いつくことは期待できない。それはあなたや他の出席者のせいではない。脳のせいだ。

つまり、今度あなたが自分を責めようとしたとき、「そうだ、これは脳のせいだ」と言うことができる。この発言自体が再評価にほかならない。

このアプローチは、情動を表出するよりはるかによい方法かもしれない。自分の弱点に関するフラストレーションを抑え込もうとするよりもずっといいだろう。

では、これらをすべて頭に入れたうえで、エミリーが不安と自己コントロール感の欠如を自覚し、強い興奮を静める再評価の方法を見いだしていたら、ランチミーティングの展開がどう変わっていたかを確認してみよう。

After

午後1時。ランチをちょうど終えたところだ。

エミリーは、持続可能性に関する会議という最初の大きな構想について説明する。ビジネスリーダーが一堂に会し、気候変動やグローバル化に直面する企業の長期的な健全性を高める方法を議論する場をつくりたいとエミリーは願っている。

このテーマに情熱を持っているが、会議案が承認されるかどうか不安を感じている。ビジネス界にこのアイデアが広く受け入れられるかどうか、参加料の金額設定、講演者の人選、現場責任者にチームの誰を任命するかなど、不確定要素が多数ある。エミリーは長年自分が担当した現場の実務責任者の役割を人に任せることにも不安を感じている。自分ほどの優れた仕事が他の誰にできるだろうか？

エミリーはこの不確実な状況によって不安が高まっていることに気づき、情動のラベリングを行って少し落ち着く。次に、不安に注意が向くのを拒否しようとするが、状態は変わりそうにない。自分の置かれた状況に対する別の見方を探さなければならない。

少しの間自分と向き合って、このミーティングのとらえ方をいくつか見つけ出し、一つのアイデアに絞り込む。これは新しい上司を理解し、うまくやっていく方法を確かめるチャンスだと。エミリーは状況を再解釈し、この再評価によって大脳辺縁系が静まる。

エミリーは、リックとカールが自分の前提に疑問を感じているのに気づいて、自分が自己防衛的になろうとしたときに、その自己防衛感情を拒否すると決める。これは冷静な状態だからこそできることだ。

エミリーは状況を再評価し、今度はリックとカールの視点から自分自身を見る。これは一種の再配置だ。この視点から見ると、多額の会社資金を投資する前に上司が提案を精査するのは大事なことだと理解できる。新たに予算編成に加わった人物からの提案の場合は特にそうだ。エミリーが自分の能力を証明した後なら、上司は理解を示すかもしれない。

これを念頭に置いて上司の質問に自己防衛的な反応をとらずにいると、数分後には質問がやむ。エミリーは3つの会議すべての説明をそつなく終え、自らのパフォーマンスに満足する。

ランチミーティングが終わるころには、全員が持続可能性会議に大筋で合意し、会議の日程も決めた。チームに対する会議案の説明と、実務責任者に最適な人物の選定に向けた準備も万端だ。

脳に関する事実のまとめ｜シーン8

- 確実性は、脳にとっての一次的報酬または一次的脅威である。
- 自律性と自己コントロール感も、脳にとっての一次的報酬または一次的脅威である。
- 確実性と自律性によって生じた強い情動をコントロールするには、ラベリング以上の手段が必要になる場合がある。
- 再評価は、高まった興奮を静めるのに有効な方法である。
- 再評価を頻繁に行う人ほど、幸せな人生を送っているとみられる。

最高の脳で働く方法｜シーン8

- □脅威を感じさせる不確実性に注意し、これに気づく練習をする。
- □脅威を感じさせる自律性低下の感覚に注意し、これに気づく練習をする。
- □選択肢や自律感を生み出す方法を、どこでも見つけるようにする。
- □強い情動の発生を感じたときは、早い段階で再評価を実施する。

□出来事の再解釈、価値観の再整理、出来事のノーマライジング、視点の再配置によって再評価を実施する。

□自分の経験の再評価は、内的なストレッサーのコントロールに効果的である。自らのメンタルパフォーマンスに不安を感じたときは、この手法を使って「脳のせいだ」と言い聞かせる。

シーン9
期待をコントロールできない

Before

午後3時。ポールはデスクに戻り、新規プロジェクトを獲得できた場合の納品計画を立てようとしている。厳しい納期に同意したうえで、正式な最終見積の提出までに詳細なプロジェクト計画を策定する時間を2日間確保してある。

4日前にクライアントが最初の連絡をよこしてから、ポールは今回のプロジェクトでいくら利益が上がるか計算するのを楽しみにしていた。快適な休暇の費用を賄うのに十分で、自分のビジネスを一段上のレベルに引き上げるような相当額の利益を期待している。最初にそう考えてから、ポールは大きな利益への期待で前向きな気分になり、その臨時収入で今年の休暇はどこへ行こうかとエミリーと相談していた。付き合いのあるサプライヤーにも今回の案件について喜んで話をした。最近サプライヤーにあまり仕事を依頼していなかったので、その知らせは彼らを元気づけたようだ。

ポールは表計算ソフトを立ち上げて、プロジェクトの正式な予算を立てる。請求可能でかつ競争力があると思われる最高額を入力し、一般経費をはじき出す。さらに計算を進めたところで、8週間でソフトウェアを書き上げるなら、取引のあるサプライヤーを総動員する必要があると気づく。計算が終わりに近づくにつれ、集計表をスクロールダウンして利益額を確かめるのが楽しみでしかたがなくなる。

10分後、計算を終えて集計表をスクロールダウンすると、どういうわけか利益がマイナスになっている。最初はさほど心配しない。どこかの数式に誤りがあるに違いないと考え、間違いを探し始める。

20分後、ポールはキッチンのシンクを見つめ、蛇口から流れる水を眺めている。かれこれ2分以上もこんな様子で立ち尽くしている。

「父さん、水不足が続いているのを知ってるだろ」と、食べ物を探そうと冷蔵庫のドアを開けたまま、ジョシュが大声を上げる。

「ああ、そうだな」とポールはぼんやりと答える。

「店まで行ってくる。食べる物が何にもないから。少しお金をくれない?」とジョシュは冷蔵庫のドアを閉めながら訊く。

「だめだ。宿題をしろ」とポールは答える。「それに、食べ物は十分にあるだろ。2日前にたっぷり買い物をしたんだから」

「父さん、どうかしたの？　いつも僕が外へ行くと喜ぶのに。面倒なこと言うなよ」

「いいか」と応じながらポールは怒り出す。「言う通りにしろ。今日は虫の居所が悪いんだ」

「でも父さん、友だちと会う約束をしてるんだ」

「それなら、親父が意地悪なやつで、外出させてくれないとでも言っておけ」

「ああ、わかったよ！」とジョシュは怒鳴ってキッチンを出て行く。少し経ってから寝室のドアがバタンと閉まる音がした。


ポールは書斎に戻って考えをまとめようとする。価格を上げることはできないため、プロジェクトをそのまま進めるか、いつものサプライヤーを使うより安く成果物を納められる方法を探さなければならない。どちらの選択肢も今の時点では現実的ではない。絶望の波が押し寄せる。

そのうちに、封書の開封や書類のファイリングなど、アシスタントがやるべき無関係な作業に気を取られる。不愉快な気持ちを忘れるために何かしたくなって、進捗が思わしくないジョブについてサプライヤーにメッセージを書き始める。書いている間、こうした内容のメールを送信することへの静かな警告信号が意識に届きそうになる。だが、にぎやかなパーティー会場で鳴る携帯電話のように、信号が控え目すぎて気づかない。結局ポールは、そのまま送信ボタンを押してしまう。

少し経って、長年のサプライヤーのネッドから返事が届く。ネッドは、ポールがお金に目がくらんでいると文句を言ってきた。ポールはすかさず怒りのメールを返す。

30分後、別のサプライヤーからの怒りのメールにポールが返信しているとき、ミシェルが学校から帰ってくる。ミシェルは父親に一日の様子を尋ね、今日起きたことについて会話をする。ミシェルはジョシュと3つしか違わないが、10歳は大人びて見える。

「お父さん、海外でコーディングをしてくれる人を探せばいいんじゃない？　近ごろはどこもそうしているでしょう」とミシェルは提案する。

「心配してくれてありがとう。でも、信用できる人を誰も知らないし、現地に出向かなきゃならないだろう。そんなことをしている時間はないんだ」

「他にも方法があるんじゃないかしら」と、ミシェルはキッチンへ行きながら言う。彼女はサンドイッチの材料を見つけてふたり分の軽食をつくる。

ふたりは裏のベランダへ行ってサンドイッチを食べる。ポールはミシェルに一日の出来事を詳しく尋ねる。ミシェルは美術の課題で予想以上にいい成績をとったという。ポールはミシェルがしていることに興味を持ち、娘には才能があるのではないかと思う。一瞬、自分の学校時代を振り返り、理科の課題に夢中になって取り組んだことを思い出す。すると、ある考えがポールの舞台に突然現れる。自分のような小規模コンサルタント向けにソフトウェアのプログラミングを行っているサプライヤーが見つかるかもしれない、と。

デスクに戻り、インターネットでサプライヤーを検索する。短時間で信頼できそうな会社を3社選んで問い合わせのメールを送り、すぐに1社から返事を受け取った。早くも気持ちが落ち着き始める。絶望の霧が晴れ、明るい兆しがぼんやりと見えてくる。ただ、それまでにポールが事を台無しにしていなければよかったのだが。

ポールは1時間にも満たない間に、息子と長年のサプライヤーの両方との大切な関係を損ねてしまった。ジョシュとの関係は今夜にでも修復できるだろうが、ネッドはそう簡単に許してくれないかもしれない。

こんな展開になる必要はなかった。脳に関する知識が少しでもあれば、余分なダメージを負わずにオフショアリングに関するインサイトを得ることができただろう。

ポールはプレッシャー下でも冷静を保つ方法を新しい形で身につける必要がある。また、ポジティブな報酬に対する期待をコントロールする方法を学ばなければならない。

期待に何を期待すべきか

第2章ではここまで、脅威反応のコントロールに焦点を当ててきた。脅威反応は報酬反応よりも頻繁に起こり、かつ強力だからだ。それに、誰が美味しい食事や楽しい会話から生まれる情動の扱い方を学ぶ必要があるだろうか？

とはいえ、ポジティブな状況も、ときには調子を狂わせる場合がある。ポーカーゲームの最中、手元に最高のカードであるエースのワンペアがあると、ゲームに勝てると見越して有頂天になりやすい。勝つことへの期待から、大脳辺縁系が高い興奮状態に陥るせいだ。**期待による興奮の高まりは心地よいが、ネガティブな興奮と同様の結**

果をもたらし、舞台に使えるリソースが減って明瞭な思考ができなくなる。

その結果、いつもなら簡単に気づく手を見逃してゲームに負ける可能性さえある。こうした失敗は、ポーカー台でも人生においても高くつくことになりかねない。

このシーンでのポールの状況は、エースのワンペアで勝つことを期待しているのと似ている。これはポールに差し出された**実際**のポジティブな報酬ではなく、報酬の**期待**にすぎない。ポジティブな報酬への期待は、脳に大きな影響を与え、情報処理能力のみならず、知覚する内容や知覚のしかたも変えてしまう。

また、期待は脳内に上昇スパイラルや下降スパイラルを生み出す中心的役割を担う。期待によって最高のパフォーマンスが引き出されたり、絶望のどん底に突き落とされたりするのだ。

人生において適度な期待を維持することは、幸福感や心身の健康を維持するためにきわめて重要である。適度な期待を生み出せば、演出家は発生した問題に都度対応するだけではなく、日常生活の情動について脚本を書く機会も得られる。

人は期待したことを経験する

期待は独特の構成概念であり、実際の報酬ではなく、**見込まれる**報酬の感覚である。現実の世界で美味しいベリーを見ているのか、頭の中の舞台にあるベリーを見ているのか、あるいはベリーが見えることを単に期待しているだけなのかにかかわらず、「ベリー」の地図は起動し、同時に報酬回路も起動する。

ポジティブな期待とは、「価値がある」出来事や事柄に遭遇しつつあるという感覚を指す。脳における価値とは、当然のことながら自分の生存に有益なことを意味する。甘いものやセックスなどの一次的報酬は、通常大脳辺縁系によって価値あるものとしてタグ付けされている。

また、価値があると自分で判断した事柄や経験について、独自の地図をつくり出すこともできる。たとえば、上質な靴に価値を置くという選択も可能だ。この場合、『セックス・アンド・ザ・シティ』のキャリーのように、ブランド靴店の前を通るだけで幸せな気持ちになるかもしれない。

ポールの場合、今回のプロジェクトで見込まれる利益を表す、数十億の相互結合したニューロンの地図をつくっている。この地図は、ポールがその利益のことを考え、注意を払い、休暇と関連づけて妻と話をしたことで密度を増していった。

価値あるものの地図を自らつくる例として、他に「目標」を設定した場合が挙げられる。目標を設定すると、最終結果を価値あるものと判断する。この目標について考えたり、それに向かって努力したりするうちに、報酬への期待が高まる。目標に向かって進むことが、脳の全体的な接近状態を活性化するのだ。

脳は自然と、自分がポジティブに評価したものと結びつく出来事や人、情報に向かう。

「目標追求の神経科学（The Neuroscience of Goal Pursuit）」と題した論文の中で、エリオット・バークマンとマシュー・リーバーマンはこう説明している。「複数の社会心理学実験の被験者たちは、まったく意識せずに、目標の手掛かりに方向を定めて、目標を追い求めていることがわかった」。

私が子どもを持とうと決めたとき、至るところでベビーカーや遊び場、キッズ用メニューに目が行くようになった理由もここにある。この原理はニューロンレベルまで研究されている。

たとえば、サルを使ったある実験では、科学者たちが特定のオブジェクト（赤い三角形など）がコンピュータ画面上に現れるのを期待するようサルを訓練しておくと、赤い三角形を認識するサルの脳内ニューロンが、実際に三角形が現れる**前に**発火した。「求めよ、さらば与えられん」というフレーズは、神経科学を根拠としているのかもしれない。

期待は認識を変えるため、人は見えると期待したものだけを見て、期待していないものは見えなくなる。集計表の数値が自分の期待通りでなかったとき、ポールは誤りがあると決めつけて、そのデータを無視している。ジョシュは家に食べ物がないと思い込んで、軽食の材料があることに気づかない。ミシェルにはそうした期待や思い込みがないため、同じ冷蔵庫の中に違った世界を見ている。

満たされない期待は脅威反応を生み出すことが多い。これについては、このシーンの中で後述する。

脳は脅威を避けるようにつくられているため、人は自分の期待に添うように出来事を懸命に再解釈する傾向がある。実際は無関係なアイデアをわずかなつながりで結びつけようとしたり、理論の誤りを証明する可能性がある重要なデータを無視したりするのは、よくあることだ。

しかし、これはときに悲劇的な結果を招く。たとえば、武装していると思い込んだ相手を警官が誤って狙撃したり、後に誤りであるとわかる前提に基づいて、ある国が別の国に侵攻したりといったことが起きてしまう。

少しも痛くない

一部の科学者たちは、期待によってプラシーボ効果が説明できると考えている。ドン・プライスによる研究では、過敏性腸症候群患者の被験者3グループの直腸内でバルーンを膨らませる実験を行った（事前に実験内容を詳細に知らされ、十分な報酬が与えられたものと期待される）。

被験者は痛みを1点から10点までの点数で評価するよう求められた。一つのグループは鎮痛剤を投与されないまま痛みを経験した。このグループのデータは次のグラフの実線で示されており、痛みの平均点は10点満点中5・5点だった。

別のグループは、感覚をほとんど消失させる局所麻酔薬リドカインを投与された。この被験者グループが経験した痛みの平均点は、表の一番下の灰色の線が示す通り、10点満点中2・5点だった。もう一つのグループはプラシーボ（単なるワセリン）を投与され、かつ、プラシーボを投与されるかもしれないと事前に告げられていた。このグループの結果は点線で示されているが、痛みの平均点は10点満点中3・5点だった。プラシーボを投与されるかもしれないと被験者に告げていても、プラシーボは知

プラシーボ1

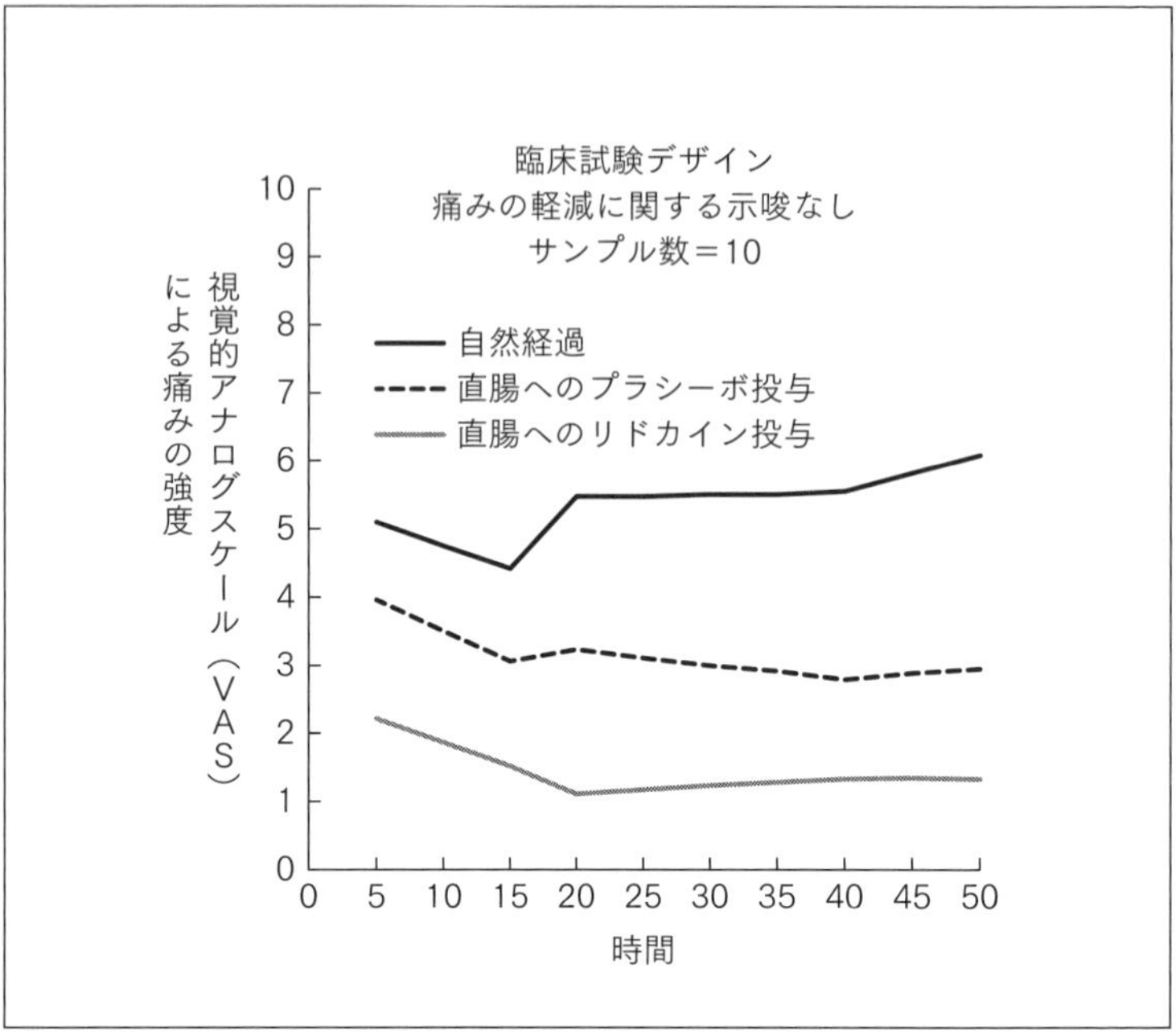
臨床試験デザイン
痛みの軽減に関する示唆なし
サンプル数＝10
自然経過
直腸へのプラシーボ投与
直腸へのリドカイン投与
視覚的アナログスケール（VAS）による痛みの強度
10
9
8
7
6
5
4
3
2
1
0
0 5 10 15 20 25 30 35 40 45 50
時間

覚される痛みを軽減した。

プライスは実験を繰り返し、今度はプラシーボ投与群には、「大半の人の痛みを大幅に軽減することで知られるもの」を投与したと告げた。この被験者たちはプラシーボを投与されたとは言われていないが、嘘をつかれたわけでもない。プラシーボは一部の人の痛みを実際に軽減したからだ。

プライスが行ったのは、人の期待への干渉である。**2番目の図表からは、プラシーボ投与群の被験者のほうが、何も告げられていないリドカイン投与群よりも痛みを感じなかったことがわかる。**

この種の研究は、現在も多様な方法で繰り返されており、人の期待への干渉が知覚に著しい影響を与えることが幾度も確認されている。

フロリダ大学教授で痛みに関する研究者のロバート・コグヒルは、目盛り付き温熱パッドを通して、被験者の足に強い痛みを加える実験を考案した。

そのうえで、コグヒルは人々の期待を操作して、期待が痛みの評価に与える影響を確認した。「50℃の刺激ではなく、48℃の刺激を受けると期待しただけで、被験者10人中10人が痛みの評価を下げた」とコグヒルは説明する。

プラシーボ2

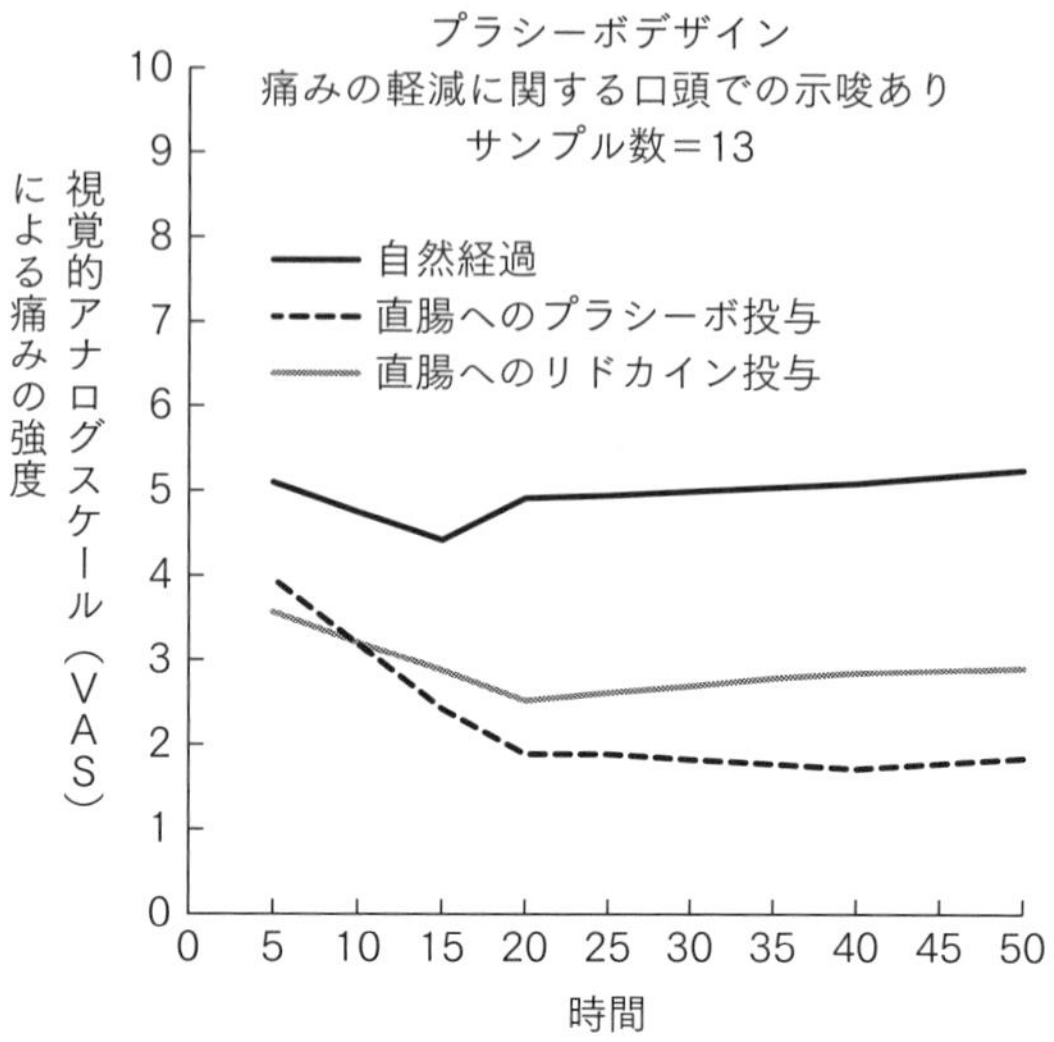

プラシーボデザイン
痛みの軽減に関する口頭での示唆あり
サンプル数＝13
自然経過
直腸へのプラシーボ投与
直腸へのリドカイン投与
視覚的アナログスケール（VAS）による痛みの強度
0
1
2
3
4
5
6
7
8
9
10
0 5 10 15 20 25 30 35 40 45 50
時間

「痛みの主観的体験：期待が現実になる場合（The Subjective Experience of Pain: Where Expectations Become Reality）」と題した論文の中で、コグヒルはこう付け加えている。「ポジティブな期待は、明確な鎮痛用量のモルヒネの効果に匹敵するほど、知覚される痛みを軽減する」。適度な期待は、最強の鎮痛剤並みに効くということだ。ブルース・リプトンの著書『「思考」のすごい力』は、この現象について詳細に検証している。

コグヒルは、プラシーボ効果が自分をだますものであるのかを確かめたかった。それは単なる「気のせい」なのか、それとも脳に実際に変化が起きているのか？

そこで、期待の変化によって痛みが軽減している人の脳のスキャンデータを調べた。その結果、人が中程度の痛みを予期していたにもかかわらず、実際の痛みがそれよりも強かったときに、痛みに反応する脳部位に変化が起きたことを突き止めた。

「多くの脳部位の活動が大幅に低下した」とコグヒルは説明している。

よいことや悪いことを予期すると、実際の経験が「現実に」発生したときと同じくらい脳部位の活性化に影響を与えるのだ。

控え目な約束の神経化学

期待は知覚するデータに影響を及ぼすだけでなく、脳部位の活性度を変化させる。期待は神経化学にも強い影響を与える。これに関しては、英国ケンブリッジ大学教授ウォルフラム・シュルツによる研究が最も優れている。

シュルツは、ドーパミンと報酬回路との関連性を研究している。ドーパミン細胞は脳の奥に位置する中脳にあり、そこから側坐核《そくざかく》のニューロンへとつながって、一次的報酬を期待するとドーパミンを放出する。環境からの合図が報酬を得ようとしていると告げると、それに応えてドーパミンが放出されることをシュルツは突き止めた。

予期せぬ報酬は、予期していた報酬よりもドーパミンを多く放出させる。したがって、仕事で思いがけないボーナスを支給されると、たとえ少額でも、予期していた昇給よりも脳の神経化学にポジティブな影響を与える。

だが、報酬を予期していたにもかかわらず報酬を得られなかった場合、ドーパミンレベルは急落する。この感情は心地よいものではなく、痛みに近い。昇給を期待していて昇給を得られなかった場合、落胆が数日続く。

ささいな期待外れは、誰もが常に経験している。たとえば、すぐに信号が変わると期待していて思ったよりも時間がかかると、ドーパミンレベルが低下していら立ちを感じる。銀行の窓口で迅速なサービスを期待していたのに長く待たされると、余計にいら立ちを感じる。

この場合、ドーパミンレベルが低下するだけでなく、**回避**反応も生じて、前頭前皮質機能の低下を引き起こす。そんなときは「インターネットバンキング口座を開設するよいきっかけになる」と自分に言い聞かせる再評価が必要かもしれない。そうすればいら立ちが消えて、**接近**反応に切り替わる。

ドーパミンは欲望の神経伝達物質である。あなたが何かを欲するとき、それが道路を横断するというシンプルな行動であっても、ドーパミンレベルが上昇する。要するにドーパミンは、心を開き、好奇心と関心を持った**接近の**状態を生み出すのに中心的役割を果たす。

ドーパミンは動作そのものとも結びついている。ドーパミンニューロンをほとんど失ったパーキンソン病患者は、動作を開始するのが困難になる。

脳内で毎秒つくられるつながりの数も、ドーパミンレベルと関係している。コカインを吸うとドーパミンレベルが急上昇し、脳内で毎秒つくられるつながりの数が増えるため、思考が支離滅裂にあちこち飛んでしまう。

一方、ドーパミンレベルが低すぎると、脳内で毎秒つくられるつながりの数が減る。ロビン・ウィリアムズとロバート・デ・ニーロが出演した映画『レナードの朝』は、ドーパミン作動薬L－ドーパを投与された後、昏睡状態から躁《そう》状態になる患者の物語である。L－ドーパの投与をやめると、患者は急速に昏睡状態に逆戻りしてしまう。

側坐核のドーパミン細胞は脳の多くの領域とつながっているが、第1章で学んだように、集中に適量のドーパミンが不可欠となる前頭前皮質もこれに含まれる。エイミー・アーンステンによれば、前頭前皮質内に考えを「保持」するには適量のドーパミンが必要となる。

ポジティブな期待は脳内のドーパミンレベルを高め、ドーパミンレベルが高まれば集中力が増す。これは直感的に納得できる。たとえば、子どもたちは興味のある科目を一番よく勉強することを教師は知っている。

興味、欲求、ポジティブな期待は、同様の経験がわずかに変化したものであり、いずれも脳内のドーパミンレベルを高める経験である。

ポールのドーパミンレベルは、利益の期待が満たされずに急降下した。何か意義深いことをしたいという欲求は急速に低下し、アシスタントがするような雑務をやりたくなった。脳が毎分処理するアイデアの数も減少し、脳全体の活動も減っている。ポールの脳は全体的に回避情動の状態に陥り、コーディングのアウトソーシングといった複雑な問題を考えるのが難しくなった。ジョシュも同様の問題を経験している。友人に会うという報酬を期待していたにもかかわらず、父親にその計画を邪魔され、機嫌を損ねて腹を立てた。

ポールはドーパミンレベルが低下した状態で、自分の置かれた状況をじっくり考えようと懸命に努力したが、プロジェクトは絶望的に思われた。低下したドーパミンレベルがさらに低下する下降スパイラルにポールは陥ろうとしていた。

だが、別のこと（娘の学校での一日）に関心を持ってようやく、**接近**反応を経験し始めるところまでドーパミンレベルが上昇した。

その後、アウトソーシングに関するインサイトが生じると、ポールは興奮し、いったん落ち着いたところで行動を起こした。予期せぬインサイトがドーパミンレベルを高めたといえる。

さらに、サプライヤー候補の発見など、ポールがつくったポジティブな新しいつながりによってさらなる報酬の期待が高まり、より、つながりをつくる能力が向上した。ポールは上昇スパイラルに移行したのだ。

ミシェルもこのシーンで自分が上昇スパイラルにいることに気づいた。ミシェルはすでにポジティブな精神状態にあったが、美術の課題の点数が期待を上回り、気分がさらに上向いた。この上昇スパイラルのおかげで、問題にしか目が向いていない父親のために、実行可能な解決策を見つけることができた。さらに冷蔵庫の中の食材についても、ジョシュよりも多くの選択肢を見つけた。

幸福なときに優れたパフォーマンスができる理由が、この上昇スパイラルによって一部説明がつくと思われる。

ノースカロライナ大学のバーバラ・フレデリクソンらによって数多くの研究が行われている。それによると、**幸福な人々は、より幅広いデータを知覚し、より多くの問題を解決し、ある状況で取るべき行動について新しいアイデアを多く思いつくという。**

幸福がメンタルパフォーマンスによい影響を与える理由は、期待とドーパミンと知覚との関係によって説明できそうだ。とらえどころのない幸福の探求は、実際には適切なドーパミンレベルの探求といえるだろう。

こうした観点からすれば、「幸福な」人生を築くには、目新しさの豊富な生活を送り、予期せぬ報酬を得る機会をつくり、物事が常に少しずつ好転していると信じることが必要かもしれない。

適度な期待を生み出す

あなたの目標が永遠の幸福か仕事でのパフォーマンス向上に限られるかにかかわらず、期待をうまくコントロールすることが、適度なドーパミンレベルを生み出すのに有効であるのは間違いない。

誤解のないように言うと、私はL－ドーパやコカインなどのドーパミンレベルを上げる薬物の摂取を推奨しているわけではない。自分の期待を（副作用なく）コントロールする最善の方法は、期待に注意を払うこと、つまり演出家を働かせることである。

自分の期待をコントロールすれば、演出家に先を見越した行動をとる機会を与え、事態が悪化してから問題に対処するのではなく、優れたパフォーマンスができるようあらかじめ舞台を整えることができる。

期待が外れるとより強い脅威反応が生じるため、期待外れは回避すべき重要な経験の一つといえる。

「どの脳機能に関しても、重要なのは第一に脅威を最小化することだ。脅威を最小化すれば、見込まれる報酬を増やすことに集中できる」とエビアン・ゴードンは言う。

偉大なリーダーは慎重に期待をコントロールし、期待に応えられない事態を回避している。バラク・オバマは２００９年の大統領就任当時、自分や今後数年間の展開への人々の期待を抑えるべく細心の注意を払った。

自分の期待を意識的に変えると、驚くような効果が生まれる。国際線の長距離フライトで座席のアップグレードを試みていると想像してほしい。さほど期待していなければアップグレードできなくても平気だし、アップグレードできたときには大喜びするだろう。一方、アップグレードできるものと期待に胸を膨らませていると、アップグレードできなければ不快なフライトになるし、できたとしても満足度は小さく、大喜びすることはない。

このように一歩引いて起こり得るあらゆる成り行きを考慮すれば、**多くの場合、ポジティブな報酬の期待を最小限に抑えることには意味がある。勝算があるときも落ち着きを保っていれば、よい結果が生まれる。**

期待を低く抑えることに加え、気分を高めるもう一つの方法は、確実に満たされるとわかっているポジティブな期待にいっそうの注意を払うことだ。

ある同僚が先日こう言った。「それが数カ月先でも、休日がやってくることをポジティブでいる理由に使いたい。たとえ筋が通らなくても、休日に目を向けることが憂鬱を遠ざけるのに有効だと経験から学んでいるから」。

常に、物事が少しずつ好転していることに注目するよう心がければ、たとえ反証があっても、適度なドーパミンレベルを維持するのに役立つ。

優れたアスリートは、自分の期待をコントロールするすべを知っている。彼らは勝算があっても有頂天になることはない。そういう気持ちは集中を妨げるからだ。また、負けるのではないかと不安になっても、負けることは考えないようにする。

自分の期待を何らかの方法でコントロールするには、ラベリングや再評価と同様、強力な演出家が必要になる。立ち止まって自分の精神状態に気づくことができれば、別の考え方を選ぶ余裕が生まれる。

優れたアスリートは、自分の注意の流れを観察し、注意を向ける対象を微調整する。彼らの演出家が期待の高まり過ぎを察知し、興奮を静めることを選び、脳が今この瞬間に集中し続けるよう促しているのかもしれない。

演出家をうまく使いこなすには、まずは演出家を見つけ出せるようになる必要がある。その最適な方法は、期待が自分の精神状態をどう変えるかを観察するなど、自分の経験によりいっそうの注意を払うことに尽きる。

では、もしポールに強力な演出家がついていて、難しい状況の中でも期待をコントロールできていたとしたら、どのように行動していたかを見ていこう。

After

午後3時。ポールはデスクに戻り、新規プロジェクトの納品計画を立てる。厳しい納期に同意したうえで、詳細なプロジェクト計画を策定する時間を2日間確保してある。

ポールは表計算ソフトを立ち上げようとして、自分のメンタルプロセスについて考えようといったん手を止める。今の精神状態はこの種の作業をするのにふさわしくないと感じる。なぜかはわからないが、予算策定作業のやり方を十分検討したほうがよいと、かすかな信号が知らせている。

ポールは牛乳を買いに店まで散歩することにした。道中でじっくり考える時間がとれるからだ。散歩をしながら、かつて多額の利益を見込んで有頂天になり、その興奮のせいで明瞭な思考ができなかったことを思い出す。ポールは今回のプロジェクトを喜びたい衝動を脇へ追いやり、その思いに注意を向けないようにする。この嬉しい知らせを共有しようとサプライヤー数人に電話をかけようかと思っていたが、期待が外れた場合のことを考え、この段階で知らせるのは得策ではないと判断する。

ポールの演出家は、不適切な役者たちが舞台に上がろうとするのを阻止できる。役者たちにストップをかけやすい最適なタイミングだからだ。

ポールは帰宅して、プロジェクトのコストを計算しようと表計算ソフトを立ち上げる。そして、取引のあるサプライヤーを総動員する必要があること、サプライヤーがいつもより長時間作業しなければならないことを把握する。このプロジェクトに通常以上の人員を割く必要があるため、サプライヤーは追加料金を請求してくるだろう。ポールは数値を入力した後、スクロールダウンして一番下の利益額を確かめる。赤字だ。その数字を見て自分が取り乱しかねないことを自覚しているが、注意がそこへ向かうことを拒み、これはあくまで価格設定の最初の試みだと言い聞かせる。まだ思いついてないアイデアがあるはずだ。新しいつながりをつくるのにブドウ糖が役に立つと考えたポールは、スナックを手に入れようと立ち上がってキッチンへ行く。

ジョシュが食べ物を探しにやってくると、ポールはその機会を利用して自分が抱えている問題をジョシュに説明する。別の視点が予想外の行き詰まりの回避に役立つかもしれないと思ったからだ。

ジョシュに問題を説明する自分の声を聴きながら、ある考えが浮かぶ。この仕事で利益を確保する手立ては他にないと話している最中に、インサイトが生じたのだ。このような言葉を口に出しているときの感覚を観察している演出家が、その言葉がどれほど愚かに聞こえるかを認識した。どんなときでも他に手立てはあるからだ。複雑な考えを声に出すことは、自分の思考をより明確に確認する手段となり得る。

ポールは、人件費が安い国のサプライヤーにコーディングをアウトソーシングするよい機会かもしれないと考える。ポジティブな状態でいれば、ポールはアイデアに対して「開かれた心」を保てる。たとえ不確かなアイデアであっても退けることはない。**接近**の状態にあるときは、多少の不確実性は受け入れやすい。

ポールがインドを拠点とするソフトウェアのサプライヤーをネットで検索すると、たくさんのサプライヤーが見つかる。あるサプライヤー候補からすぐに前向きな返事を受け取った。スナックを買いに店へ行ってもいいかとジョシュに訊かれたポールは、宿題は終わったのかと尋ねる。ジョシュが宿題を済ませたと知り、嬉しい驚きを味わう。ポールは幸せな気持ちでジョシュにお金を渡し、期待通り友人に会えるのが嬉しくて弾むように玄関から出て行く息子を見送る。

ミシェルが帰宅すると、学校でのうまくいった一日についてふたりで話をする。ポールは娘を喜ばせるようなポジティブな感想を伝える。家族全員のために夕食をつくるとミシェルが申し出ると、一緒にのんびり過ごせる時間がとれるように自分が持ち帰り用の料理を買ってこようとポールが答える。素晴らしい一日だ。

第2章のまとめ

第2章も終わりを迎えるが、あなたはここまでにプレッシャー下で冷静を保つ具体的な方法を3つ学んできた。いずれの方法も、演出家を働かせて今ここに集中し、舞台のスペースを増やすことを必要とする。

中程度の情動的衝撃の場合は、情動のラベリングを行って、確実性の感覚を高め、大脳辺縁系の興奮を静めることができる。

もっと強い情動的衝撃の場合は、出来事に対する解釈を変えて再評価を行うとよい。再評価は興奮を軽減する効果が高いうえに、確実性と自律性を同時に高めることができる。

さらに、今後の興奮の急激な高まりを抑制するには、今ある期待を意識したうえで、その代わりとなる新たな期待を選択することによって期待をコントロールできる。

これらの手法はいずれも強力な演出家を備えることで効果が高まり、それぞれの手法を実行するたびに演出家はいっそう力を増していく。この3つの手法を身につければ、きわめて困難な状況でも、プレッシャーの下で冷静さを保てる可能性が高まる。

脳に関する事実のまとめ｜シーン9

- 期待は、脳が見込まれる報酬（や脅威）に注意を払う経験である。
- 期待は、脳が知覚するデータを変える。
- 入ってくるデータを期待に合わせたり、合わないデータを無視したりすることはよくある。
- 期待は脳の機能を変えることができ、適度な期待は臨床用量のモルヒネと同様の働きをする。
- 期待は、思考と学習に重要なドーパミン回路を活性化する。
- 期待が満たされるとドーパミンがわずかに増加し、若干の報酬反応が生じる。
- 期待を超えるとドーパミンが大幅に増加し、強い報酬反応が生じる。
- 期待が満たされないとドーパミンレベルが大幅に低下し、強い脅威反応が生じる。
- 経験を変える期待とドーパミンレベルに影響を与える期待との力学によって、脳内に上昇スパイラルや下降スパイラルが発生する。
- よいことを期待する感情が、適度なレベルのドーパミンを発生させ、幸福感を測る神経化学マーカーとなる。

最高の脳で働く方法―シーン9

□特定の状況での自分の期待に気づく練習をする。

□期待をやや低めに抑える練習をする。

□ポジティブな精神状態を保つために、ささいな方法であっても繰り返し期待をコントロールする方法を見つける。

□ポジティブな期待が満たされないときの自分の反応は、ドーパミンで奇妙なことをしている脳の仕業だと思い出して、状況の再評価を実施する。

第3章

他者と協力する

たった一人で仕事をする人はほとんどいない。どんな仕事でも、他者とうまく協力する能力は優れたパフォーマンスを発揮するうえで欠かせなくなっている。だが一方で、社会は激しい対立を生み出し、混沌としたルールを多くの人は把握していない。

脳の基本的欲求に関する幅広い知識があれば、人間同士の間で起こる問題は減るかもしれない。食べ物や水、住まい、確実性の感覚を求める欲求に加えて、「社会的欲求」というものがある。この欲求が満たされないと、人と人との争いに直結しかねない脅威の感覚が生じる。

第3章で、エミリーは脳が社会的つながりをどれほど必要としているかを理解し、味方に囲まれて安心感を抱くことの意外な重要性を認識する。ポールは公平性の感覚が多くの行動を決定づけていることに気づき、自分や同僚のこうした感覚をコントロールする方法を学ぶ。さらにエミリーはステータス意識が予想よりはるかに大きな欲求であることを知り、他者に脅威を感じさせずに自らのステータスを高める持続可能な方法を見いだす。

シーン10
敵を味方に変える

before

午後2時。エミリーはランチミーティングで持続可能性会議の承認を得たところだ。執務室に戻り、電話を手に取って長期記憶にある番号をダイヤルする。自分のチームの電話会議にギリギリで間に合う。意識して番号を探す必要のないエミリーは注意力を保ち、一瞬の間を使って今に集中し、自分と向き合い、演出家を働かせる。そこで、数時間前よりもアイデアを舞台に上げるのに時間がかかることに気づく。自分の精神状態を表す言葉を見つけようとして、**疲労困憊**という言葉が浮かぶ。自らの状態に名前をつけたことでエミリーは落ち着く。心の片隅に居座る不快感も察知しているが、まだ名前をつけられない。こうした思考はすべて、電話会議システムの録音メッセージが終わるまでの数秒の間に起きている。

回線がつながったときには、コリンとリーザがすでに参加していた。エミリーが加わると、ふたりは急に話をやめ、気まずい沈黙が流れる。この3人はかつて同僚で、一緒に夜遅くまで会議運営に取り組むことも多かった。昔からの仲間を上司の立場で管理するのはどんな感じだろうと考えるうちに、不安が高まってくる。エミリーは状況を再評価する方法を見つけようとするが、集中できない。少し経って、今朝採用したジョアンヌが参加してきたことで、さらに気が散ってしまう。

エミリーは頭の整理に集中して、考えをまとめようとする。そして、今日の会議の議題が、持続可能性会議の運営責任者の決定、ジョアンヌの紹介、定期チームミーティングの実施計画の3つであると説明する。

エミリーはメンバー全員に、以前の会議で運営スタッフを指揮したときに味わったような連帯感、つまり「チーム」意識を持たせたいと考えている。

しかし、メンバーが各地に散らばっているため、今後も直接顔を合わせる機会は少ないうえに、各自が受け持ちの会議を別に抱えている。エミリーは、チーム内にすでに対抗意識があるなかで新しいスタッフを紹介することに一抹の不安を覚える。この控え目な警告信号はエミリーの耳に届こうとするが、十分な注意を引くことができない。

「みんな、ジョアンヌを紹介します。私が運営を担当していた会議は、彼女に引き継ぎたいと思います」。エミリーは間を置かずにこう続ける。「大型会議を成功に導いてきた実績を見込んで、彼女を選びました」。そのときリーザのため息が聞こえた気がしたが、確信は持てない。

「皆さん、どうぞよろしくお願いします」とジョアンヌが挨拶した後、議題に戻る。エミリーは持続可能性会議の運営責任者を決めたいと声をかけるが、全員が黙り込んでいる。

「コリン」とエミリーは呼びかける。「あなたは私と一番長く仕事をしてきたわね。この仕事に誰が適任だと思うかしら？」。コリンとリーザはいつもけんかばかりしているが、次に起こった事態には、エミリーも驚く。コリンはこう言い放ったのだ。

「新しい会議の担当にリーザはふさわしくないと思いますよ。彼女は複雑なものより『きちんと整理された仕組み』が大好きですから」。ユーモアを交じえた口調だが、笑っているのは言った本人だけだ。リーザの大脳辺縁系の興奮が急激に高まったことに気づかず、コリンは続ける。「あと、新しい人にこの会議を任せるのもどうかと思いますよ。大きなイベントですからね」

「お言葉ですが」とジョアンヌが話を遮る。「コリン、このイベントの規模は私が担当してきたイベントとそう変わりませんよ」

「コリン」とリーザが割り込む。「あなたこそ、数字の管理という点で適任とは言えないわね」。赤字に陥った会議のことをリーザが蒸し返しているのがコリンにはわかった。

「リーザ、私のためにコリンを攻撃しないでください」とジョアンヌが言う。「私はただ、大型イベントを運営した経験はあるので、私を除外しないでほしいと言っているだけですから」

エミリーは話の焦点を会議に戻そうとするが、収拾がつかない。表面上は取り繕っているが、コリンとリーザはまるで「シーッ」と威嚇し合う2匹の野良猫のようだ。エミリーは各メンバーとの一対一の話し合いで問題を解決できることを願いつつ、電話会議を早々に打ち切ることにする。

エミリーは失望していた。なぜみんながこうした態度をとるのか理解できない。信頼を寄せていたコリンには特に腹が立った。「新しいスタッフを組織に迎えるときに、あんなにネガティブな態度をとるなんて愚かにも程がある」とエミリーはひそかに思う。

「いい人材を見つけるのがどれほど大変か、わからないのだろうか?」。この激しい情動経験は、エミリーの海馬と扁桃体に強烈な記憶として刻まれる。この先コリンに会ったり彼のことを考えたりするときは、この電話会議のことを思い出すだろう。今までコリンを味方だと思っていたが、今後は接し方を変えようと心に決める。

ジョアンヌも、この仕事を引き受けるのはよそうと考え直したのではないだろうか。そう思うと半信半疑になり、さらに気分が落ち込む。

エミリーにとって、つらく混乱した30分間だった。

今日では、ほとんどの仕事の成功に人と協力する高い能力が必要となる。コンピュータ系や工学系など論理体系に基づいて頭に地図をつくる人たちは、混沌とした不確実な人付き合いに閉口するかもしれない。

だが、社会でうまくやっていくためには法則がある。解明されつつある重大な法則の一つは、一瞬一瞬の私たちの存在に社会が非常に重要な意味を持つということだ。マシュー・リーバーマンによると、「脳が休んでいるときに、その裏で動いている5つのプロセスのうちの4つは、他者と自分についての思考に関わっている」という。

エミリーは脳の社会性に戸惑っている。大脳辺縁系が社会的環境にいかに敏感に反応するか、人が社会的手掛かりをいかに読み違えやすいかをエミリーは理解していない。ポジティブな社会的手掛かりがない限り、人はより一般的な「不信モード」にいとも簡単に逆戻りする。

こうした状態の脳では、大脳辺縁系が過度に活性化するため、冗談を侮辱ととらえ、侮辱が攻撃に、攻撃が争いにつながる。また、恨みを長く抱えている限り、目的志向の生産的な思考ができなくなる。

エミリーは、予算、サプライヤー、広告、システムの管理方法といった、会議を成功に導く基本ルールは把握している。だが、ジャズを学ぶクラッシック音楽の演奏家のように、今度は人とうまく協力するための新たなルールを学ぶ必要がある。

このシーンでは、敵を味方に変える秘訣を身につけなければならない。

脳は社会的動物

もしあなたがオオカミなら、脳の大部分が自然から直接リソースを調達するために使われているだろう。あなたは自然界と関わり合う複雑な地図を備えているはずだ。たとえば、遠くにある食べ物を嗅ぎつけるための地図、暗闇の中でも帰り道を見つける地図などがそれにあたる。

人間の場合、特に幼いころは、自然からではなく他者からリソースを手に入れる。

そのため、人間の皮質の「容量」の多くが社会との関係に充てられている。
あなたがオフィスで働いているなら、たぶん目を閉じたまま周りにいる10人の同僚について、相互の関係のなかで、あるいはあなたにとってどの程度重要な存在か、今日はどんな気分か、信用できるか、どのくらいあなたに借りがあるかなどをそれぞれ説明できるはずだ。社会的なつながりの記憶は膨大な量にのぼる。

社会神経科学者たちは、人間の脳には、見る・動く・聞くなどをつかさどる他のネットワークと類似した、社会との関わりをすべて担う社会脳ネットワークが備わっていると考えている。

社会脳ネットワークのおかげで、他者を理解して他者とつながり、自分を理解して自分をコントロールすることができる。すでに本書で説明した内側前頭前皮質、左右の腹外側前頭前皮質、前帯状回、島皮質、扁桃体などの脳部位もこれに関わっている。

社会脳ネットワークは人間に生まれつき備わっている。その証拠に、新生児は誕生から わずか数分で、どの写真よりも真っ先に顔の写真のほうを向く。また、赤ん坊は話せるようになるずいぶん前の生後6カ月の時点で、嫉妬などの高度な社会的情動を経験する。

これはすべて、社会的な事柄が脳にとってきわめて重要であることを示している。実際、社会的欲求は食べ物や水と同様に生存に不可欠なものとして、一次的脅威と一次的報酬に分類されると考える科学者もいる。

1960年代、アブラハム・マズローは今では有名になった「欲求の階層説」を打ち出した。人間の欲求には満たされるべき順序があり、生存に関わる生理的欲求に始まって、階層の頂点に自己実現の欲求があるという説だ。社会的欲求はその中間に位置する。

だが、マズローは間違っているかもしれない。

現在では、脳が基本的な生存欲求を満たす際に使うのと同じネットワークで社会的欲求に対処していることが、多くの研究によって明らかにされている。空腹と仲間外れは、同じネットワークを使って同様の脅威や痛みの反応を引き起こすのだ。

社会に関する3つのシーンの冒頭を飾るこのシーンでは、エミリーは他者といて安心感を得る欲求、つまり周囲の人たちとのつながりや結びつきを感じる基本的な欲求を経験している。

つながりの感覚は脳にとって一次的報酬であり、つながりの欠如は一次的脅威となる。自分がグループに属していると感じるときや、結束力のあるチームの一員だと感じるときに、つながりの感覚が得られる。エミリーはかつて自分で会議を運営していたときにはつながりを感じていたが、今のチームにはそれが感じられない。

脳内の鏡

脳が他者との結びつきやつながりの感覚を生み出す仕組みは、1995年の脳に関する驚くべき発見と関わっている。エミリーの電話会議が失敗に終わったのは、各参加者が他の参加者の心理状態を読み違えたせいだ。

その発端は、コリンがユーモアを発揮しようとして誤解されたことにある。コリンは、面と向かっていれば笑いが起きたであろう冗談を言った。だが、表情やしぐさが見えないことで、全員が彼の意図を読み違えてしまった。

会議の参加者は、他者の情動状態と意図をそのままコピーできる、脳が最も得意とするつながり方では結びついていない。これはミラーニューロンによる脳のつながり方だ。

イタリアのパルマ大学に所属する神経科学者ジャコモ・リゾラッティによって発見されたミラーニューロンは、人間が他者とつながる仕組みを深く理解する新たな道を切り開いた。

リゾラッティは、他者がいわゆる「意図的行動」をとるのを見たときに脳全体のミラーニューロンが発火することを突き止めた。誰かが果物を一切れ食べようと手に取るのを見ると、あなたの脳のミラーニューロンが発火する。あなた自身が果物を食べるときにも、これと同じミラーニューロンが発火する。

ミラーニューロンの特異性として、特定の意図がある行動をとるのを見たときにだけ発火する点が挙げられる。行き当たりばったりの行動を見ても同じ結果にはならない。**ミラーニューロンは他者の意図、目標や目的を理解し、その結果、相手とのつながりを感じるための脳の仕組みと考えられる。**

オランダを拠点に活動するミラーニューロン研究の第一人者クリスチャン・キーザーズはこう述べている。「私たちの脳は共有回路を通して他者を理解しているとみられる。他の誰かが行動しているのを目にすると、運動皮質内の同じ回路が活性化する。誰かがグラスを持ち上げると、あなたの脳も同じことをする。他者の目的を直感的に理解できるのも、こうした能力によるものである」

カリフォルニア大学ロサンゼルス校（ＵＣＬＡ）のミレーラ・ダプレットによる自閉症の研究は、ミラーニューロンの重要性を示すさらなる手掛かりをもたらした。

自閉スペクトラム症患者は他者が考えていること、感じていること、意図していることを正確に読み取れないため、人との交流に支障が生じる。今では多くの科学者がミラーニューロンは自閉スペクトラム症と関係があると考えており、新しい研究でも、自閉スペクトラム症患者にはミラーニューロンの損傷がみられることが明らかにされている。

キーザーズは、ミラーニューロンによって相手の意図を直接感じる仕組みを次のように説明する。「相手の顔の表情を見るとき、私たちは自分の運動皮質の同じ部分を活性化するが、同時にこの情報を情動に関わる島皮質にも伝える。あなたの顔の表情を見るとき、私はあなたの顔の動きをとらえて、自分の顔にも同じ運動反応を起こす。だから、笑顔が笑顔を呼ぶのだ。その運動共鳴はあなた自身の情動中枢にも送られるため、あなたは目の前にいる人の情動を共有することになる」

ここにエミリーの問題の原因がある。電話会議では顔が見えず、どの参加者も相手の情動を読み取れなかった。コミュニケーションから取り除かれる社会的手掛かりが多いほど、意図が誤解される可能性が高くなる。メールの内容が誤解されたり、言葉が文脈を無視して解釈されたりといった難しさは大半の人が感じている。

「お互いをよく見ることができるほど、情動状態をうまく一致させることができる」とUCLAを拠点とするミラーニューロンの研究者マルコ・イアコボーニは説明する。「対面でのやりとりは映像よりもミラーニューロンを活性化し、映像は電話よりもミラーニューロンを活性化する。私たちはボディランゲージ、特に顔の表情の視覚データに反応するからだ」

人は注意を払う社会的手掛かりがなければ、他者の情動状態とつながることができない。研究によれば、その逆も当てはまる。**社会的手掛かりが多いと、つながりはより豊かになり、ときには厄介な形でつながりができる。**

たとえば、社会的手掛かりが豊富にある場合、ある種伝染するように人と人の間を素早く情動情報が伝わる。

研究によれば、チーム内の最も強い情動が波及して、全員が同じ情動を共感するが、それを誰も意識しないという。強い情動は注意を引き、注意を向けた対象がその人のミラーニューロンを活性化する。

同様に、上司の情動が部下に波及する場合もある。部下は上司に相当な注意を払っているからだ。

上司の笑顔を見ると、あなたの脳はその笑顔のまねを始めてあなたも笑顔になり、上司はそれに対してさらにほほ笑み返す。これはミラーリング機能によってそれぞれの人が相手の笑顔の度合いを増していく上向きの好循環である。

リーダーが自分のストレスレベルの管理にことさら気を配らなければならない理由は、このミラーニューロンにある。リーダーの情動は部下に大きな影響を及ぼすのだ。

電話会議で最も強い情動を経験したのは、腹を立てたリーザだ。これによって他の参加者も同様の情動を経験した。

顔を見ることは脳が他者の脳の状態をまねるのに役立つが、顔を見なくても聴覚の手掛かりだけでミラーニューロンは働く。特に喚起されやすい強い**回避**情動の場合は、聴覚の手掛かりだけで十分だ。

「人とうまく協力したければ、相手が置かれている状況を理解しなければならない」とクリスチャン・キーザーズは言う。

ミラーニューロンは、他者が意図していることや感じていることを脳が把握する手段である。協力するにしろ、もめ事を起こすにしろ、その相手にどう対応すべきかを決めるのにミラーニューロンが一役買っている。

味方か敵か

かつてないほどにつながった世界で協力の重要性がいっそう増すなか、この流れに逆らうのが「サイロ思考」の広がりである。サイロ思考に陥ると、大きい組織の中で自分の部門やチーム内では協力するが、より広い範囲での情報共有をしなくなる。

それが人間の本質だと理解すべきかもしれない。人は近しい仲間と安全な集団をつくり、その中では仲よくするが、よく知らない相手は避ける傾向にある。よく知らない相手との協力は脳にとって脅威だからだ。

おそらく数百万年もの間小さな集団の中で生活してきたことで、見知らぬ相手には無意識に「こいつを信用してはならない」という反応をするのだろう。リソースの乏しい平均寿命20歳の世界では、この生き残り戦略が役に立った。

だが現代ではこうした反応は不要であり、むしろ足かせになるかもしれない。互いに深く結びついたメンバーで構成されたチームに依存する組織では、特にそういえるだろう。

協力が難しい大きな理由をここで説明しておこう。

脳はあらゆる状況を無意識に潜在的な**報酬**か**脅威**かに分類するが、人に対しても同じことを行っており、出会う人が**味方**なのか**敵**なのかを無意識に判断している。

この人はもっと一緒に時間を過ごしたい相手（街中で見かけたら**歩み寄り**たくなる）か、**距離を置きたい**相手（近づいてくるのを見かけたら道路の逆側に渡りたくなる）かを見極めているのだ。

また、これも問題なのだが、自分が知らない相手のことは、そうでないとわかるまで敵に分類する傾向にある。

これは電話会議中にエミリーが直面した問題の核心に迫るものだ。参加者はお互いを誤解しただけでなく、相手を脅威として、つまり味方ではなく敵として強く意識したのである。

味方

自分に似ていると思った人や味方だと感じた人のことを考えるときと、自分とは違う敵とみなした人のことを考えるときとでは、使う脳回路が異なる。

脳が誰かを味方と判断した場合、自分の経験を考えるときと同じ部分の脳を使ってやりとりを処理する。味方と判断すると、**接近**の情動反応も生じ、舞台上に新しいアイデアを保持できる余分なスペースが生まれる。

自分の思考、情動、目的を他者と共有するとき、喜びの化学物質であるオキシトシンが放出される。幼い子どもが誕生の瞬間から母親とのスキンシップで得るのと同じ化学的経験だ。ふたりで一緒にダンスしたり、音楽を奏でたり、協調的な会話をするときにオキシトシンは放出される。これは安心できるつながりを感じたときの神経化学作用である。


2005年6月に科学雑誌『ネイチャー』で発表された論文の中で、ある科学者のグループが、人にオキシトシンが含まれるスプレーを投与すると信頼感が高まることを明らかにした。

その論文によると、人間以外の哺乳類では「つがいの絆や母性、性行動、正常な社会的愛着といった行動に関わるさまざまな脳部位にオキシトシン受容体が広く存在する。したがって、オキシトシンは、動物が無意識に接近を避けるのを克服できるようにして、接近行動を促しているとみられる」。

オキシトシンを生成する状況が生じない限り、動物的本能によって私たちは自然と心を閉ざして他者を敵対視するのだ。

この現象には納得がいく。ワークショップの冒頭に進行役やトレーナーが「緊張を解く」よう促すことや、「信頼関係を築く」のがカウンセリングや顧客サービスの第一歩で、セールス研修マニュアルの冒頭に謳われている理由もここにある。

ポジティブ心理学の研究は、長期的に幸福感を高める人生で唯一の経験の存在を明らかにしている。それは生存基準額を上回るお金ではない。健康でも、結婚でも、子どもを授かることでもない。

人を幸せにするのは、社会的つながりの質と量である。

プリンストン大学のダニエル・カーネマンは、ある研究の中で、最もしたいことは何かを女性たちに尋ねた。「パートナーや子どもと一緒に過ごすこと」をおさえてリストのトップに挙がったのは、意外にも「友人との付き合い」だった。

良質な社会的つながりや安心できる結びつきがある環境の中でこそ、脳はうまく働く。幸福には適量のドーパミンだけでなく、オキシトシンがもたらす快感も関わっているのだ。

味方がいるメリット

ポジティブな社会的つながりを多く持つことは、幸福感を高めるだけでなく、仕事での成功や、さらには長寿につながる場合もある。

シカゴ大学教授のジョン・T・カチョッポは、人間の社会における役割と、社会が脳機能に与える影響について研究している。カチョッポは50～68歳までの229人を対象とした調査を実施し、孤独を感じている人と健全な社会的つながりを持つ人との間で、血圧に30ポイントの差があることを突き止めた。

孤独が脳卒中と心臓病による死亡リスクを著しく高めることが、この調査で明らかになった。カチョッポは調査データを分析するなかで、孤独が社会一般の認識よりもはるかに重大な問題である可能性に気づいた。

「孤独は脅威反応を生み出す。痛みやのどの渇き、空腹、恐怖と同じだ」とカチョッポは説明する。**他者とポジティブなつながりを持ち、結びつきを感じることは、飲むことや食べることと同様に人間の基本的欲求である。**

「地獄とは他人のことだ（訳注：サルトルの名言）」と思っている人には、社会的孤立が脳にとって望ましくない状態だということを覚えておいてほしい。

周りに味方がいることで、根深い生物学的脅威反応が和らぐ。UCLAの社会神経学者ナオミ・アイゼンバーガーは自身の研究の中で、社会的支援の増加は、他の脅威への反応を和らげることによって、潜在的ストレスに対する緩衝材の役割も果たすことを突き止めた。

「高い水準の社会的支援を受けていると回答した被験者ほど、拒絶などに対する過敏性が低いことがわかった」とアイゼンバーガーは説明する。「こうした人々はストレス反応が少ないとみられる。コルチゾールの生成量も少ない」。

望ましい社会的支援ネットワークを持つ人々は脅威を感じることが少ないため、思考や計画、情動制御などのために舞台のリソースを多く確保できる。

味方に囲まれると思考が改善するだけでなく、「他者の目を通して見る」ことで、新しい視点から状況を見ることが可能になる。きわめて重要だが認知リソースを多く使う情動制御手段である**再評価**の実施を味方は手助けする。

同様に、信頼する人々が周りにいることも、思考を広げ、自分の考えを見つめるのに役立ち、インサイトをもたらす一助となる。

これらはすべて、人がお互いを敵ではなく味方とみなしているときに実現の可能性が高まる。

味方が周りにいると、声を出して話す機会が増えるため、脳を変えるのにも役立つ。ある実験は、学んでいる内容を繰り返し声に出すと、学習スピードと、学びを他の状況に応用する能力が高まることを明らかにした。

アイデアを誰かに話すと、そのアイデアを頭の中だけで考えるよりも、記憶領域、言語領域、運動中枢といった多くの脳領域が活性化する。これは活性化拡散と呼ばれるプロセスである。活性化拡散によって幅広いつながりの痕跡が残るため、アイデアを後から思い出しやすくなる。

敵

先日、ニューヨークの友人からパーティーに招かれた。知り合いが誰もいないと予想されたので、友人が確実にいる時間を狙って少し遅れて到着した。だが、会場に着いたときにその友人はまだ来ていなかった。

理屈のうえでは素晴らしい気分を味わえるはずだった。パーティーの出席者は好きなタイプの人たちであったし、会場は洒落たロフトで、心地よい音楽が流れ、美味しそうな料理とさまざまな飲み物が並んでいた。

しかし、誰一人知り合いがいないため、私の脅威レベルはとてつもなく高まっていた。自分の脳にとって敵だらけの部屋に足を踏み入れていたからだ。

冷静を装いながら5分が経ったころ、ようやく友人が到着し、脅威レベルは大幅に低下した。友人は私を数人に紹介し、紹介されるたびに脅威レベルが低下するのを感じた。1時間後には6つのグループの人たちと話ができ、最終的には素晴らしい夜になった。

この日の出来事は、誤って敵とみなした人たちに囲まれた場合でも、敵対反応がもたらす影響が大きいことを痛感するきっかけとなった。

誰かを敵だと感じると、脳のあらゆる機能が変化する。敵とみなした相手と接するときは、自分の経験を処理するときとは違う脳部位を使う。ある研究によれば、競争相手と認識した人には共感しなくなるという。**共感が少ないとオキシトシンの分泌も減り、心地よい協力の感覚も全体的に減ってしまう。**

誰かを敵とみなすことで、あなたの知力が損なわれる可能性さえある。ケビン・オクスナーはこう説明する。「過去に衝突した相手とビジネスをするところを想像してほしい。その相手が自分のガールフレンドに惹かれるのではないかと気になって注意散漫になるかもしれない。相手を敵とみなすと接し方が変わる。目の前のビジネスへの対応よりも、その相手への対応に意識が向いてしまうのだ」。

この場合、脳は敵への対応とビジネスの進め方という2つの異なる問題の解決を図ろうとする。だが、第1章からわかる通り、マルチタスクをこなすのは難しい。どちらの目的にも十分なリソースを割くことができずにミスが起こる。そして、そのミスが脳にさらなる脅威反応を生じさせる。

誰かを敵とみなした場合、相手の情動を感じる機会を逃がすだけでなく、相手の考えが正しくても、それを検討するのを拒んでしまう。

人に腹を立てたときのことを思い出してほしい。相手の視点から物事を見ることが簡単にできただろうか？

敵だと判断すると、その相手の考えを切り捨てがちになり、それが自分に不利益をもたらす場合もある。

誰かを敵と判断すると、予想外のつながりがつくられ、意図を読み違えて、腹を立てやすくなり、相手のよい考えを切り捨てる。

エミリーが指揮を執る新しいチームでは、最初の電話会議中に、リーザがコリンを敵とみなし、コリンがリーザを敵とみなし、コリンもリーザもジョアンヌを潜在的な敵とみなし、さらには全員がエミリーを敵とみなす事態に陥った。ジョアンヌはこんなところから早く逃げ出したいと思っただろう。新しい人に会うことを意識して全員の感情が高ぶっていたためにこうした事態が起きたのかもしれない。

エミリーの重大な過ちは、社会的環境の重要性を認識していなかったことにある。新しいチームで難題の検討に入る前に、自然に生じる「敵対」意識を和らげる必要があることをエミリーは理解していなかったのだ。

敵から味方への移行

こうした敵対反応は完全に回避すべき恐ろしい怪物のように思われるかもしれないが、多くの場合、事態を逆転させるのは難しくない（何世紀にもわたる先祖代々の遺恨など、根深い敵対反応に対処している場合は別だが）。

握手したり、名前を呼び合ったり、天気でも交通状況でも共通の話題で会話したりすると、オキシトシンの放出を促して親近感を増すことができる。

エミリーはチームのメンバーを人として結びつける機会を持たないまま会議の本題に入ってしまった。**「つながりを持たせる」ことに数分でも時間を割けば、状況は大きく違っていただろう。**自然に敵とみなした相手を味方に変えるのはさほど難しくない。あなたも気づかないうちに週に何度もそうしているはずだ。

残念ながら、何年も好意的な関係を続けた後に、味方だった相手が敵に変わることもよくある。エミリーと長年の仕事仲間たちとの間でも同じことが起き、上司になった途端にエミリーは「敵」とみなされるようになった。エミリーも金輪際コリンを信用しないことにして、電話会議の後にそう決意するが、ふたりは元々長年力を合わせて仕事をしてきた仲間だ。人に腹を立てるといった回避情動は強力なため、味方から敵への移行は強烈な経験となり得る。

直接顔を合わせる機会が少ないというだけでも、エミリーのチームにはハンデがある。文化が違う者同士、めったに会えない者同士が協力するときはどうすればいいのだろうか？

その場合、**別の形で交流する時間を持つことで、自然に生じる敵対反応を和らげる必要があるかもしれない。**

たとえば、非公式なテレビ会議を行ったり、チームのメンバーがプライベートな話や写真、ソーシャルネットワークのサイトなどを通じて自分の個人的な一面を共有したりするのもよいだろう。

バディーシステムやメンター制度、コーチング制度を設置している組織もあるが、こうした仕組みはつながりの感覚を育む。ギャラップ社の調査によれば、給湯室での会話を奨励する企業は生産性が高いという。

社会的つながりの質と量を高めること（当然、一定の限度はあるが）で、何よりも周囲に敵が少なく味方が多いと感じる従業員が増えるため、生産性が向上する可能性が高まる。

これらをすべて念頭に置いて、エミリーの電話会議のテイク2を見ていこう。エミリーが社会の重要性を理解していたら、電話会議がどういう展開を見せていたか確認してみよう。

After

午後2時。エミリーはちょうどランチミーティングで持続可能性会議の承認を得たところだ。執務室に戻り、電話を手に取って長期記憶にある番号をダイヤルする。自分のチームの電話会議にギリギリで間に合う。一瞬の間を使って今に集中し、自分の思考や内面の状態を観察して、演出家を働かせる。

数時間前よりも客席から舞台にアイデアを上げるのに時間がかかることに気づく。自分の精神状態を表す言葉を見つけようとして、**疲労困憊**という言葉が浮かぶ。自らの状態に名前をつけたことでエミリーは少し落ち着くが、まだ名前をつけられない、自分をいら立たせるものの存在にも気づいている。

人が初対面の相手に会うときは、特に社会的状況に細心の注意を払う必要があることをエミリーは把握している。一呼吸置いて自分をいら立たせている問題、行き詰まりに注意を向ける。そのうちに大脳辺縁系の奥深くに埋もれたパターンを認識する。集中すればもっと明確に浮かび上がると思われる微弱なつながりだ。電話をミュートにして、一瞬だけ集中する時間を確保する。

すると、数秒でインサイトが現れる。エミリーはこの電話会議の重要性を認識する。ジョアンヌにとって最初の会議であり、自分にとっては上司として最初の会議だ。電話会議を円滑に進めるにはまだ準備不足で、議題も不適切だと気づく。最優先すべき事柄を考えた結果、難題に力を合わせて取り組む前に、グループのメンバーと「チーム」意識の醸成を図る必要があると認識する。

そこで、電話会議をもっとくだけた雰囲気にして、持続可能性会議の議論にはあまり積極的に踏み込まないことにする。自分の回線をミュートにしている数秒の間、数十億の回路を働かせながらこのシナリオを熟考し、電話会議に再び戻る。エミリーはようやく確信を深めて行き詰まりを解消した。エミリーの脳は警戒しながらも落ち着いており、微細な信号を察知するには理想的な状態にある。

コリンとリーザはすでに参加していたが、エミリーが加わった途端に話をやめる。エミリーは気まずい沈黙を感じる。一呼吸も置かずにインサイトを得ていたら、不適切な対応をしていたかもしれない。

「ふたりとも、もしかして私への陰謀をたくらんでいるの?」エミリーはユーモアたっぷりにそう言って、みんなを笑わせる。かつて一緒に働いた仲間だけに、全員の間につながりを築くことが大事だとわかっているからだ。

しばらくしてジョアンヌが参加してくる。エミリーは、今日の電話会議に堅苦しい議題はなく、お互いをよく知り合い、バーチャルチームとしての最善の取り組み方を話し合うのが会議の目的だと説明する。

エミリーはお互いを知る方法についてメンバーからアイデアを募る。各自に少しの間、自分の思考に目を向けて演出家を働かせてもらうのが狙いだ。すると、リーザが口火を切り、全員が自己紹介をしたうえで、今まで担当したなかで最も成功した会議の情報を共有するのはどうかと提案した。

さっきエミリーの回線がつながったとき、リーザとコリンはこの不透明な新チームに感じる不安を語り合っていた。知らないメンバーが加わり、エミリーが上司としてどう振る舞うのかも見当がつかないからだ。そのすべてが相まって、リーザとコリンは脅威を感じていた。

しかし、意見を述べる機会が与えられ、自分の態度を選択することで、リーザは**接近**の状態へと移行した。ジョアンヌは、家族と一緒に撮った写真を共有するアイデアを出した。リーザは、ジョアンヌに自分の子と同い年の子どもがいて、取得学位も同じであることを知る。リーザはジョアンヌを自分に近い存在として認識し直す。今後ジョアンヌとの会話は、自分自身に話しかけているような率直な会話になるはずだ。

最後に発言したエミリーは、この職位で部下を管理するのは初めてだと述べ、メンバーに自分にどうあってほしいかと尋ねる。アイデアが次々と出され、いくつかのテーマが浮かび上がる。メンバーはオープンなコミュニケーションと、信頼し尊重されることを望むと同時に、楽しく仕事をしたいと考えていた。みんながこの考えに共鳴し、適量のオキシトシンが生成される。これは「快」の経験としてタグ付けされ、メンバー全員が次の電話会議を心待ちにする。

コリンがエミリーに新しい会議の承認が得られたかと尋ねる。エミリーは、持続可能性会議が承認されたことを伝え、運営責任者を決めたいと言いかけるが、脅威が少ない冷静な精神状態にあるため、今の段階では議論が悪い方向に向かうおそれがあると察知する。

個別に話しながら各自の意見を聞くつもりだとエミリーが言うと、コリンが割って入り、直近の大型会議は自分が担当したので、今回はリーザが責任者になるべきだと思うと述べる。するとリーザがジョアンヌに、仕事の進め方を把握するいい機会だから、この会議を一緒にやらないかと声をかける。ふたりは協力に合意する。一緒に取り組めば楽しいのは間違いなく、チームとして知恵を出し合えば必ずうまくいくとわかっているからだ。

その場で意思決定が下され、計画立案の開始に向けて次の会議のスケジュールを組む。

このAfterのシナリオと冒頭のBeforeのシナリオとでは、ほんの一瞬で明暗が分かれている。

エミリーが自分の心の動きを察知し、周りの様子を明確な言葉で表すことによって、ポジティブな変化が起きているのだ。この言葉をさらに充実させれば、エミリーがパフォーマンスを最大化できる可能性はいっそう高まる。

脳に関する事実のまとめ｜シーン10

● 社会的つながりは一次的欲求であり、食べ物や水と同じくらい重要となり得る。
● 人は相手の状態を自ら直接経験することでお互いを知る。
● 他者との安心できるつながりは、心身の健康と健全な協力に不可欠である。
● 人は相手を瞬時に味方か敵に分類するが、ポジティブな手掛かりがなければ、自動的に敵に分類する。
● よい協力関係を築くには、つながりを育む懸命な努力が必要となる。

最高の脳で働く方法｜シーン10

□初対面の相手と会うときは必ず、脅威反応を和らげるために、できるだけ早い段階で人としてのつながりを築くよう努める。
□個人的経験を共有することによって、一緒に働く人たちと味方になる。
□よりよい協力関係を築くために、周囲の人々に人としてのつながりを持つよう積極的に働きかける。

シーン11
何もかもが不公平に感じられる場合

before

電話が鳴る。ポールはいつもより長く電話を放置しておく。今日は散々な一日で、大脳辺縁系は厳戒態勢にある。間違い電話であってほしいと思いながら電話に出る。だが、そうは問屋が卸さない。電話はネッドからだ。

ポールとネッドはそれぞれが独立を決意するまでの数年間、同じコンサルティング会社で働いていた。パートナーシップを組むことも考えたが、結局は各自で別の会社を経営し、ポールがソフトウェア戦略の策定、ネッドはより詳細なソフトウェアのコーディングを行う形で協力することにした。この協力体制は今日までうまく機能していた。

だが、新規プロジェクトにネッドを加えないことを伝えるポールの軽率なメールが引き金となって、ふたりとも感情が爆発し、これまでの深い絆が損なわれてしまった。ポールは長年付き合ってきたネッドを敵から味方に戻したいと思うが、その方法がわからない。

「話があるんだ」とネッドは言う。

「メールの件は悪かった」。謝罪で事が収まってほしいと願いながら、ポールが割り込む。「長い付き合いで今さらだけど、君は本当によくやってくれている」

「話したかったのはそのことだ」とネッドは答える。

「わかってるよ。ただ、この案件のコストを何度も洗い直したが、大型プロジェクトなのに利幅が小さすぎてね。海外のベンダーと競合しているせいで、黒字にするにはコーディングを海外に発注せざるを得ないんだ」

「それは百も承知だよ」。ネッドは少し間を置いて続ける。「いいかい、僕らのメールはどちらも馬鹿げていたが、電話をかけたのはそんなことが理由じゃない。君のしていることは不公平だと思っただけだ。僕は長年にわたって何度も君の身を守ってきたし、何度も徹夜で働いた。僕の助けがなければ、今の君はなかったんじゃないかな。それなのに一体なぜ僕に仕事をよこせないんだい？ 大型プロジェクトなんだから、僕も何か力になれるはずだろう」

ポールは言葉を失う。価格を確認する前に、ネッドにどんな仕事でも任せると約束したのが間違いだったと気づく。ネッドが失望したに違いないのはわかっている。でもだからといって、ネッドに仕事を振ることはできない。そうすれば赤字に陥ってしまう。考えたくもないことだ。

ポールはネッドこそ不公平だと感じ始める。すると、嫌悪感などの強い情動で活性化する、島皮質をはじめとする大脳辺縁系の興奮が高まる。このプロジェクトを勝ち取るのがどれほど大変だったか、ネッドにはわからないのだろうか？ポールは刻一刻と怒りを募らせ、その情動が電話の向こう側にいるネッドにもおのずと伝わる。ポールは情動を抑えようと懸命にこらえながら、歯を食いしばって謝罪の言葉を絞り出す。

「すまない、ネッド。僕にはどうすることもできないんだ。でも、このプロジェクトに関わってもらう方法が見つかったら、必ず君に伝えると約束するよ」

今後はネッドとの関係が今までのようにはいかないと感じながら、ポールは電話を切る。自分の感情を正確に言い表せないが、ネッドが仕事をよこせと言ったことにひどく動揺していた。ネッドがそう言い出すこと自体がきわめて不公平だとポールは思う。

ミシェルがリビングでテレビをつける音が聞こえ、ポールは思わず椅子から立ち上がる。

「宿題はもう済んだのか？」部屋を隔ててポールは大声を出す。普段こうした質問を少なくともこんな形ですることはないが、ネッドとの電話で感情が高ぶったせいで、演出家が働かなくなり、不適切な衝動を阻止することが難しくなっている。

「お父さん、一日1時間だけ勉強すればいいって約束したわよね。8時半までの間にいつ勉強するかは私の自由でしょう」

「いや、遅くなればなるほど時間がかかるだろう。今始めたほうがいいんじゃないか？」

「約束したじゃない、お父さん。今さら考えを変えないで。それに、ジョシュだってビデオゲームでダラダラと遊んでいるわよ」

「お前までそんな口をきくな」と頭を振りながらポールは言う。

「何なの？　なぜ今日はそんなに不機嫌なの？」

「別に不機嫌なんかじゃない」とポールは言い返す。「私はお前の父親で、お前の宿題のやり方に口を出す権利があるんだ」

「とにかくもう放っておいて。仕事が原因の不機嫌に付き合わされるなんて理不尽だわ」

「ああ、わかったよ。とにかくちゃんと宿題を済ませるんだ、いいな」

ポールの大脳辺縁系は、他者と協力を図ったときに起きる大事なこと、人と人が一緒に仕事をする（または遊ぶ）ときに意外と頻繁に起きることが原因で興奮している。ポールには、**公平性**が脳にとって一次的欲求であることがわかっていない。

公平感はそれ自体が強い報酬反応を生み出し、不公平感は何日間も続く脅威反応を生み出す場合がある。

エミリーが敵をうまく味方にするために自分の脳を変える必要があったように、ポールは協力相手との公平感を維持することを忘れないために脳を変える必要がある。公平性をコントロールする方法を学べば、ポールは少ない労力ではるかに多くのことを成し遂げられるようになり、その結果、目標をもっと簡単に達成できるはずだ。

公平を貫く

前頭前皮質を働かせて公平性に関わる問題を探すと、至るところでこの問題が目につき始める。本書の執筆中にテレビをつけると、ケニアの村民が八百長選挙の不正を正すためなら死をもいとわないと叫んでいる様子が映し出された。

公平性の問題が生み出す情動は、もっと日常的な場面でも高まることがある。遠回りをするタクシー運転手に「カモにされている」という感覚は、余分にかかる費用が少額であっても、素晴らしい一日を台無しにする。

これは重要な**原理**だ。たとえ「正義」や「復讐」以外に、明確な経済的利益を勝ち取れなかったとしても、法廷で「不正を正す」ために莫大なお金を費やす人たちのことを考えてほしい。

人は公平であることを強く求め、そのために老後の蓄えや命まで投げ出す人もいる。

公平性はお金よりも大きな報酬をもたらす

カーネギーメロン大学助教授のゴルナーツ・タビブニアは、公平性と人の公平性に関する判断のしかたについて研究している。

「公平であることを好み、不公平な結果に抵抗する傾向は、人々に深く根付いている」とタビブニアは説明する。

マット・リーバーマンとの共同研究で、タビブニアは「最後通牒《つうちょう》ゲーム」と呼ばれるエクササイズを用いている。最後通牒ゲームでは、ふたりの被験者がひとまとめのお金を渡されて分け合うことになる。一方の被験者がお金の分配方法を提案し、もう一方の被験者がその提案を受け入れるか否かを判断しなければならない。後者がその提案を受け入れなければ、どちらも報酬を受け取れない。

「人は『不公平に対する嫌悪』がきわめて強いため、相手が不当に多い利得を得るのを阻止するためなら、個人的な利得を犠牲にするのもいとわない」とタビブニアは説明する。

驚いたことに、10ドルのうちの5ドルを受け取るときのほうが、20ドルのうちの5ドルを受け取るときよりも、報酬中枢が多く活性化するという。「つまり、提案が不公平なときよりも公平なときのほうが、得られる金額が変わらなくても、報酬回路は強く活性化する」とタビブニアは言う。公平性はお金よりも重要になり得るようだ。

その脳内の仕組みについて、タビブニアはこう説明する。「いわゆる一次的報酬を得るときに反応する線条体《せんじょうたい》と呼ばれる脳部位がある。線条体は中脳から豊富なドーパミン入力を受け、ポジティブな強化刺激や報酬に基づく学習に関与する。公平な扱いを受けると、この回路が活性化する。一方、不公平な扱いを受けると、前部島皮質が活性化する。興味深いのは、過去の研究で、まずい味がしたときの嫌悪感と島皮質との関連性が指摘されているからだ。味覚の嫌悪感と社会的な嫌悪感は脳の同じ部分で処理されている。社会的報酬と味覚の報酬がどちらも腹側線条体で処理されているのと同様である。したがって、これらの社会的強化子は、追加の一次性強化子として（少なくとも部分的に）同じように脳と結びついているとみられる」

公平性が食べ物やセックスと同じくらい重要だとは直感的には思えない。そのため、多くの人が公平性を十分重視しない傾向があり、結果として、このシーンのポールのように、公平性に関する反応の強さに戸惑ってしまう。

これは、マズローの説の誤りを示唆するもう一つの例だ。世間は公平性などの社会的問題よりも食べ物などの生存欲求をはるかに重視する。だが、不公平感が空腹よりも対処しにくいことを指摘する研究は増えている。

フェアプレー

神経科学者のスティーブン・ピンカーは、公平性に関するこの激しい反応がどこから来るのかについて持論を持ち、著書『心の仕組み』でその概要を説明している。ピンカーは公平性に関する反応が効率的な取引の欲求の副産物として生じていると考えている。

人の進化の歴史の中で、冷蔵庫に食べ物を保管できなかった時代には、他者に「お裾分け」することがリソースの最適な保管方法だった。リソースは、将来見込まれるお返しのお裾分けとして他者の脳に保管された。こうした持ちつ持たれつの精神は、タンパク質源を常に手に入れられたわけではない狩猟採集時代にはとりわけ重要だった。一人の人間が仕留めたバイソンの肉は、その本人と家族だけでは食べきれないからだ。

こうした取引がうまくなるには、約束しても守らない「ずるい人」を見抜く力が必要になる。こうして、**公平性を鋭く見抜く目を備えた人たちが、進化上の優位性を持つことになった。**

冷蔵庫も銀行口座もある現代では、このような原始的な方法で他者を信用する必要はない。公平性を見抜く回路はまだ存在するが、この回路は今ではむしろ、子どもが遊ぶ「チート」と呼ばれるトランプゲームや、世界中で数百万人の大人が遊ぶテキサス・ホールデム・ポーカーなどの遊びの中で鍛えられることが多い。こうしたゲームは、いかさまや不正を働く人を見抜く筋肉を動かすいい機会になる。

実生活での公平性は脅威や報酬を生み出すが、不正を見抜くのが家族全員の楽しみになる場面もあるということだ。

不公平な状況

ではここで、公平性に関わる脅威反応と報酬反応について深く掘り下げてみよう。まずは、より頻繁に生じてかつ強力な不公平感から検討していく。不公平を感じると、大脳辺縁系が強く興奮し、それに付随してさまざまな問題を引き起こす。一例として、一般化の影響から思いがけないつながりがつくられやすくなる。**誰か一人が不公平な振る舞いをしていると思うと、自分以外の全員が不公平な振る舞いをしているように思えてくる。**

このシーンでネッドが公平性の問題を持ち出したのは、長年助け合ってきたことをポールが考慮していないと思ったのがきっかけだった。過度の興奮状態に陥ったポールは、やはり不公平感を抱えながら対応し、このプロジェクトで赤字を出すことをネッドが求めていると誤解した。

人と人、特に身近な人同士のいさかいには、誤った不公平感が関わっていることが多く、これがすべての関係者にさらに強い不公平感を抱かせる結果を招いている。誰かがある人の意図を読み違え、一瞬軽い認識障害のような状態に陥ることが発端となるケースが多い。結果として、思いがけないつながりや本人の期待とその後の認識の変化によって、激しい下降スパイラルが生じる。

公平性に関する反応をコントロールするのに、ラベリングだけでは不十分なこともある。その場合、再評価などのより強力な手段が必要となる。

ここで重要なのは、他者の視点から物事を見る再評価である。しかし、再評価には大量のリソースを使うため、不公平感が生じているときに行うのは難しい。また、相手を敵とみなしているときにも、相手の視点から物事を見るのは難しくなる。

不公平に対する反応をコントロールするには、興奮が生じる前に素早く再評価を行う必要があるだろう。

不公平感にはとてつもない影響力があるため、疲れているときや大脳辺縁系がすでに強い興奮状態にあるときには、小さな不公平にも腹を立てやすくなる。こうした状態にあるときは特に注意が必要だ。

子育てで寝られないときにパートナーに頼み事をされると不機嫌になりやすい。仕事で嫌なことがあったときは、たとえ少額でも高い値段をふっかけていると思われるサプライヤーに対して、余計に腹を立てやすくなる。

公平性は子どもと接するときによく問題になる。

「私のやる通りじゃなくて、私の言う通りにしなさい」と親は言いたがるが、子どもは幼いころから公平性にきわめて敏感に反応する。ミシェルは不公平な扱いを受けて侮辱されたと感じ、ポールの自分と弟への接し方に差があると決めつけた。

10代の脳では、小さい情動的衝撃が強い反応を引き起こす場合がある。前頭前皮質機能は、思春期を迎えた段階で一時的に低下する傾向にある。10歳の子どものほうが15歳の子どもよりもうまく情動をコントロールできるのはそのせいだ。

前頭前皮質機能は10代後半になると回復し、20代前半には成人の状態に達する（10代の脳がしばらくの間後退するとみられる理由は、ティーンエイジのころに自制心を発揮した人よりも、情動的に子どもをつくってきた人たちのほうが、多くの遺伝子を伝えてきたからだという説もある）。

ティーンエイジャーは情動制御能力に乏しいため、公平性（や確実性、自律性、つながり）から生じる脅威と報酬を非常に強烈に感じる傾向にある。

この年頃の子どもがドアの乱暴な閉め方で両親と口論になったり、社会的公平を求めるプロジェクトに殺到したりするのも、そこに理由がある。

公平はそれ自体が報酬

プラス面に目を向けると、公平性は快楽的報酬をもたらし、美味しい食事や仕事での予期せぬボーナスと同様に、脳の奥深くにあるドーパミン細胞を活性化する。これを直接明らかにした研究はまだないが、公平な扱いを受けると、安心感を与える神経伝達物質であるセロトニンが増加するとみられる。プロザックやゾロフトは、脳内のセロトニンレベルを高めることによって作用する抗うつ薬である。

公平感から得られる感覚は、他者との安心できる結びつきの感覚であり、つながりと関係がある。誰かのことを公平だと感じると、信頼感も高まる。**公平な提案を受けると、信頼感と連帯感の自己評価が高まることが研究で明らかにされている。**オキシトシンレベルも公平なやりとりのなかで高まる。

つまり、公平感が高まると、ドーパミンやセロトニン、オキシトシンのレベルが高まる。その結果、新しいアイデアに耳を傾け、進んで他者とつながろうとする接近の情動状態が生じる。これは他者と協力するうえで理想的な状態である。

だが、大きな組織をはじめとする組織の仕組みの多くが、従業員に公平感を持たせるのとは真逆の方向に働いている。

報酬、パフォーマンス、透明性に関してよくみられる不満は、まさに公平性に関連している。

2009年に大規模な経営合理化を行ったある企業で、役員が15パーセントの減給に同意し、この減給率が解雇者を減らすために全従業員に同意を求めた5パーセントの減給率の3倍にのぼると大げさに言い立てた。15パーセントの減給は役員一人当たり年間数千ドルの報酬カットを意味するが、多くの場合数千万ドルにのぼる役員のボーナスは減給対象にはならなかった。従業員がこれをどう感じたか想像できるだろう。

別件で、AIGが数十億ドルの損失を出し、救済措置として公的資金の注入を受けた後、AIGの役員に支給されたボーナスをめぐって市民の怒りが爆発したことも忘れてはならない。

公平性の研究から推測される興味深い結果の一つが、従業員の公平感を高めようと真剣に取り組んでいる職場は、本質的にやりがいのある職場であるということだ。

特定の企業文化で従業員のパフォーマンスが優れている理由もここにある。私は同じ車に乗り合わせたあるエグゼクティブに、22年間も同じ会社にとどまってきた理由を尋ねた。すると、「そうですね。全員が正しい行動をとるために常に最善を尽くしていると思えるからでしょうか」と彼は答えた。

従業員の参画意識の向上を図っている組織は、不公平感を抱く従業員が、一日食べ物がまったく手に入らないと言われるのと同じくらい怒りを感じている可能性があることを認識すべきだろう。『ハーバード・ビジネス・レビュー』に掲載された企業リストラに関する組織研究によると、公平に意思決定が行われたと従業員が理解したときは、人員削減の影響が劇的に抑えられたという。

一方で、組織から不公平な扱いを受けていると感じる従業員たちの不満が尽きることはない。不公平を感じる環境に身を置いていると、コルチゾールレベルや幸福感、さらには寿命にまで影響が及ぶ。勤務する会社が従業員や顧客、地域社会全体に対して「公平な行動」をとっていないと思われたときは会社勤めを続けないという人が多いのもうなずける。

公平感の高まりを常に感じられる方法がある。貧しい人々への食糧の配給や恵まれない地域への全般的な支援を行う社会貢献団体の活動への参加だ。2ブロック先に無駄に廃棄される食べ物があるのに、空腹を抱える人たちがいるといった理不尽を正すと、公平感が高まる。

従業員の地域社会活動への参加を認める組織は、公平感を高めることでやりがいを与えている。これを自分の仕事の中で最も満足度の高い部分だと感じる従業員は多い。

さらに付け加えると、人に何かを与えたときに、同様の価値の贈り物を受け取ったときよりも大きな報酬反応が生じることが、研究で明らかにされている。

つまり、自分の時間やリソースを分け合ったりお金を寄付したりすると、公平感が高まるだけでなく、贈り物を受け取るよりもいい気分が味わえるのだ。

公平な扱いを期待する

公平性と期待との間には、人生における激しい情動経験を説明する力学が働いていると私はみている。これは今後、興味深い研究分野となるかもしれない。公平に扱われることを期待して実際にそうなれば、2つの理由から、ドーパミンの適度な増加がみられる。第1に期待が満たされたこと、第2に公平に扱われたことだ。

予期せず公平な扱いを受けたときはなおさら気分がよく、「見知らぬ人の親切」が身に染みるのも、ここに理由がある。

しかし、もし公平に扱われることを期待しながら実際にそうならなければ、2倍のネガティブな感情が生じる。

期待を裏切られたことと、不公平な扱いそのものによって、ドーパミンが著しく低下するからだ。信頼していた人、たとえば、適切な行動をとるものと期待していた友人から不公平な扱いを受けたときに、強い興奮状態に陥る理由もここにある。

そうなるとトリプルパンチで「最悪の」興奮状態に陥る。この経験は一言で表すことができる。ネッドが本能的に感じた経験、すなわち「裏切り」だ。

ささいな裏切りを感じただけでも、非常に強烈な経験になり得る。

不公平を受け入れる

要するに、公平性は大方の予想以上に行動を決定づける大きな要因といえる。

だがこれは、より魅力的な乗客を乗せようとするタクシーに素通りされ、街頭で立ち尽くすのとはわけが違う。私たちには不公平をコントロールする手段があり、その手段を講じる脳の仕組みはきわめて興味深い。

不公平な状況に対処する場合、単にポジティブな報酬を得られないだけではなく、もっと複雑な事情が絡むことになる。

タビブニアは、最後通牒ゲームで被験者が不公平な提案の受け入れを選択する可能性がある状況を研究した。

たとえば、貧しい大学院生は、50ドルのうちの20ドルをもらえる提案を受け入れようとするかもしれない。被験者は島皮質の働きに支配されて提案を拒むか、冷遇されていると感じながらも、とにかくお金を受け取りたいかのいずれかであることをタビブニアは突き止めた。

「被験者が不公平な提案を受け入れるとき、本質的な報酬の感覚は得られず、むしろ情動反応を抑制する。島皮質が活性化するが、この反応は抑え込まれる。実験ではこの段階で、左右の腹外側前頭前皮質（ＶＬＰＦＣ）の活動が活発化し、島皮質の活動は減少する。不公平な提案を受け入れやすい被験者ほど、腹外側前頭前皮質の活動が活発で、島皮質の活動は少ない。**情動制御に長けている人ほど、不公平な提案を受け入れやすいとみられる**」とタビブニアは説明する。

ここで再び、非常に重要な右腹外側前頭前皮質が登場する。不公平を受け入れるにはラベリングや再評価といった手段が必要だが、頭の中の舞台でこれらを実行するには大量のリソースを必要とする。

チューリヒ大学の神経科学者タニア・シンガーは、公平性の研究をさらに掘り下げ、公平性と共感の関係を調べた。シンガーは、被験者に別のふたりのプレーヤー（実は役者）とゲームをさせた。役者の一人は自分勝手な悪人として、もう一人は協力的な善人として振る舞った。その後、ふたりの役者たちは電気ショックを与えられることになる（あるいは、少なくともそのように見せる）。

シンガーの実験では、善人か悪人のどちらか一方が電気ショックを受ける。女性の場合は善人と悪人の両方の痛みを共有するが、男性は善人の痛みだけを共有し、悪人が電気ショックを受けると報酬中枢が活性化することがわかった。

「不正を働く者への罰は、公正な経済取引を支える重要な圧力だ」とキーザーズは説明する。こうした人物が罰せられないと、不公平感が生まれる。

財布を一つ盗んだ罪で投獄される人がいる一方で、投資家から預かった数百万ドルもの資金を失った企業役員が罰金だけで済まされたときの抗議の声を思い浮かべてみよう。

公平性に関する反応をコントロールする

世界は公平ではない。私利私欲を追求する姿勢が大きな見返りを受けるビジネスの世界では特にそういえる。不公平に対する自らの反応をコントロールできれば、他者よりも優位に立てる。

その方法の一つは、興奮の高まりを察知したときに自分の情動状態にラベルを付けることだ。

不公平性、不確実性、自律性やつながりの欠如のいずれかにかかわらず、何かを感じている理由を言葉で表すことができれば、大脳辺縁系の興奮を和らげ、より適切な判断を下せるようになる。ラベリングに効果がない場合は、自分が置かれた状況を別の視点からとらえることで再評価を行ってみよう。

一方で、正すべき不公平を認識した場合、自分の不公平感を解放する選択もできる。こうした情動に駆られることを選べば、不正を正す行動を起こすときに生じる恐怖を払拭できる。

大脳辺縁系の強い興奮は身体的活動を促す一方、創造的思考を低下させる。サッカーの試合で相手のプレーがフェアじゃないという考えに意識を集中させると、もっと速く走れるかもしれない。だが、職場で不公平感に意識を集中させると、役員室でキャリアをふいにするとんでもない失敗をやらかしかねない。

ポールが脳にとって公平感がどれほど重要かを理解していれば、この日の午後、違う判断を下していたのは間違いない。その場合、どういう展開になっていたかを見ていこう。

After

電話が鳴る。「話があるんだ」と電話口でネッドが言う。

「メールの件は悪かった」とポールが割り込む。「長い付き合いで今さらだけど、君は本当によくやってくれている。この状況を不公平に感じているのはわかっているが、君が思っていることを聞かせてくれないか。そうすれば、今回のプロジェクトじゃなくても、別のプロジェクトでお互いにもっと協力できる方法について、少しブレインストーミングができるんじゃないかな」。ネッドが不公平感を抱いていることを理解したうえで、ポールはそう呼びかける。

「わかったよ……」。ネッドの怒りはポールのアプローチによって和らぐ。ネッドは口論になると予想していた。だが、自分がどれほど腹を立てているか、何もかもがどれだけ不公平であるかをネッドが語っている間、ポールはじっと耳を傾けている。

ポールはネッドのコメントのところどころで腹を立てそうになるが、自分が情動の高まりに名前を付けることで、何度かそれを抑えていることに気づく。揚げ足取りのようなコメントもされるので、ネッドがいつも自分を助けてくれたことを意識的に思い出しながら、状況を再評価しなければならない。

ポールは公平性に関する自分の反応を数分間必死に抑える必要がある。多大な労力は要るが、やる価値はある。

自分の言いたいことを言い、それを反映した情動反応にポールが「流され」なかったことで、ネッドの気分は上向く。このやりとりは、ふたりの興奮を高めるのではなく和らげた。

機嫌が直ったネッドは、早くから考えていたものの、ポールを敵とみなしていたときには共有する気がしなかったアイデアを語り出した。

「いいかい、ポール。問題は、君がこのプロジェクトのハードコーティングについて考慮していないことにある。僕にはその経験があるが、君は今回の仕事のハードコーティングについて、クライアントに相場より安い見積を提示しているんだ。君のアドバイザー役として、僕に今回のプロジェクトのコンサルティングを少しさせてもらえないだろうか？　コーディングはしないから報酬はそんなに必要ないが、概要をもっと正確に教えてくれれば、かなりの費用を節約できる可能性がある。今の段階で、すでに数千ドルの費用を浮かす方法が僕には見えているからね」

「それは悪くないね」とポールは答える。「君に加わってもらえれば、零細サプライヤーの僕だけよりも、クライアントの不安が和らぐだろうし。ふたりで力を合わせれば、もっと強い影響力を持てるかもしれない」

次回のクライアントとのミーティングにネッドが同行できるよう、事前にコンサルティング業務の適正な報酬を決めることに合意して、ふたりは会話を終えた。お互いにほっとすると同時に、協力できるかもしれないことを喜びながら電話を切った。率直な信頼に満ちた会話がふたりの脳内のオキシトシンレベルを高めていた。

ミシェルがリビングでテレビをつける音が聞こえる。ポールは立ち上がって注意しようと思ったが、ミシェルと宿題について交わした約束を思い出す。

ポールはリビングに足を踏み入れ、冷蔵庫にあるもので何か欲しいものはないかと娘に声をかける。父親の思いがけない振る舞いに、ミシェルの顔に驚きの表情が浮かぶ。

ポールはミシェルに飲み物を手渡し、10分ほど子どもが主役のホームコメディを観ながら笑い合い、ひとときの心のふれ合いを楽しんだ。

脳に関する事実のまとめ｜シーン11

- 公平感は一次的報酬となり得る。
- 不公平感は一次的脅威となり得る。
- 公平性と期待を関連づけると、見ず知らずの人の親切が嬉しく、身近な人の裏切りが激しい情動を生み出す理由がわかる。
- 不公平な状況を受け入れるときは、ラベリングや再評価を行っている。
- 不正な振る舞いをする人が痛みを感じているのを見て、男性は共感しないが、女性は共感する。
- 不正な振る舞いをする人を罰すると報酬の感覚が得られ、不正を罰しなければ、それ自体が不公平感を生み出す。

最高の脳で働く方法｜シーン11

□不公平が情動を引き起こしやすいことを肝に銘じ、率直かつ誠実に人と接する。

□定期的なボランティア活動や、金銭やリソースの寄付などを通して、自分の周りで公平感を高める方法を見つける。

□不正が罰せられないままにしておかない。

□公平性の問題が確実性、自律性、つながりなどの他の問題と結びつくと、激しい情動反応が生じるおそれがあるため、そうした事態を避ける。

シーン12 ステータスをめぐる争い

Before

午後4時。チームが混乱したまま電話会議が終わって1時間が経った。エミリーは他の作業に取り掛かろうとするが、会議で生じた答えの見つからない疑問で頭がいっぱいだ。すべてを解決したいと思うが、何もかもが行き詰まっている。演出家が働き始めるまでの数分間、かけなければならない電話を避けていることを自覚しつつ、メールの整理や削除をする。

ようやくコリンに電話をかけようとすると、小さな心の声が、まず心の準備をするよう告げる。だが、この警告は怒りにかき消される。エミリーは、リーザを怒らせたコリンにまだ猛烈に腹を立てていた。

「やっぱり君か」と電話口でコリンは言う。

エミリーは露骨な言い方をするのはよくないと感じているが、この感情は、コリンがしたことはフェアじゃないという強い情動に抑え込まれてしまう。「なぜあんな態度をとったの?」エミリーは思わず口走る。

「何だよ。僕は冗談を言っただけで、リーザが勝手にキレたんじゃないか。僕を責めないでくれ。リーザは普段はユーモアを解するんだ。前にもっときわどい冗談を言ったときも平気だったし」

「でも、今回は事情が違うってわかるわよね」とエミリーが応酬する。

「僕を責めないでくれよ。僕のせいじゃないんだから」とコリンは答える。「いかれているのはリーザのほうだろう? なぜ僕を攻撃するんだよ? 僕は何も悪いことはしちゃいない」

「コリン、あなたは私の味方だと思っていたわ」とエミリーは言う。「あなたに大型会議を運営してほしかったけど、チームの前であんな態度をとった以上、もう任せるわけにはいかないわ。そんなことをしたら、特別扱いしていると思われるでしょうから」

「僕は君の味方だよ。何を言っているんだい?」とコリンはいら立ちながら答える。コリンとエミリーはさらにけんか腰になり、相手の立場を理解する力が乏しくなる。

「一体なぜあんなばかなまねをしたの?」とエミリーは訊く。

そう口にしたとき、エミリーはこの言葉が悪く受け取られると察知する。言いながら潜在意識がその結果を予測するが、もう引っ込みがつかない、だがそれでも、コリンの強烈な反応には驚く。

「以前一緒に働いていたからって、僕をぞんざいに扱ってもらっては困るな。君だって完璧じゃないくせに」。自分の主張を通そうと、低い声でゆっくりとコリンは言う。まるで歯をむき出しにしてうなる犬のように。

「ごめんなさい。悪かったわ。今日は私にとってもハードな一日だったの。ここのボスになって1週間経つけれど、なかなかうまくいかなくて」

エミリーは本心から謝っているわけではない。そして、社交的なニュアンスを読み取ることに長けた脳をだますのは難しい。エミリーが望んだようにコリンの怒りは収まるどころか、その弱みにつけこんでコリンは攻撃を始める。

「いいかい、昇進のことで僕に文句を言わないでくれ。昇進を望んだのは君だろう。僕はこのチームで苦労して手に入れた立場を人に譲るつもりはさらさらない。一番長くここにいる僕には、大型会議を任される資格がある。ボーナスもたっぷりもらえるだろうが、金だけの問題じゃない。ここでじっと耐えてきたんだから、そうなって当然だろ。それに――」

エミリーは話を遮る。「確かに、あなたは懸命に働いてきたわ。でもだからといって、自動的にあなたが――」

「説教はやめてくれ」と今度はコリンが遮る。「ここでは僕のほうが君よりずっと長いんだからな」

エミリーは引き下がろうとするが、後の祭りだった。長年の協力で培われた安定した関係が、新しい役職に就いてわずか1週間で急速に崩れようとしている。人を管理するのがこれほど難しいとは想像もしていなかった。

堂々巡りの議論をさらに15分間続けた後、エミリーとコリンは、いったんここまでにして数日中に改めて話をすることに合意する。

エミリーは電話を切ってコンピュータ画面を見つめる。電話をかける前よりも、さらに途方に暮れながら。そして、コリンの問題を解き明かすインサイトを何かしら見逃しているのではないかと考える。

エミリーは次に、リーザに電話をかける。

「あなたが精一杯やってくれているのは、よくわかっているわ」と、今度はもっと「戦術的」にいこうと意識して会話を始める。

リーザはため息をついて話し始める。「本当はコリンを攻撃したくなかったの。でも、新しく入った人の前で私を攻撃してきたから、見逃すわけにはいかなかったのよ」

エミリーはリーザの説得を試み、コリンに電話をして関係を修復してほしいと頼むが、関係修復の努力をすべきなのはコリンのほうだと言って、リーザは譲らない。

エミリーはどうすればよいかわからなくなる。みんなでよくコリンの冗談を笑っていたのは事実だが、コリンがもっと気を配るべきだったのも確かだ。誰もが間違っているように思えるが、誰も自分の間違いを認めようとしない。

「リーザ、どうすればこの状況を正すことができるかしら？」とエミリーは訊く。

「心配ないわよ。そのうち落ち着くでしょうし、ビジネスはちゃんと動いていくから。仕事をやり遂げるのに、全員が親友である必要はないでしょう」

リーザの言うことは部分的にしか正しくない。確かに、よい仕事をするために同僚と親友である必要はない。だが、敵と認識した相手と仕事をするのは気詰まりであるし、情報共有が不十分になるなど、同僚間の脅威の高まりが招く副作用で、ミスが起きやすくなるおそれがある。

エミリーは大きな課題を抱え込んでいる。チームの大半が他のメンバーを敵と決めつけているからだ。この敵対反応は、エミリーの会議設定のしかたがまずかったせいだけではない（確かにそれも一因ではあるが）。

他にも強い脅威反応を生み出すことが電話会議中に起きていた。コリン、リーザ、ジョアンヌが揃いも揃って、最も貴重な財産の一つである自分のステータスに対する脅威を感じていたのだ。エミリーは事態の収拾を図ろうとして、コリンのステータスをさらに脅かしてしまった。

つながりや公平性と並び、ステータスは社会的行動のもう一つの主要な決定要因である。人はステータスを守り高めるためには労を惜しまない。**ステータスの高まりを感じると金銭よりも大きい報酬の感覚が得られ、ステータスの低下を感じると命が危険にさらされているように思える。**ステータスも一次的報酬あるいは一次的脅威である。

脳は、他の基本的生存欲求のコントロールに使うのとほぼ同じ回路を使って、ステータスをコントロールしているのだ。

ステータスを保つ

ベネチアのドゥカーレ宮殿は、世界に類を見ないほど豪奢で壮麗な権力の中枢の一つである。そのほとんどが今日でもよい状態に保たれている。

宮殿の中心にあるのは、何千もの文書を保管する引き出しが床から天井までびっしりと並んだ特別な部屋だ。ここに数百年にわたって保管されている文書は、貴重ではあるが金銭とは関係がない（少なくとも直接的には）。これらの文書は、ベネチアに住むすべての人々の「ステータス」の記録である。

あなたが数百年前のベネチア市民であれば、この中の文書の一つに、あなたが誰の子どもか、両親は誰の子どもか、王室や商人、その他の重要な人物とどういった関わりがあるかが記録されていたはずだ。どこに住み、何を食べ、どの程度の教育を受けていたか、人に信用されていたか、人からどの程度注目されていたか、どのくらい長く生きたかが、文書からそれとなくわかっただろう。

時を経ても、そうした事情はさほど変わらない。ポップスターであろうと、トップアスリートであろうと、CEOであろうと、高いステータスは今日でも、生活の質に大きな影響を与える同様のメリットをもたらす。ただ、昔と今とではステータスの記録方法が違う。この点に関して、今最も影響力を持つのはゴシップ誌の仕事だ。

凍えるように寒い朝、大勢の人が（読む予定はなくても）テレビタレントの新刊のサイン本を求めて何時間も列に並ぶ理由は、ステータスによって説明できる。自分より不幸な人に会って気分がよくなるのも、ステータスが理由だ。

これは、他人の不幸や失敗を喜ぶ気持ちを意味するドイツ語の「シャーデンフロイデ」という概念と関係している。**ある脳研究によると、相手を自分より不幸だとみなすと、報酬回路が活性化するという。**

人がくだらない話題でさえ議論に勝ちたがるのも、ステータスに理由がある。同じような下着が何分の一かの値段で買えるのに、デザイナーズブランドの下着にお金をかけるのも、ステータスのせいだ。ポイントを稼いで人よりステータスを上げる以外にこれといったメリットはないのに、今や3000万人がオンラインゲームに興じているのも、少なくとも一部にはステータスのためだ。

世界で最も時価総額の高い企業に数えられるグーグルが、コンピュータにできない作業を無償で担うユーザーを数千人規模で集められるのも、ステータスが理由だろう、グーグルは画像検索サービスの精度を上げるために、画像のラベル付けをゲーム形式にして、大勢のユーザーに競わせている。

ステータスは相対的なもので、ステータス向上による報酬の感覚は、「相手より上」と感じたときにいつでも生じる。

あなたの脳は、周囲の人たちの「序列」を表す複雑な地図を保持している。

研究によると、コミュニケーションをとるとき、人は脳内に自分や相手のステータ

スの縮図を作成し、これが相手との接し方に影響を与えているという。

序列の変化は、数百万に及ぶニューロンのつながり方にも変化をもたらす。コリンはエミリーを上司として新しい形で関連づけるために、膨大な数の回路を変更しなければならないが、こうした変更のプロセスはこのシーンでまだ進行中である。

一方のパートナーの収入が他方のパートナーを初めて上回る状況を当事者として経験したことがあるなら、脳内回路にこうした大規模な変化が起きていることに気づいたはずだ。そしてこの変化は、興味深い課題をもたらす場合がある。

組織は複雑かつ明確に定義された序列を設定し、より上の序列に引き上げる約束をして従業員の意欲を高めようとする。

私の知るある企業は、バンド型賃金制度を導入し、従業員が「40台のバンド」から「50台のバンド」に移行するまで、デスクを窓側に向けさせないようにしている。50台のバンドに属する従業員のすぐ隣に座っていたとしても同じだ。また、企業のマーケティング部門は、広告を通して、恐怖とステータス向上の約束という2つの主な手段を使い分けて人の情動を操作している。

車の大きさや腕時計の値段によるステータスをつくり出そうと企業は努力している

が、ステータスを測る共通の尺度は存在しない。初対面の人に会って、自分の相対的な重要性を評価するときには、どちらが年上か、金持ちか、力が強いか、賢いか、面白いかなどを基準に評価するだろう。あるいは、太平洋諸島に住んでいるなら、どちらの体重がより重いかが評価基準になるかもしれない。

重視する枠組みが何であっても、ステータスの向上や低下を感じると、激しい情動反応が生じる。

自分のステータスを高めたり守ったりするために、人はとんでもなく極端な行動に走る。こうしたことは、個人レベル、組織レベル、さらには国レベルでも起きている。**ステータス向上への欲求は、人間がその忍耐力を発揮して驚くべき成果を達成する原動力となる。**社会の素晴らしい偉業の大半と、無用な破壊の最悪の事例の一部の背景には、ステータスに対する衝動がある。

ステータスの低下

あらゆる一次的欲求と同様に、ステータスに関しても、より強くより頻繁に生じるのは脅威反応である。

上司など、自分より立場が上とみなす人と話をするだけで、脅威反応が起こる。ステータスについて認識した脅威は、恐ろしい結果をもたらすように感じられる。

この反応は生理的なもので、コルチゾールの血中への大量放出や、明瞭な思考を妨げる大脳辺縁系へのリソースの流入などが生じる。

コリンは、電話会議で他のメンバーが自分の年功を認めなかったことで、ステータスが脅かされたと感じた。

エミリーがこのシーンで使った最初の言葉は、事態を悪化させるばかりだった。「なぜあんな態度をとったの？」という言葉は、相手が間違っていることを示唆している。コリンは電話会議のことを考えるとステータスの脅威を感じる状態になっていたため、エミリーはいとも簡単に事態を悪化させてしまった。

コリンの反応の激しさに、エミリーはあぜんとした。そもそもコリンがステータスの脅威を感じていようとは思ってもみなかったからだ。

ＵＣＬＡの主要な社会神経科学研究者であるナオミ・アイゼンバーガーは、他者から拒絶されたと感じたときに脳内で起こることを解明しようとした。

アイゼンバーガーは、サイバーボールと呼ばれるコンピュータゲームをしているときの被験者の脳を、ｆＭＲＩを使ってスキャンする実験を設計した。このゲームは、学校の校庭でのつらい体験を思い出させるものだ。アイゼンバーガーは次のように説明した。

「被験者は、他のふたりのプレーヤーとキャッチボールのオンラインゲームをしていると思っています。自分を表すアバターと、他のふたりのプレーヤーを表すアバターが被験者には見えています。3人でのキャッチボールを半分ほど終えたところで、突然他のプレーヤーが被験者に向かってボールを投げるのをやめ、ふたりだけでボールの投げ合いを始めます」。

大勢の人が集まる部屋でこの話をすると、聴衆から必ず「あいたたー」という声が上がる。仲間外れにされたり、「相手より下」とみなされたりするのは、誰にとってもつらい経験なのだ。

この実験は、大半の人に激しい情動を生じさせる。アイゼンバーガーは次のように述べる。「仲間外れにされると、背側前帯状皮質が活性化します。背側前帯状皮質は、痛みをつらいと感じる要素（痛みの「苦痛要素」と呼ばれることもある）にも関わる脳部位です。拒絶されたと強く感じた人ほど、この部位の活動レベルが高くなりました」。

排除や拒絶は生理的な痛みを伴う。相手より下にいるという感覚は身体的痛みに関わる部位と同じ脳部位を活性化する。

アイゼンバーガーの研究は、身体的痛みに関わる5つの脳部位が、この社会的痛みの実験でも活性化することを突き止めた。

社会的痛みは、身体的痛みと同じくらいつらいものになり得る。この2つは脳の中では同じ意味合いを持つとみられるからだ。「フィードバックをしてもいいですか？」と声をかけられたときの胃の痛みを思い浮かべてほしい。その胃の痛みは、夜道を一人で歩いているときに、誰かが背後から近づいて自分を襲おうとしている気配を感じるのによく似ている。そこまで激しくはないだろうが、同じ恐怖反応だ。

脳に関するこの発見は、コリンが歯をむき出しにしてうなる犬のように反応した理由を物語っている。コリンの脳は、誰かが自分を襲おうとしていると思ったのだ。

ステータスの低下は強烈な経験であるため、自分のステータスを危険にさらす状況を何としてでも避けようとする人は多い。

この回避反応には、自信が持てない活動を回避することも含まれ、脳と目新しさとの関係から、とにかく新しいことを避けようとする姿勢にもつながる。

こうした姿勢は、生活の質にも多大な影響をもたらす可能性がある。グロスが唱える**状況選択**がマイナスに働くケースだ。

ステータスがもたらす脅威反応はきわめて強いため、情動が優位になる前に、発生から数秒間という早い段階で、情動を把握（つまり、ラベリングや再評価）しない限り、再評価は難しくなる。

このシーンでのステータスの問題に対するコリンの反応は、闘争反応だ。コリンはエミリーのステータスを攻撃し、「君だって完璧じゃないくせに」と吐き捨てた。さらに、エミリーが自分より年下であることを指摘して、その信頼性にもけちをつけている。若い世代について学ぶことに興味を持つなど、別の見方を積極的に取り入れない限り（つまり再評価しない限り）、年下の上司に管理される状況は、おのずとステータスの脅威を生じさせる可能性がある。

コリンは闘争反応のみならず、逃走反応も見せている。物理的に逃げたわけではないが、精神的に逃げている。つまり、考えることから逃げているのだ。もし、立ち止まって状況をよく考えていれば、対面でなら言っていいことも、電話では言ってはならないと認識できただろう。

ステータスの低下を認識して生じた脅威反応がひとり歩きし、数年間続く場合もある。書類上の単純ミスから重要戦略の判断ミスに至るまで、人は「間違う」ことを懸命に避けようとする。

うまくいっていない大型企業合併で、意思決定を行った経営幹部が責任の回避に躍起になっているさまを思い浮かべてほしい。**人が間違うことを嫌がるのは、その間違いが、身の危険や自信喪失を感じるような、ステータスの低下につながるからだ。**

自分が正しいと決めてかかると、相手が間違っていることになり、相手の言い分に耳を貸さず、相手からも脅威とみなされる。こうして悪循環が生まれる。

事態の収拾を図るべきなのはコリンのほうだと言って譲らないリーザは、自分が「正しい」と感じている。コリンも同じように感じているのは間違いない。

人にとって、自分が「正しい」ことは往々にして他の何よりも重要なことであり、それを証明するためにお金だけでなく、人間関係や健康、ときには命さえも犠牲にする。

ひとり歩きをする場合があるという以外に、ステータスに対する脅威の問題点としては、いとも簡単に生じ、ささいな場面でも強い脅威反応を生み出すことが挙げられる。

たとえば、同僚とのミーティング中に、仕事の関係で初めて、その同僚からあるプロジェクトの確認をしてもよいかと尋ねられたとしよう。あなたはこの依頼を自分のステータスに対する脅威と解釈する可能性が高い。「自分は信用されていないのか？」「自分をチェックしているのか？」という具合に。あなたは脅威反応によって、キャリアに悪影響を及ぼすようなことを口走ってしまうかもしれない。

大脳辺縁系がいったん興奮すると、思いがけないつながりがつくられ、悲観的な思考に陥ることを思い出してほしい。

上司と話をするだけでも脅威は生じる。**あなたが管理職なら、部下に今日の調子はどうかと訊くだけで、想像以上に心理的負担を与える可能性がある。**

仕事や生活での口論や衝突は、その中心にステータスの問題があることが多い。ステータスに対する脅威が発生すると同時にラベリングができれば、その場で再評価や適切な対応をしやすくなる。

ステータスに関して演出家が果たすべき役割は大きい。しかし、相手に現状を理解させようとするときには注意が必要だ。「あなたがステータスに対する脅威を感じているだけだ」とミーティングの席で言うのは好ましくない。

ステータスの向上

私は最近、ロンドンのロイヤル・バレエ団にかつて所属していた国際的バレエダンサーにインタビューを行った。世界有数のバレエ団にいても、大勢のダンサーの一人として踊るときは、退屈してフラストレーションがたまることが多かった、と彼女は打ち明けた。ところが、地元を拠点とするそれほど有名ではない小さなバレエ団に移り、リーディングソリストを務めるようになってから、状況は一変したという。「私はようやくカンパニーで最も高給取りのダンサーになれました。舞台の一番前に立つのは私。一番前で踊るときは、退屈とは無縁です。自分に注目が集まり、その空間が自分のものになる。自分が頂点にいると感じられるのです」。

霊長類社会の研究は、ステータスの高いサルほど日常的にコルチゾールレベルが低く、健康で長生きすることを明らかにしている。これはただのモンキービジネス《いんちき》ではない（ダジャレで申し訳ない）。マイケル・マーモットは『ステータス症候群――社会格差という病』という著書の中で、ステータスが人の寿命の重要な決定要因であり、教育水準や収入も左右すると説明している。高いステータスは気分がよいだけではなく、もっと大きな報酬ももたらすのだ。

ステータスが報酬になるのは、高いステータスを達成したときだけではなく、自分のステータスがわずかでも向上したと感じられれば、いつでも報酬となる。

ある研究によれば、録音した単調な音声で子どもに「よくできました」と言うと、思いがけないおこづかいをもらったときと同じくらい報酬回路が活性化したという。たとえわずかなステータスの向上でも、たとえばカードゲームで相手を負かしただけでも、いい気分を味わえる。

ステータスが高まれば、その理由が何であっても、報われたと感じられるように私たちの脳は配線されているのだ。世界の数多くの素晴らしい物語（と、たいして素晴らしくもないテレビシリーズの一部）は、ステータスを中心とする、2つの繰り返し見られるテーマによって構成されている。

これらの物語は、非凡なことを成し遂げる平凡な人々（もっと高いステータスをいつか手に入れられるという希望を与える）か、平凡なことをする非凡な人々（自分は凡人かもしれないが、ステータスの高い人も基本的に同じだという希望を与える）のいずれかを描いている。いつか自分のステータスが上がる**かもしれないという希望**が高まるだけでも、報酬になるようだ。

ステータスの向上は、世界で最高に気分がよいことの一つであり、幸福感と結びつくドーパミンとセロトニンのレベルを高め、ストレス低下の指標となるコルチゾールレベルの低下をもたらす。

さらに、テストステロンレベルも上昇する。テストステロンには、集中力を高め、気力や自信を増し、性欲を改善する働きがある。

ステータスが向上すると、ドーパミンなどの「幸せ」の神経化学物質が増すため、脳内で1時間当たりにつくられる新たなつながりの数が増加する。

これは、ステータスが高いと感じているほうが、低いと感じているよりも、とらえにくいアイデアを含むより多くの情報をより少ない労力で処理できることを意味する。ポジティブな情動の増加によって脅威反応が和らぐと、前頭前皮質が重層的な思考を促すためのリソースが豊富に確保できる。つまり、ステータスが高いと認識することで、自分が望むときに演出家を働かすことができる可能性が高まるのだ。

ステータスが高い人ほど、自分の意志を貫く力が強くなる。管理能力が高く、得られるサポートが多く、周りの注目度も高いからだ。

ステータスが高い状態は、脳が期待するつながりをつくるのを助け、さらにポジテ

ィブな神経化学作用を促す上昇スパイラルをもたらす。これは「うまく事が運ぶ」神経化学作用といえる。

高いステータスの獲得と維持

脳は無意識に四六時中、高いステータスの維持に励んでいるとみられる。自分がより賢く、面白く、健康で、豊かで、正しく、そつがなく、体調がよく、強いと感じられる方法を見つけることによって、あるいは、何であっても他者に勝ることによって、自分のステータスを高めることができる。

カギとなるのは、自分が人より「上」だと感じられる「得意分野」を見つけることだ。

大半の組織で行われている標準的な週次チームミーティングを録画してみると、そこで語られる言葉の大部分が、話し手のステータスを上げ、他者のステータスを下げることを意図していることがわかって驚くだろう。兄弟げんかの会社版のようなよくある言い争いは、たいてい無意識のうちに生じ、世界中の数十億人の認知リソースを無駄にしている。

日常的なステータス争いには、他にもマイナス面がある。競争は人を集中させるが、ステータス争いには常に敗者がいる。まさに、ゼロサムゲームだ。

全員が高いステータスを求めて争うと、みんなが競争意識を持ち、他者を脅威とみなす可能性が高い。

つまり、ステータス争いはつながりに悪影響を及ぼすおそれがあり、そうなれば協力がうまくいかなくなる。職場のステータスに対する脅威を和らげるのにつながりが有効なのは言うまでもない。

エミリーはコリンとの電話中、つながりを強化する戦略を一つ試した。コリンが脅威を感じていることを察し、「今日は私にとってもハードな一日だったの。ここのボスになってから1週間経つけれど、なかなかうまくいかなくて」と言って、自分のステータスを下げようとしたのだ。

多くの人がこの種の「レベリング（平準化）」を理由もわからず直感的に行っている。もし、脅威を感じさせる可能性がある会話を誰かとしようとする場合は、相手を安心させるために自分の業績を割り引いて話してみよう。

エミリーはコリンにこの方法を試してうまくいかなかったが、この方法が役に立つ場合もある。
相手の頭の中で自分の立場が下がれば、相手が感じる脅威が和らぐかもしれない。

ステータスをコントロールするもう一つの戦略は、相手に自らのステータスの向上を実感させることだ。

何がうまくできているか具体的に指摘しながらポジティブなフィードバックをすると、ステータスの向上を本人に実感させることができる。公の場でフィードバックすれば、より効果が高い。

問題は、強力な演出家がついていない限り、他者にポジティブなフィードバックをすると、ステータスの相対的変化を感知して、自分が脅威を感じる可能性がある点だ。従業員は例外なくポジティブなフィードバックを求めているにもかかわらず、経営者側が強み志向のアプローチではなく、従業員の失敗や問題点、パフォーマンスのギャップを指摘する、管理上より安全な「欠如モデル」を好むようにみえるのも、ここに理由がある。

自分のステータスを下げて、相手のステータスを上げるというこの戦略は、相手のステータスを支えるだけで、実際には自分のステータスを脅かすかもしれない。

では、子どもや動物、同僚、さらには自分を傷つけることなく、自信を引き出し、知力を押し上げ、パフォーマンスを高めるステータスの向上は、どうすれば実現できるだろうか？

私は今までに一つだけ「これだ！」という（非医薬的な）解決策を見つけた。それは「自分との競争」という考え方だ。ゴルフのハンディキャップを減らすと、なぜあれほど気分がいいのだろうか？

理由は、自分がよく知る人物との対比で自分のステータスが上がるからだ。その人物とは、過去の自分だ。

「他者意識を持つのとほぼ同時に、自己意識が働き始める。これらは同じコインの表と裏である」とマルコ・イアコボーニは説明している。自分のことを考えるときと、他者のことを考えるときとでは、同じ回路を使う。

戦う相手を自分にすることによって、その過程で誰も傷つけることなく「相手を打ち負かす」快感のパワーを活用できるのだ。

エミリーと彼女が率いる新しいチームについて考えてみよう。チームのメンバーは、かつては同格だったが今では上司となったエミリーにすでに不快感を抱いている。仮にエミリーがステータスのカードをちらつかせて、チームのメンバーよりも上に立とうとすれば、反感を買うだろう。

だが、エミリーが上に立とうとはせず、自分自身のスキルに的を絞って自分を高める努力をすれば、メンバーにとってエミリーの存在は脅威ではなくなる。

自分と競争することによって、相手に脅威を与えずに、かつてないステータスの向上を感じる機会が得られる。また、自分の取り組みの進捗（や課題）を相手と共有すれば、つながりの感覚も増やせる。成功を収めている人の多くは、これらをすべて実行し、頻繁に自分との競争をしているのではないだろうか。


自分と競争するためには、自分を知らなければならない。

これには強力な演出家が必要となるが、自分の成長に集中すること自体が強い演出家を育てる。また、ここには実に素晴らしい考え方がある。自分と競争する一つの方法として、脳の働きを把握する能力の向上に取り組むこともできるのだ。

ラベリングや再評価などに即座に取り掛かり、他者の状態を読み取り、必要に応じて心を落ち着かせる練習をしてもいい。

こうしたスキルを高めていけば、他者のステータスを危険にさらすことなく、自分のステータスを向上できる。その過程で気づいたことを人と共有すれば、つながりが増し、自分の演出家も強化できる。さらに、当然のことながら、より優れた意思決定を行い、プレッシャー下でも適切に対応して、他者ともうまく協力できるようになる。

SCARFを身につける

直近の数シーンで説明した一次的報酬と一次的脅威の多くが共通した特徴を持ち、さまざまな形で互いに結びついていることに、もうお気づきだろう。

たとえば、失敗に終わった電話会議で、コリンは単なるステータスに対する脅威以上のことを経験している。コリンは不確実性を感じ、自律性が低下する感覚や不公平感も覚えていた。

本書をまとめながら、私はある驚くべきパターンに気がついた。**脳が生存に関わる問題と同等に扱う5つの社会的経験の領域があることがわかったのだ。**

その頭文字をとって私が「SCARFモデル」と呼ぶモデルを形づくる5つの領域とは、「Status（ステータス）」、「Certainty（確実性）」、「Autonomy（自律性）」、「Relatedness（つながり）」、「Fairness（公平性）」だ。

SCARFモデルは、脳にとって重要な対人的な一次的報酬や一次的脅威を表している。この5つの要素をよく理解することが、演出家を強くする。これは、経験を言

SCARF

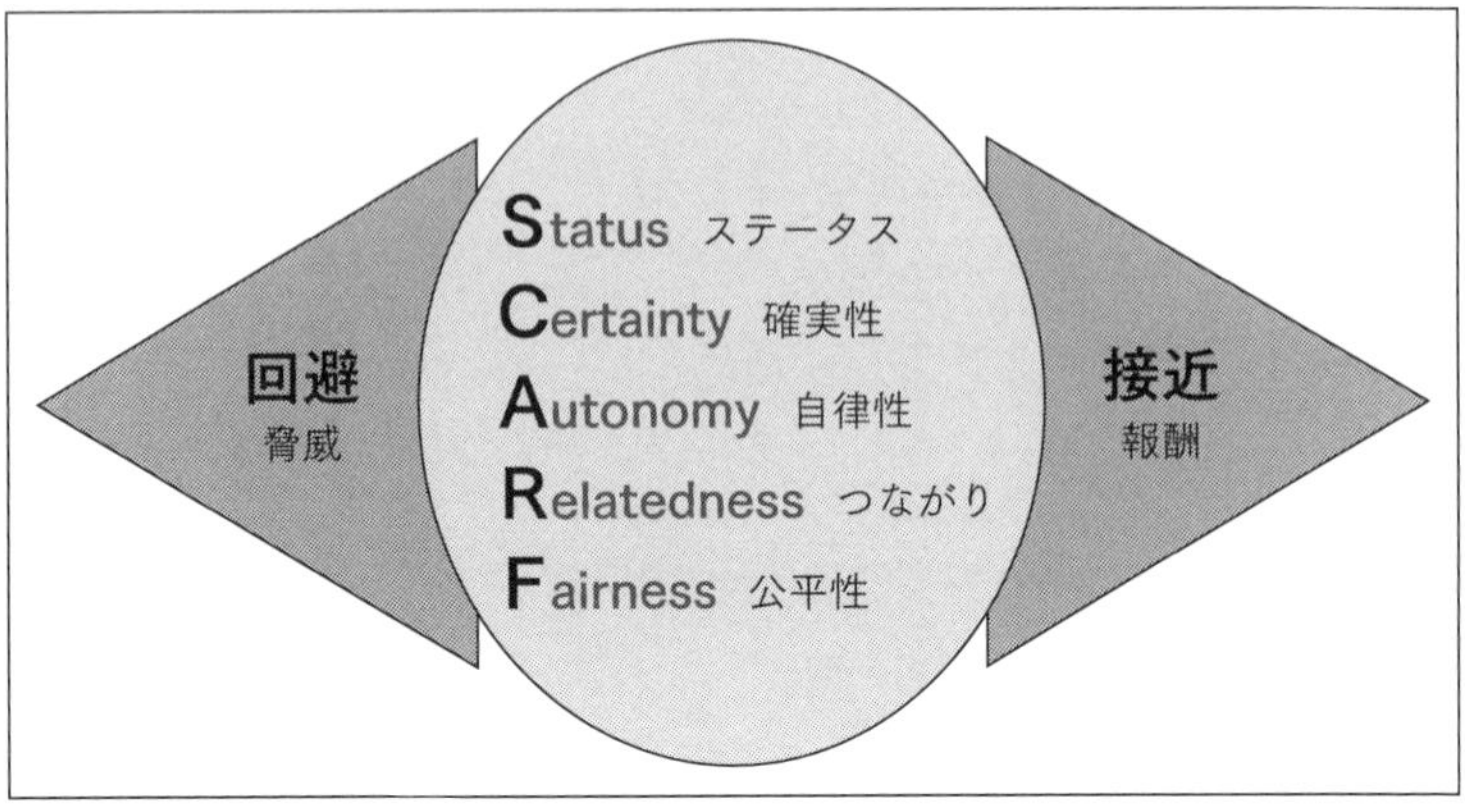
回避
脅威
Status ステータス
Certainty 確実性
Autonomy 自律性
Relatedness つながり
Fairness 公平性
接近
報酬

葉で表現し、発生と同時に把握できるようになるための方法である。

エミリーとの電話中に生じたコリンの問題のように、人の最も激しい情動反応の一部は、ＳＣＡＲＦの各要素が重なり合って起きている。

自分のステータスが、公の場で不当に、理解不能で何の対処もできない方法で攻撃されたところを想像してほしい。こうした出来事を経験している人々（たとえば、職場で不当な扱いを受けている人、メディアで競争相手から不当な攻撃を受けている人）は、それがもたらす痛みが癒えるまでに何年もかかることを知っている。

２００８年の社会的な痛みに関する研究によって、身体的な痛みと違い、社会的な痛みはその出来事を思い出すたびによみがえることが明らかにされている。ミスをした罰として腕をたたくのは、少なくとも理屈の上では、公の場で相手の考えを攻撃するよりも「優しい」罰といえるだろう（もちろん、身体的暴力を容認しているわけではない。説明をわかりやすくするための喩《たと》えだ）。

プラス面に目を向けると、ＳＣＡＲＦの複数の要素を同時に高める方法が自分や他者のいずれかに見つかれば、気分が上向くだけでなく、パフォーマンスも向上させる強力な手段が手に入る。

自分の強みに気づかせてくれる人（ステータスの向上）、自分への期待を明確に示してくれる人（確実性の向上）、判断を任せてくれる人（自律性の向上）、自分と人間レベルでつながっている人（つながりの向上）、自分を公平に扱ってくれる人（公平性の向上）と接したときにどう感じるか考えてみてほしい。

より穏やかで幸せな気持ちになり、自信が湧き、つながりが深まり、頭が冴えわたるような気がするだろう。周りの世界に関する情報の流れをより多く処理することができ、世界が広がったように感じるかもしれない。

こうした経験は心地よいため、あなたはその相手と時間を共に過ごし、できる限りその人の力になりたいと願うはずだ。

ＳＣＡＲＦの要素はどれも重要だが、このシーンでエミリーの計画を混乱させたのは、主にステータスである。

ではここで、ステータスの感覚を守ることが人間の深い欲求であることをエミリーが理解していたら、どのような展開になっていたか見ていくことにしよう。

After

午後4時。チームが混乱したまま電話会議が終わって1時間が経った。エミリーは他の作業に取り掛かろうとするが、電話会議で生じた答えの見つからない疑問で頭がいっぱいだ。脳が常にしたがるように、状況を把握したいと思うが、何もかもが行き詰まっている。演出家が働き始めるまでの数分間、かけなければならない電話を避けていることを自覚しつつ、メールの整理や削除をする。

エミリーはようやくコリンに電話をかけようとする。かすかに聞こえる小さな心の声が、少し待って心の準備をするように告げるが、その信号はすぐに消え去ってしまう。エミリーはリーザを怒らせたコリンに猛烈に腹を立てていた。すると、エミリーの演出家が再び働き、いったん立ち止まってよく考えるように促し、少なくともこの小さな声に耳を傾けることなく慌てて対応してはならないと告げる。エミリーはいら立っていて、落ち着くためには何らかの助けが必要なこと、さもなければ失敗するおそれがあることを自覚している。

そこで、コリンに電話をかけるのをやめ、代わりに仕事中のポールに相談の電話をする。エミリーは、大変な午後を過ごしていることをポールに打ち明ける。状況のラベリングが多少役に立つ。エミリーは子どもの様子を尋ね、ポジティブな精神状態になれるよう自分の焦点を変えようとする。

ミシェルとの心のふれ合いの時間についてポールが話している間、エミリーは気のせいか、オキシトシンが放出され、コルチゾールレベルが低下する感覚を覚える。

神経伝達物質の増加を体感できるか否かについてはまだ研究されていないが、それは問題ではない。ここでのポイントは、落ち着きが増すという期待に集中することによって、実際に落ち着きが増すことにある。それは期待の力だ。

エミリーは、ほんの数分だけ子どもについて話した後、落ち着きを取り戻した幸せな状態でインサイトを得る。そして、コリンのステータスが脅かされたこと、コリンとリーザがこの一件での自分の「正当性」を互いに主張して譲らない膠《こう》着《ちゃく》状態にあることに気づく。そこでエミリーは一計を案じ、ポールに感謝して、コリンに電話をかける。

「やっぱり君か」と電話口でコリンは言う。

「コリン、私は大変な失敗をしてしまったわ。私が電話会議をうまく進行できなかったばっかりに、同僚の前であなたに恥をかかせてしまった。不愉快だったでしょう。本当にごめんなさい。この役職に就いて1週間経ったけれど、まだ物事を掌握しきれていなくて」

コリンは肩透かしを食らう。戦闘態勢を整えていたのに、電話会議から予想していたのとはまったく違う展開になったからだ。自分の状態を切り替えようとして、コリンは数回息を吐く。感じていることを言葉にはしていないが、エミリーの発言を聞いて不安が和らぐ。自分が電話会議であれほど激怒した理由がようやくわかった気がした。

エミリーは、コリンを怒りから引き戻すためには、もう少し言葉が必要だと感じ、こう続ける。「コリン、電話会議を適切に設定しなかった私が悪かったわ。あんなふうにあなたを追い詰めるのではなく、全員がつながりを持てるようにするべきだった」

こうなると、コリンがエミリーに辛辣な態度をとるのはフェアではない。エミリーはあえて自ら過ちを認め、自分のステータスを下げることで、コリンのステータスを上げた。

これはエミリーの側からすれば「不公平」なようでもあるが、エミリー自身のステータスの感覚に問題はない。自らこの方法を選び、主導権を握っているからだ。それに、エミリーの仕事はチームを構築し、メンバーの最高のパフォーマンスを引き出すことであって、自分の感情の心配をすることではない。

「わかったよ、君を許さないわけにはいかないな」とコリンは冗談交じりに言う。緊張が和らぎ、ふたりともほっとして小さなため息をつく。

コリンは電話会議から予想された結果をひどく恐れていた。このネガティブな予想が生み出した強い回避状態は、自分のステータスが元通りになるという思いがけない報酬に取って代わられた。

ふたりのやりとりは、ポジティブなドーパミン、オキシトシン、セロトニンの放出をもたらす。エミリーとコリンはつながりを感じ、チームや間近に控えたプロジェクトについてそのまま話し続ける。

別のプロジェクトの話をしている途中で、コリンはリーザに電話で謝罪することに同意する。対面ではいつもの冗談が通じたとしても、今回の発言は不適切だったと認めたのだ。もう自分のステータスに対する脅威を気にする必要もないため、コリンは難なくこうした見方をすることができた。

30分後、リーザがエミリーに電話をかけてきた。ふたりは関係を修復して、別のイベントの計画を立てる。

エミリーは、この難しい社会的場面で、ステータスの感覚をコントロールしたがる脳の深い欲求について理解できたことに満足する。そうでなければ、まったく違う展開になっていたかもしれない。

さあ、家族と過ごすために家に帰る時間だ。

脳に関する事実のまとめ｜シーン12

- ステータスは、仕事や生活全般で、行動の重要な決定要因となる。
- たとえわずかでもステータスが上がる感覚は、報酬回路を活性化する。
- ステータスが下がる感覚は、脅威回路を活性化する。
- 上司など立場が上の人と話をするだけで、通常ステータスに対する脅威を引き起こす。
- 人は自分のステータスを守ることや築くことに多大な注意を払う。少なくとも組織では、ＳＣＡＲＦモデルの他のどの要素よりも、ステータスに注意が払われるとみられる。
- ステータスを測る決まった尺度はなく、他者より上だと感じる方法は、実質無限にある。
- 全員が他者より高いステータスを得ようとすれば、つながりは減少する。
- 自分を認識するときと他者を認識するときに使う回路は同じであるため、自分と競争することで、脳をだましてステータスの報酬を引き出すことができる。
- 自分との競争によって、他者を脅かすことなく自分のステータスを高めることができる。

●ステータスは、そのいずれも一次的報酬または一次的脅威である、5つの主要な社会的経験領域の一つだ。主要な社会的経験領域とは、ＳＣＡＲＦモデルを形づくる「Status（ステータス）」、「Certainty（確実性）」、「Autonomy（自律性）」、「Relatedness（つながり）」、「Fairness（公平性）」である。

最高の脳で働く方法―シーン12

- □周囲の人々のステータスが脅かされていないか注意する。
- □自分の人間性や失敗を共有することによって、自分のステータスを下げ、相手のステータスに対する脅威を和らげる。
- □ポジティブなフィードバックを与えて、相手のステータスに対する脅威を和らげる。
- □自分と競争する方法を見つけて、少しでも自分を向上させることにこだわる。わずかな向上の感覚でも、気持ちのよい有効な報酬をもたらす。
- □自分と競争しながら自らの脳に関する理解を深めることは、パフォーマンスを高める効果的な方法になり得る。

第4章

変化を促す

変わるのは難しく、他者の変化を促すのはさらに難しい。研究によれば、私たちはこれまで考えられていたよりも他者に大きな影響を及ぼせるが、他者をコントロールすることはそれほどできないという。

この最終章では、物語の方向を若干変えて、焦点を自分の脳を知ることから、学んだ知識を生かして他者の変化を促す方法へと移すことにする。まずは一対一、さらには集団単位で変化を促す方法を検証していく。

脳は外的要因によって常に変化しているが、他者の注意を切り替えることによっても脳は変えられる。相手の注意を脅威からそらして、注目してほしい対象に向けさせるのは、真の変化を起こすための中心的な課題である。

第4章で、ポールは自分が望むことを人にさせるのが非常に難しいケースがある理由を学び、相手のパフォーマンスを高める早道を見いだす。その後、エミリーとポールは帰宅して、集団（家族）のコミュニケーションのとり方を変える難しさを思い知り、さらに幅広い文化に変化をもたらす新たな方法を学ぶ。

シーン13

相手が状況を見失ったときの対応

Before

午後4時半。ポールは、学校プロジェクトで協力しているサプライヤーのエリックからメールを受け取る。プロジェクトが予定より遅れ、校長が怒っているというのだ。ポールはメールで返事を書こうとするが、さっきのネッドとのやりとりから学んだ教訓を思い出し、メールではなく電話をかけることにする。

エリックは身構えて電話に出る。ポールと組むのはまだ2度目なので、彼には自分をよく見せたいという思いがある。プロジェクトが予算を超過し、納期を4週間過ぎても終わる目途が立たないこと、だがこれはすべてクライアントの度重なる変更のせいであることをエリックは説明する。ステータスに対する脅威と、ポールが何を言うかわからない不確実性を感じ、エリックの大脳辺縁系は過度に興奮している。

ポールも万全とはいえない。数百人の保護者コミュニティの中での自分の評判が損なわれるおそれがあり、ステータスに対する深刻な脅威が生じている。また、校長と相対することを考えると、数十年前、学校で問題を起こして校長の前に連れていかれた大脳辺縁系に刻まれた記憶がよみがえる。

ポールは開口一番エリックを怒鳴りつけたい衝動に駆られるが、怒っても事態を悪化させるだけだとわかっている。

「それで、なぜうまくいかなかったのかな？　何が問題だったんだろう？」ポールは情動を抑えながら訊く。

「僕のせいじゃない」とエリックは答える。「クライアントは途中で何度も概要書を変更して、その都度仕事が増える羽目になった。クライアント自身が何をどうしたいのかわからないんだから、僕にはどうしようもない」

「いいかい、エリック……」ポールは間を置いて、エリックへの最適なフィードバックのしかたを考える。本に書いてあった「サンドイッチ式フィードバック」というアドバイスを思い出し、まず褒めて、フィードバックの衝撃を少し和らげようとする。「エリック、君は初めて一緒に取り組んだプロジェクトで素晴らしい仕事をしてくれた。だが、今回の案件は若干面倒なことになっている。きっとまたいい仕事をしてくれると思っているが、現実問題として……」

エリックはポールの話を遮る。「僕に落ち度があると言いたいのかい？　クライアントが概要書を変更したのは君だって知っているだろう。君もその場にいたんだから」。エリックの声は怒りで大きくなる。ポールがポジティブな言葉をかけたにもかかわらず、エリックの大脳辺縁系は戦闘態勢にある。ステータスに対する脅威に加え、エリックはポールに不公平感を抱いているのだ。

ポールは怒りがこみ上げるのを感じる。まともに考えていれば、エリックにフィードバックなどしなかっただろうに、事態をさらに悪化させてしまった。ここが会話の分岐点だ。もし今、ポールが情動に身を任せれば、長い口論が始まるだろう。協力を始めて数カ月で3度目の口論だ。

ポールは一瞬間を置いて、演出家にその場面を観察させ、他にとるべき道を探そうとする。ポールは相当苦労しながら、エリックがまだ新人コンサルタントであり、他の多くのコンサルタントが犯す間違いをしているだけだと言い聞かせ、何とか再評価を行う。エリックはゆくゆく頼れる協力者になるだろう。この再評価によってポールの怒りは収まる。エリックのミラーニューロンは情動の変化を感知し、彼も落ち着きを取り戻し始める。

ポールはこの場でとり得る別のアプローチを考える。直接的なフィードバックをしてもうまくいかない。もっと協力的な姿勢を見せて、問題の原因をエリックと一緒に探ることにする。

「いいかい」と、エリックを落ち着かせるために、ポールはさらにゆっくりとした口調で話しかける。「僕は君を責めようとしているわけじゃない。君は最善を尽くしたはずだからね」

「その言葉に感謝するよ。ありがとう」。エリックの興奮がさらに収まる。

「この件について論理的に話しながら、順を追って分析していこう」とポールは続ける。「君の考えでは、なぜうまくいかなかったと思う?」

エリックは、今日の校長からの怒りの電話に至ったここ数週間の経緯を詳しく説明する。ふたりは45分以上にわたり、あらゆる角度からプロジェクトを分析する。泥をかき分けているような感じだが、問題の原因を見つける方法が他に思いつかない。

同じ問題を4回検証した後、最終的にこれは新しいクライアントとの間で起こる「典型的な」問題にすぎないと結論づける。

一種の再評価であるこの「解決策」は、問題をいったん脇に置くのには役立つが、今現在校長にどう対処すべきか、という問いの答えにはなっていない。ポールは業を煮やして一つの解決策を提案する。

エリックが校長に折り返し電話をかけ、当初の概要書を読み上げるという案だ。エリックはこの案を受け入れず、新たな議論が始まる。20分後、エリックは自分一人でこの問題をさらに掘り下げてみることに同意する。

ポールは、自分には答えがわかっていると思う。クライアントと新しい契約書を作成するのだ。自分の考えをエリックに納得させることができればよかったが、それができなかったために、10分で終わるはずの会話が1時間以上続いてしまった。

ポールは人と協力することにこれほど苦心する価値があるのだろうかと首をかしげる。

ポールとエリックが取り組んでいる学校のソフトウェアプロジェクトは混乱している。この複雑な状況を一言で表せば、そういうことだ。

ポールはエリックに手を貸して解決を図りたいと思っている。だが、エリックは行き詰まり、ポール自身も脅威を感じていら立っている。ポールは本で読んだフィードバックの手法を試すが、それは間違った戦略であり、とりわけすでに脅威を感じている相手にはまるで効果がない。

そこで、ポールはもっと「合理的な」アプローチをとり、問題を分析しようとする。

だが、ふたりは細部にこだわりすぎて全体像を見失い、堂々巡りに陥る。ポールは解決策を提案するが、エリックはよく考えもせずにその案を却下する。

フィードバックを断念した後、ポールは他者の問題解決を手伝う合理的なアプローチをとろうとしている。問題の原因を突き止めて、何かしらの提案をする方法だ。私はこのアプローチを、人助けの**デフォルト・アプローチ**と呼んでいる。

このデフォルト・アプローチが他者の問題を解決するには非効率であり、望ましくない副作用さえ引き起こすおそれがあることにポールは気づいていない。ポールはソフトウェアの不具合を見つけるのは得意だが、他者のパフォーマンスを向上させるのがうまくなるには、自分の脳を変える必要がある。

フィードバックの問題点

変化を促す方法として、真っ先に使われるのがフィードバックだ。

だが意外にも、フィードバックが真の変化をもたらす正しい方法であることはめったにない。

フィードバックの成果を高める「手法」はちまたにあふれているが、このアプローチの基本的な事実が見過ごされている。**フィードバックはほとんどの場合、人に強い脅威を与えるということだ。**「周りがあなたについて何と言っているかを教えてあげようか」と声をかけるのは、相手を大きな不安に陥れる最も確実で手っ取り早い方法である。

エリックの力になろうとして、ポールは最初に「丁寧な」フィードバックの与え方を試した。まず褒めたうえで、エリックのステータスを攻撃し、再び褒めるというやり方だ。私にはこれが「ヒ素入りサンドイッチ」のように思える。決め手となるパンは美味しそうに見えるが、食べれば死んでしまう。

ここ10年にわたって、世界中の組織が年次「人事考課」という形でフィードバックを義務づけてきた。ロサンゼルスにあるトヨタ・ユニバーシティの当時の学長だったマイク・モリソンは、年次人事考課について次のようにコメントしている。「人事考課は実質的に、年間6日分のパフォーマンスを低下させるものにすぎない。3日がその準備に費やされ、3日がそのダメージから立ち直るために費やされるからだ」。

人事考課の研修マニュアルでは、管理職に「建設的な業績評価」をするよう指導している。「建設的な業績評価」の問題点は、草原で食べ物のにおいを嗅ぎまわるオオカミのように、どんなに耳心地のいい言葉が使われても、ステータスに対するかすかな脅威を、奥深くにある社会脳が無意識に感知してしまうことだ。「建設的」な分だけ、フィードバックは威力を持つ。結果として、フィードバック時の大半の会話が自己弁護を中心に展開されることになる。他者の変化を促すには、もっとよい方法があるはずだ。

問題志向のアプローチの問題点

フィードバックがうまくいかなかったとき、ポールがとった「もっとよい方法」は、問題を掘り下げて原因を探ることだった。

ポールは合理的な方法をとりたかった。この演繹的な問題解決アプローチは、車がオーバーヒートしたときやソフトウェアが誤作動したときの原因解明など、日常生活の多くの場面で効果を上げている。車やソフトウェアは線形システムだからだ。

一方で、企業や人などの仕事上の問題は、通常もっと複雑で流動的なことが多い。

あなたが初めて訪れた都市にいて、別の場所で行われるクライアントとのミーティングに向かうため、午後2時には空港に到着する必要があるとしよう。空港まではタクシーを使うつもりだが、何時にホテルを出発すればいいかわからない。

この場合、舞台に一度に3つのアイデアを上げておくことになる。「午後2時には空港に到着する」「この都市を出発する」「タクシーに乗る」という3つだ。ある意味で、あなたは3つのアイデアの間にギャップをつくり出し、このギャップを埋めるためにどんな情報が浮かび上がるかを確認しようとしている。

仮に、浮かんだ答えが「午後1時に出発する」であったとしよう。このときあなたは、直線的な状況に効果を発揮するデフォルト・アプローチの演繹的推論によって、外的問題の解決を図っている。ここまではいい。

午後1時になり、タクシーを拾おうとしていると雨が降り出した。10分後、タクシーはまだつかまらない。飛行機に乗り遅れるのではないかと、あなたはパニックに陥る。バスや電車に乗っていてはもう間に合わない。自分にいら立ちながら、3つの新たな問いを舞台に上げ始める。

「なぜ天気を確認しようと思わなかったのか?」「なぜ誰かに空港への行き方を尋ねようと思わなかったのか?」「なぜ自分はこんなに行き当たりばったりなのか?」と。

あなたは3つの問いのギャップを埋めて、この回路を完成させる情報を見つけようとする。こうして海馬の記憶をたどっていくうちに、内側前頭前皮質が活性化する。内面に注意を向けていると、最近のストレスに満ちた状況をいくつか思い出し、関連するストレスがよみがえってくる。自分への問いかけが、脳内システムの状態を変えたのだ。問題の原因は、最近のストレス過多にあると結論を下す。

外からは、あなたが空想にふけっているように見える。数フィート（約1メートル）先でタクシーが止まり、店から出てきた人が雨に濡れることもなく、そのままタクシーに飛び乗る。あなたがドライバーに向かって大声で文句を言っていると、別の空車タクシーが、雨の中で車に向かって叫ぶイカれた人物を乗せまいとして方向転換する。

あなたは取り乱したままクライアントに電話をかけてミーティングをキャンセルし、交通渋滞のせいで飛行機に乗り遅れたと不満を漏らす。クライアントは醒めた様子で話を聞いている。

このストーリーでは、演繹的な問題解決アプローチをとったことが意図しない結果を招いた。問題を思い浮かべたことで、その問題が意識から離れなくなってしまったのだ。

情動が高まったときには、情動のラベリングを慎重に行って、それにとらわれないようにしなければ、問題を思い浮かべること自体が大脳辺縁系の興奮を高め、問題解決がさらに難しくなる。

困難な問題を解決するには、どうしても行き詰まりを回避する必要がある。そのためには、シーン6で学んだように、落ち着いた、おおむねポジティブな開かれた心を保たなければならない。過去に起きたこまごまとした出来事にとらわれていては、脳は少しも落ち着かない。

タクシーのストーリーでは、つながりをつくりはしたが、そのつながりは時間通りに空港に到着するための役には立たなかった。

ポールとエリックがプロジェクトを詳細まで掘り下げたときにも、同じようなことが起きた。ふたりは問題を解決したが、解決した問題は、真の目的を達成するための役には立たなかった。これは問題解決の落とし穴である。

何かしら問題を解決すると、ドーパミンがわずかに放出され、その問題にさらに引きずり込まれる。

大事なのは、自分が正しい問題を解決しているか確認することだ。ここで言う正しい問題とは、最も**役に立つ**問題であって、単に最も**興味深い**問題ではない。

問題の根源を突き詰めようとすると、面白いことに、いつも決まって「作業量が多すぎる」「資金が足りない」「時間がない」といった同じような結論に行き着く。

ポールとエリックも、これは「新規クライアント」特有の問題にすぎず、ときどき

「起こる」ことだと考えたところで行き詰まった。

このような答えが役に立つことはめったになく、それどころか下降スパイラルを生み出して、疲れ果てる結果となる。ネガティブなつながりを多くつくるほど、ドーパミンレベルは低下し、次の問題を解決するリソースが減って、さらにネガティブなつながりをつくってしまう。そして、これが延々と続いていく。

このようにエネルギーが低下した状態では、何もかもが困難に思える。すると、ますますリスクを回避し、行動を起こす意欲が失われる。最終的には、昼寝ばかりしたくなる。これを避けるには、下降スパイラルが優位になる前の早い段階で誤った思考パターンを察知する強力な演出家が必要となる。

問題に注目する問題志向のアプローチがこれほど非生産的であるなら、なぜ人はこの方法をとりたがるのだろうか?

一つには、問題に注目するほうが「安全」に思えるからだ。

脳が不確実性を嫌うことを思い出してほしい。過去は確実性に満ちているが、未来は確実性に欠ける。過去の話をすると居眠りをしたくなるが、不確実な中で答えを出そうとすると、深い未知の海に飛び込もうとしているような気分になる。

問題志向のアプローチが幅を利かせている理由がもう一つある。自分や他者に問いを投げかけるとき、その問いがつくり出すギャップを埋める情報はどこからもたらされるだろうか？　過去の記憶を表す脳内の何十億もの回路からだ。過去に目を向けなければ、つながりをつくる回路をどこから見つけてくるのだろうか？　**脳は未来のための回路をほとんど持たない。概念上、電気的刺激は既存の経路を通る可能性が高い。**まだ存在しない経路を通るよりも、エネルギーを節約できるからだ。

解決策を見つける

空港を目指す架空の課題に話を戻そう。雨が降り出したとき、別の経路では違う問題の解決を図ろうとしていたはずだ。たとえば、「雨が降ってきた。タクシーは来ない。どこでつかまえられるだろう？」というふうに。この問いによって、あなたは内界ではなく外界に目を向ける。外界に目を向ければ、客を乗せたタクシーが何台も目に入り、タクシーが客を降ろす地下鉄駅の近くに自分がいることに気づく。

地下鉄駅に向かっているタクシーが遠くに見えると、あなたはそのタクシーをつかまえようと、真っ先に歩道の縁石を降りる。「地下鉄に向かうタクシー」に関連するニューロンが、この出来事を目にするのを見越して発火し、かすかな信号に真っ先に気づくからだ。その信号が、雨の中300フィート（約1キロ）先で車線変更するタクシーのライトのわずかなパターンの変化であっても、この反応は生じる。

2つのタクシーのシナリオの違いは、過去にではなく（タクシーをつかまえるという）望ましい結果に注目するという重要な判断に起因する。

後者では、問題ではなく目標に注意が向いているのだ。

問題ではなく結果に注目するという判断は、脳の働きにいくつかの点で影響を与える。

まず、結果に注目すると、（空港にたどり着けないという）問題に関する情報よりも、（タクシーを拾うという）結果に関する情報を察知できるよう脳がプライミングされる。

解決策と問題を同時に探すことはできない。それは桁が多い2つの数字を一度に頭に入れ、その数字の足し算と掛け算を同時に行おうとするようなものだ。あなたの役者は一度に1シーンしか演じられない。

また、それが必要な解決策であるならば、その解決策に関連する情報を察知できるよう脳をプライミングするほうが、はるかに効果的だ。

解決策を探しているときは、情報を掘り下げて脳の左半球を活性化するのではなく、手掛かりを求めて周囲を広く見渡し、脳の右半球を活性化する。右半球の活性化はインサイトの発生を促し、それが複雑な問題の解決につながる場合も多い。

問題に注目すると、その問題と結びつく情動を引き起こす可能性が高まり、その情動が脳のノイズを増やしてインサイトを阻害する。

一方、解決策に注目すると、何かを強く欲するため、接近の状態を生み出す。回避せずに求めている状態だ。この状態はドーパミンレベルを高め、インサイトが得られやすくなる。また、解決策が見つかることを期待すれば、このポジティブな期待がさらに大量のドーパミンの放出を促す。

このように、解決策に注目する解決志向のアプローチをとれば、インサイトを得る可能性を大幅に増やせるとともに、気分も明るくなる。

しかし、解決策に注目するのは、脳の自然な傾向ではない。通常、解決策は試されたことがなく不確実なものだ。不確実性に伴う脅威を和らげるには労力が要る。

解決策に注目するには、時折演出家を働かせて、問題に注意が向くのを拒み、脳を

行きたがらない方向にそっと誘導する必要がある。

したがって、強力な演出家が備わっていない人（あるいは、脅威反応によって演出家が隅へ追いやられてしまった人）は、必然的に問題に注目する傾向にある。

提案のマイナス面

解決志向のアプローチには、もう一つ難解な課題がある。問題解決は心身を消耗させるため、エネルギーを節約して解決策に直行したいと思うのは当然だ。ただこのアプローチの難点として、他者の問題解決を手伝うときに、解決策を提案するだけで終わってしまう場合が多いことが挙げられる。

同じことがポールにも起きている。ポールは思い切って校長の問題への解決策を提案したが、エリックはその提案をすぐに却下した。

ここでの難しさの原因は、誰が解決策を思いついたかということにある。ポールの提案は、ポールをより賢く、エリックをそれほどでもなく見せている。それがふたりの相対的ステータスに影響を及ぼし、エリックが反発する可能性が高くなる。

ポールの答えが優れているほど、エリックが拒絶する可能性は高まる。これは奇妙な現象だ（パスワードや基本的な情報を突き止めるケースなどは、もちろん例外）。

ポールの提案は、エリックの自律性も脅かしている。特定の方法をとっても、それはもはやエリックが選んだことではないからだ。

エリックが自分で解決策を思いついていれば、自律性や確実性の感覚とともに、エリックのステータスも上がっていただろう。また、頭の中に生じる目新しいインサイトのエネルギーから、心地よい興奮も感じていたはずだ。「アハ！」体験は大きな活力をもたらす。インサイトから生じたポジティブな興奮によって、エリックは普段と違ったやり方をする不確実性を気にしなくなっていたかもしれない。

助言が非効率であるにもかかわらず、人が性急に解決策を助言するのは、相手が自力でアイデアを思いつくまで待つのは骨が折れるからだ。

まずは、自分で問題を解決したいという欲求を抑えなければならないが、これにはエネルギーを消耗する「抑制」が必要となる。自分には答えがわかっているクロスワードパズルを他の人が解いているのをじっと見ているような、少しつらい状況だ。

さらに、相手がどんな解決策を思いつくかわからない不確実性、自分以外の人が選択することによる自律性の欠如、自分にはない優れたアイデアを相手が思いついた場合のステータスに対する潜在的脅威などから生じる興奮を、懸命に抑えなければならない。

ここには大きな皮肉がある。他者の問題解決を手伝うには相当な労力が必要であり、世界中の賢明なビジネスリーダーが数百万時間を費やして他者の問題を真剣に考えているが、彼らが真剣になればなるほど、相手は強い脅威を感じ、その提案を無視する。もっとよい方法が他にあるはずだ。

建設的な業績評価からポジティブな変化の促進へ

もっとよい方法を見つけるヒントが、このシーンの最後のエリックの反応に隠されている。

エリックは自分の思考に合致するアイデアが浮かぶまで、問題のことを考えたがっている。逃避して、行動を起こそうとしない。過度な興奮状態にあるエリックは、外部のアイデアを即座に拒絶する。

エリックが行き詰まっていることを考えれば、ポールはこの問題を解決するインサイトを得る手助けをする必要がある。直接的な提案ができないとすれば、エリックに考えるべきことのヒントを与えるのはどうだろうか？　たとえば、適切な提案を質問として提示してもいい。

シーン6で紹介したステラン・オールソンは、行き詰まりについて研究するシカゴの科学者だ。オールソンはある研究で、人が行き詰まる状況を設定し、それを解消する2つの手法を試した。相手に、考えるべきことのヒントを与える、考える**べきでない**ことのヒントを与えるという2つだ。

「これらの手法にはごくわずかな効果しかない」とオールソンは説明する。人が行き詰まったとき、考えるべきじゃないことを本人に助言しても、わずか5パーセントのケースにしか役に立たないことをオールソンは突き止めた。考えるべきことのヒントが役立つケースも8パーセントにとどまるという。

他者の問題解決を助けるときに最もよく使われる方法の一つが、何をすべきか、あるいは何をすべきでないかを助言することだが、こうした助言にほとんど効果がないことをオールソンは明らかにした。

よく使われるもう一つの方法が、問題を掘り下げることだ。これらの2つの方法が、他者の行き詰まりの解消を手伝うときに人がとるデフォルト・アプローチの大半を占める。人助けをするときの人間の直感的な反応は効率とは程遠く、再考が必要だ。

では、ここでポールにできることは一体何だろうか？　シーン6で学んだように、脳が特定の状態にあるときに、人はインサイトを得る。詳細に注目せず、幅広い視点で考えているときにインサイトは生じる。

インサイトを得るには、脳が落ち着いた状態でなければならない。つまり、かすかな内部信号に気づけるような、電気活動のレベルが全体的に低い状態だ。行き詰まっているときはすでに不安を感じていることが多く、通常はその不安によって視野が狭くなり、脳内のノイズが高まる。

そのため、本人の不安を和らげてポジティブな情動を増やすこと、つまり、回避状態から接近状態に切り替えることが重要となる。その最適な方法が、ＳＣＡＲＦモデルの各要素を使う方法だ。

たとえば、本人を勇気づけることによって、**ステータス**の感覚を高める手助けをしてもいい。あるいは、潜在的な課題を明確にすることによって、相手の**確実性**の感覚を高めることもできる。たとえば、あなたの目的を明らかにすることがそれにあたる。さらには、あなたの提案を聞くだけではなく、本人が判断してアイデアを出せるようにすることで、**自律性**の感覚を高めることもできるだろう。

もう一つの有効な手段は、問題を極力少ない言葉で単純化する手助けをして、前頭前皮質にかかる負荷を減らし、その全体的な活性度を下げることだ。問題を短いセンテンスにまとめるだけで、インサイトをもたらせる場合もある。

研究によれば、相手が適切な心理状態に落ち着き、問題を単純な言葉で言い表せれば、あとは相手がじっくり内省できるようさりげなく手を貸すだけでいいという。問題の詳細を掘り下げずに、相手が自らの内面を見つめられるようにすべきなのだ。これはとらえどころのない手法だが、数回経験すればすぐに習得できる。

目標は、目覚めたばかりのときの頭の状態、つまり、遠くにあるアイデア同士を容易に結びつけ、かすかな思考でも表面に現れる状態をつくれるようにすることだ。

この時点では、相手の注意を高いレベルで本人のメンタルプロセスに向けさせる質問をすべきだ。マーク・ビーマンが『ニューロリーダーシップ・ジャーナル』誌第1号で述べているように、「かすかなつながりへの注意を高める要素」によって、インサイトが発生する可能性を高められる。

相手に自らの内面に生じているかすかなつながりに注目してほしい場合、それを実現するシンプルな方法は、かすかなつながりについて質問することだ。

ポールはエリックに、たとえば次のような質問をすることができただろう。

ここで立ち止まってじっくり考えれば、この問題を解決するために何をすべきかわかると思うか？

内面の奥深くに解決策に関するどのような静かな直感が生じているか？

解決策にどのくらい近づいているか？

解決策に至るまでにどういった道筋をたどるのがベストか？

原則はきわめてシンプルだ。つまり、相手が自らの思考の中のかすかな高次のつながりに気づく手助けをすれば、インサイトが生まれる可能性が高まる、ということである。

あなたはインサイトをコントロールできないが、認識している以上にインサイトに影響を及ぼすことができる。ここでやろうとしているのは、行き詰まりを回避する早道として、シーン6で紹介したＡＲＩＡモデル［意識（Awareness）、振り返り（Reflection）、インサイト（Insight）、行動（Action）］の実践を相手に促すことだ。

このアプローチの大きな利点は、「君はいいアイデアを持っている。私のではなく君のアイデアを検討しよう」と暗に言うことで、相手のステータスを上げられることにある。相手の内側にあるかすかなアイデアに注意を払うよう求めるとき、相手の演出家も働かせている。これによって、全体的な興奮も抑えられる。

こうした質問は、まったく新しい道筋をつくり出す。あなたが相手の問題の原因というギャップを探すのではなく、相手が自らの思考プロセスのギャップを探し出す。**つまり、あなたが問題を探すのではなく、相手が自分で思考プロセスのギャップを探すということだ。**さらなる振り返りを行えば、筋の通らないような想定や判断を探すよう促すこともできる。

このアプローチは職場で普段見かけるものとはかなり異なる。質の低いフィードバックは、どこで働く従業員にとっても、最大の不満の一つだ。

ここで新任の管理職が陥りがちな残念なサイクルを紹介しよう。まず、彼らは部下が感謝すると思い込んでたくさんフィードバックをする。そのうち、フィードバックによって部下がいとも簡単に脅威を感じることがわかってくる。さらに、長い議論で時間を無駄にしていることに気づき、フィードバックの与え方ではなく、フィードバックを避けることをやがて覚える。

その後、ある時点で（人事考課や自らの上司の命令で）再びフィードバックをせざるを得なくなる。そうなると、次の手段として、相手に脅威を感じさせないために、多くを語らず言葉を濁す。

脳研究はこのサイクルが生じる理由だけでなく、より効果があるとみられる新しいアプローチについても解き明かしている。

ポールがこの新しいアプローチをとるには、問題に注意が向いたり、すぐに解決策を提示したりしないよう、自分の演出家を働かせなければならない。

もし、他者の問題を解決したいという欲求、つまり、デフォルト・アプローチを拒否する訓練をしていなければ、相手が自分のステータスを守ろうとしてふっかけてくる不必要な議論で時間を無駄にする羽目になる。

目的が他者の成果を高めるのを手伝うことである場合、素早く効果を上げるために、自分自身にブレーキをかけなければならないこともあるのだ。

ステータスの重要性

相手に自ら解決策を見つけさせるという考え方は、プロジェクト管理だけに関わることではない。人はあらゆる状況で自分のステータスを守ろうとするが、それによってとてつもないリソースが無駄遣いされている。

「私の経験上、学生の50人に一人は優れた書き手です」とリーバーマンは説明する。

「私はレポートの草稿で学生を評価しません。自分が書いたレポートをどれだけ適切に批評したかで評価します。そのため、自分のレポートを適切に批評できることに対するインセンティブの仕組みを構築しています。自分の批評がうまくできた学生ほど、よい成績が与えられるのです」。

自分の仕事を検証するとき、優れた仕事だと自分を納得させたい気持ちが働く。人に悪い印象を持たれたくないからだ。

たとえばエリックは、学校プロジェクトで自分に落ち度はないと確信している。ポールから落ち度があるかもしれないと思われているならなおさらだ。

ステータスを守ることを念頭に置いて自らの思考に注目すると、自分が適切に行ったことにしか目が行かない。エリックの脳は、自分の適切な行動しか見えないようにプライミングされているのだ。

リーバーマンは、この従来からのインセンティブ構造を巧みに利用している。彼は学生のレポートを、自分の批評をどれだけうまく盛り込めたか、どのくらいレポートを改善できたかに基づいて評価している。学生のステータスの感覚を、どれだけ変われるかに結びつけているのだ。

学生のステータスは、批評される側ではなく、批評する側と結びついている。これは、自分を打ちのめすことに快感を覚えるマゾヒストのようなものだ。

リーバーマンは、この評価方法の劇的なインパクトを次のように説明する。「私の学生はこう言っています。『自分のレポートをまったく違う視点から読んだ。最終的には、他人が書いたものであるかのように読むことができた。すべての誤りが自分をにらみつけているように見えた』と」。他人が書いたものを読むときは、すべての誤りが一目瞭然だが、自分が書いたものの場合、たいてい誤りを見つけるのはずっと難しくなる。

これは執筆と編集の間隔をあけると、書くという作業自体が楽になる理由でもある。編集の段階でその言葉を書いたのが自分であることを忘れ、質の低さをかばう意図を持たない第三者の目で、自分の歯切れの悪い文章を見ることができるようになるからだ。

リーバーマンによれば、人間は理論上、自分にフィードバックすることができるという。ステータスが脅かされないときは、特にそういえる。ステータスが生かされる場合は、フィードバックの能力がいっそう高まる。

だが、ステータス自体が変化を促す有効な要素というわけではない。リーバーマンは、ステータスを報酬として使い、学生たちの演出家を働かせているのだ。

相手が自らインサイトを見いだす手助けがよくできるほど、相手の能力を引き出しやすくなる。相手が重要なプロジェクトで状況を見失っている場合でも同じことだ。他者にインサイトをもたらすということは、「建設的な業績評価」から「ポジティブな変化の促進」に切り替えることを意味する。

相手の問題について考えたり、フィードバックや提案をしたりする代わりに、相手の思考について考え、相手が自らの思考をもっと深く考えられるようにすれば、多くの場合、変化をより早く促すことができる。

しかし、問題解決のデフォルト・アプローチを断ち切るには、脳が行きたがる方向に逆らう必要があり、そのためには優れた演出家が不可欠となる。また、他者に最も効果的にインサイトをもたらせるようになるには、相手の演出家を働かせることも目標にしなければならない。

今ここで重要なのは、ポールが本章で紹介したすべての知見に基づいて行動していたら、どういう展開になっていたかということだ。では、早速確かめてみよう。

After

午後4時半。ポールはエリックからメールを受け取る。学校プロジェクトがうまくいっていないという。ポールはメールで返事を書こうとするが、結局電話をかけることにする。エリックは第一声から身構えている。ステータスが脅かされているからだ。大変な状況に陥り、とっさに怒りの反応が生じるが、ポールはこの反応を何とか抑え込む。

「それで、うまくいかなかった理由は？　何が問題だったのかな？」とポールは訊く。そう言いながら、同様の状況に置かれたときに、あるパターンに気づいたことを思い出す。問題に注目するより、解決策に注目するほうが、よい結果に結びつくというパターンだ。

ポールは質問の方向を変える。「いいかい、何が問題かは心配しなくていい。心配したところで役に立たないし、君は最善を尽くしたはずだからね。状況を好転させるために、今僕らにできることを考えよう。僕は君を責めようとしているわけじゃない。協力して乗り切ろう、いいね？」

エリックはため息をつく。自己弁護しなければならないと予想していたが、ポールの好意的なアプローチによってエリックの敵対心は和らぐ。だが、相変わらず過度な興奮状態にあるため、明瞭な思考はできない。「どうすればいいかわからないんだ。この変更はすべてクライアントが決めたことだということしか、今は考えられない」とエリックは言う。エリックが絶えず問題に目を向けているうちに、その問題がプライミングされて、他の考えを阻害しているのだ。

ポールはこうした状況は以前に経験したことがあると思い、すぐさま解決策に目を向ける。

「原点に立ち返って、クライアントに契約の見直しをお願いしてはどうだろうか？　僕なら、こういう状況に置かれたらそうするけれど」とポールは言う。

「それはできない」とエリックは答える。

「どうして、できないんだい？」

「君にはわからないよ。これは大きなプロジェクトで、僕が対応しているのは心底むかつく相手なんだ」

エリックは再び自己弁護をする。ポールは一瞬立ち止まってわが身を振り返り、エリックがつながりをつくるのを助けるのではなく、自分が思いがけないつながりをつくっていると気づく。ポールは一歩距離を置いて、エリックの思考を手助けする必要がある。

「少し質問をしてもいいかな？　この問題の解決を手伝えるか確かめたいんだ」とポールは言う。

「もちろん」とエリックは答える。相手の思考を広げる許可を求めると、相手はステータスと自律性の高まりを感じて、心地よいポジティブな興奮が生まれる。

ポールは少し間を置いて、提案をしたり問題に注目したりといった自分の意識が向かいたがる道筋を拒否する。それから、自分にスイッチを入れて質問を始める。

「君のゴールは何か、一言で教えてくれないかな」

エリックは一瞬わが身を振り返って、インサイトを得るために適切な回路だけを作動する。すると、何かが見えてくる。電話の向こう側で、新たなつながりが生まれた瞬間、エリックの目がちらりと動く。

「ここで中心となる課題は、やはり校長を満足させる方法を把握することだと思う」

「この問題を解決するために、これまでいくつの方法を試してみたのかい？」

エリックはその質問にたじろぐ。考えさせられる質問だ。少し振り返った後で、エリックはこう答える。「えっと、実際はまだ何も試していない。でも、いくつかアイデアはある。たぶん3つか4つだ。方向性は全部似ているけど」。自分の思考プロセスを観察しながら、エリックは視線を上に向ける。エリックはプロジェクトの詳細ではなく、この行き詰まりを結びつけているつながりに目を向けて、自分の思考を検証する。すると、脳の右半球が活性化する。

「何か別の方向性を試してみる価値があると思わないか?」とポールは訊く。

「どうだろう。校長は自分の期待が満たされずに、心底腹を立てていると思う。今僕らにできることは何もないよ。ただ……」。その瞬間、エリックは重要なインサイトを得て、まったく違う視線で物事を見る。このインサイトによって放出されたエネルギーが、嵐のように頭の中を一掃し、ポジティブな精神状態をつくり出す。

「たぶん概要書に戻って新しい予測を立てる必要があるだろうね」とエリックは続ける。「おそらく、それ以外に答えはない。たぶん僕らは契約内容に十分注意を払っていなかったんだ」。エリックはため息を漏らす。このインサイトを得たということは、自分が「間違っていた」可能性を示唆している。強い脅威を感じているときには認めるのが難しいことだ。

エリックがこのインサイトを念頭に置きながら、何をすべきかをすでに決めているので、ポールは落ち着いていられる。ポールの大変な仕事は10分足らずで終わった。エリックはやるべきことに向かって進み、プロジェクトも再び軌道に乗ると予想されるので、かつてのようなけんかをする必要はなかった。

ポールは余った時間、エリックの状態を反映したポジティブな精神状態で、明日の予定と、理想的な一日の組み立て方を考える。

ほどなくしてガレージのドアが開く音が聞こえる。そろそろ家族が集合する時間だ。

要するに、他者の思考を変えるのは、世界で最も困難な課題の一つとみられる。フィードバックを与えることが手っ取り早い答えだと思われるかもしれないが、真の変化は、今まで見たことがないものを目の当たりにしたときに起こる。**相手に新しいものを見せる最適な方法は、インサイトを得られるよう心を落ち着かせる手助けをすることだ。**

インサイトを得るとき、人は自分の脳を変えており、自分の脳を変えることによって、自分の世界全体を変えている。

脳に関する事実のまとめ―シーン13

- フィードバックは往々にして激しい脅威反応を引き起こし、パフォーマンス向上の役には立たない。
- フィードバックによる問題解決アプローチは、解決策に至る最も有効な道筋ではない可能性がある。
- 提案は膨大な時間の無駄に終わることが多い。
- 相手が自らインサイトを得られるようにすることが、相手を正しい軌道に戻す早道である。

最高の脳で働く方法―シーン13

- □フィードバックを与えたり、問題を解決したり、解決策を提供したりする前に、いったん立ち止まってよく考える。
- □細部に踏み込まずに、相手の内側にあるかすかなアイデアに意識を集中するよう促し、自らの思考について考える手助けをする。

□自分自身へのフィードバックに価値を与える方法を見つける。たとえば、演出家を働かせることに報酬を与えるなど。

シーン14
変化が必要な文化

Before

午後6時。エミリーは自宅の玄関に向かって足早に歩いていく。手には夕食後にやるべき仕事がいっぱい詰まったかばんを抱えている。数年前、同じドアに向かって歩き、バタバタと足音を立てながら我先に出迎える子どもたちのところにたどり着いたことを思い出す。苦労してドアを開けながら、一瞬、当時感じたのと同じポジティブな神経化学物質が脳内を駆け巡る。

エミリーが部屋に足を踏み入れると、ヘッドフォンを着けたミシェルがソファの上で目を閉じ、毎分130ビートのリズムに合わせて頭を振っているのが見える。わずかに変化をつけた反復音のパターンを聴くと、成人の脳は穏やかな喜びを感じる。だが、ティーンエイジャーの脳は、わずかな神経化学的変化ですぐに活性化するため、同じ反復音のパターンにすっかり夢中になる。

「お母さん、おかえり」と、テレビに視線を向けたままジョシュが言う。

現実を目の当たりにした途端、無意識の期待が砕け散り、エミリーのドーパミンレベルが急降下する。

「ふたりとも、何かためになることをしたらどうなの?」エミリーは大声を上げて、突然テレビを消す。胃が空っぽな状態では、高まる興奮を抑えられない。ジョシュも大声を出そうとするが、母親の表情を見て、おとなしくしていることにする。

ミシェルはヘッドフォンを外されて、自分の鼻先から数インチのところに怒った母親の顔があるのを見て、ようやくエミリーの帰宅を知る。思いがけない変化の衝撃は圧倒的だ。ミシェルの脳は、息を吐き出す音がこの突然の興奮に最もふさわしい言葉になるよう、瞬時に声帯を操る。ミシェルは知らないうちに、今までこの家で聞いたことがないような汚い言葉を叫んでいた。

エミリーはこのところ家族のコミュニケーションに不満を持っていたが、今までその思いを抑え込んでいた。だが、ミシェルの汚い言葉で堪忍袋の緒が切れる。今夜こそ、この状況に真正面から向き合って、家族のコミュニケーションのあり方を変えなければ、とエミリーは決意する。

1時間後、頭を冷やす時間を経て、夕食がテーブルに並ぶ。宅配の中華料理だ。「今晩、家族会議を開きます」とエミリーは宣言する。1時間抑え込んでいた情動はさらに高まっており、子どもたちもまずい事態だと察知する。

「うそだろ、お母さん。去年もやったばかりじゃないか」とジョシュはおどけながら文句を言う。ジョシュのなかで感情を口にすることへの強い脅威反応が生じている。最近、彼は友人とホラー映画を観に行くようになった。若い男性が狩りに備えて情動制御の訓練をする、古い社会的儀式の現代版だ。ジョシュは、1年前に見る勇気がなかったシーンを見られるようになったが、まだ感情的な会話を面と向かってすることはできない。そのため、無口になって情動を抑えようとする。言葉や表情は弱々しく、再評価の「実感」もない。ジョシュは父親に倣って情動を見せたがらない。


一筋縄ではいかないことがわかっているエミリーは、確実に事を進めようと、次のように切り出す。「お父さんと話し合ったのだけど、いくつか変えたいことがあるの。家族がお互いに仲よくやっていく方法を考える時期だと思うのよ。最近、コミュニケーションがまったくとれていない気がするから。私としては、全員で目指せる目標を設定したいのだけど」

「もう、お母さん……」とふたりの子どもはほぼ同時に言う。

「私はもっと家族らしくしたいのよ。お互いに何があったかもっと話をして、けんかをしない。これを全員の目標にしてもいいかしら？　もっと仲よくして家族らしい振る舞いができたら、今年は素晴らしいバケーションに出かけるって約束するわ」

「わかったよ、お母さん。それでいいよ」とジョシュは言う。

「わかったわ、何でもいいわよ」とミシェルは言う。

エミリーは言いたかったことが言えて気分がよくなる。数カ月間ずっとこの考えが頭から離れず、キューにたまって舞台のスペースを占領し、他の考えを邪魔していたのだ。


10分後、エミリーが一人でまくしたててからほとんどしゃべらなかったミシェルとジョシュは、最後の一口を食べ終えるとすぐに食卓を離れ、友人とインスタントメッセージでやりとりするために自分の部屋に向かう。ふたりはごちそうさまも言わずに、階段の上から「じゃあね」とだけ叫ぶ。母親をいら立たせている問題は、この夜の会話にはっきりと表れている。

エミリーは、今回の話し合いが子どもたちを変える切り札にはならないとうすうす感じてはいたが、まったく効果がなかったことに驚く。家族の状況を変えようとしたのはこれで3度目だが、何の効き目もなかったようだ。本当にこの子たちを変えることは可能なのだろうかとエミリーは首をかしげ、他に効果的な動機付けの方法がないか思いを巡らす。場合によっては、態度を変えなかったときの罰を考える必要があるかもしれない。

ポールとエミリーは、家の中を片づけながら1時間半かけて話し合う。だが、解決策は見つからず、脱力感が増すばかりだ。唯一ポジティブな要素は、すべてをあるべき場所に戻したことで確実性がやや増し、ドーパミンが若干放出されて、わずかな報酬感覚が得られたことくらいだ。

キッチンの電気を消し、子どもたちに向かって「おやすみ」と叫び、エミリーは仕事を済ませるために書斎へ向かう。一方、ポールは映画を見ている。

もう真夜中だ。エミリーは子どもたちが寝ているのを確認し、シャワーを浴びて、ポールを起こさないようにベッドに倒れ込む。

ようやく大変な一日が終わった。

前のシーンで学んだように、他者の変化を促すのは容易ではない。まして、一度に数人以上の変化を促すのはどれほど大変だろうか？　たとえ強く望んだとしても、ほとんど不可能に思える。

エミリーとポールは、変化を起こすための既存のモデルを更新する必要性を把握していない。子どもが小さいうちは、おだてて言いくるめる方法もうまくいったが、成長した今では、もっと高度なテクニックを駆使する必要がある。

エミリーとポールは、身近な人間同士の互いの接し方をうまく変えられるようになりたいと思っている。

一人だけではなく、多様な人で構成される集団に、より効果的に変化をもたらせるようになるには、自らの脳を変える必要がある。文化を変える方法を学ばなければならないのだ。

変わることは難しい

自分の行動を変えるのは難しい。ある研究で心臓手術を受けた患者を追跡調査したところ、彼らには死ぬかもしれないという究極の「モチベーション」があったにもかかわらず、生活習慣を変えることができたのは9人に一人にとどまったという。

他者の行動を変えるのはさらに難しい。集団の行動を変えるのは……ほとんど不可能にさえ思える。このシーンは家庭の問題に焦点を当てているが、その考え方は、あらゆる種類の仕事環境をはじめ、すべての状況に当てはまる。

エミリーとポールの問題の原因は、一つには相手の行動を変えようとして、アメとムチの手法として知られる大ざっぱな手段を使っていることにある。これはハンマーで時計を修理するようなものだ。このケースでは、コミュニケーションが改善できたときのご褒美として、エミリーが休暇を持ち出している。ここでは何も壊れてはいないが、結局何も変わっていない。

アメとムチの手法は、1930年代に登場した行動主義の考え方に基づいている。行動主義はイワン・パブロフが提唱した「条件反射」という有名な概念を基礎としている。餌を与えるときにベルを鳴らしていると、やがて犬はベルの音を聞いただけで唾液を出すようになる。行動主義者の手法の多くは動物に効果があり、今でも警察犬の訓練などに広く用いられている。

行動主義的アプローチは、幼い子どもにも効果がある（当然、動物とは違う種類の報酬と罰を使うことになるが）。

子どもに驚くほど効果がある罰は、部屋の隅に座らせておく「タイムアウト」だ。本書の知見を振り返れば、この罰が効果的な理由がわかるだろう。タイムアウトによって、子どもはステータスとつながりの低下を感じるのだ。

行動主義者は自分たちの所見をすべての人に一般化して当てはめたため、以来この手法は、世間一般のモチベーションの考え方の主流となっている。

問題は、アメとムチの手法が大人には効かないことにある。大人は、都合のよいものを提供してくる相手は自分を変えようとしていると認識できるため、その相手を脅威とみなす。あるいは、罰が下されることを察知した大人は、先制攻撃を開始し、ステータスに攻撃を加えて罰する側をおとしめようとするかもしれない。

行動主義に効果がないとすれば、このモデルはなぜ今も存在するのだろうか？

理由の一つは、その単純さの魅力にある。覚えておくべきアイデアは「アメ」と「ムチ」の2つだけなので、行動主義はとびきり「確実」に思えるのだ。

集中が力を生み出す

私たちは、脳科学を基盤とした変化の新たな理論的枠組みの出発点にいる。この枠組みの中心にあるのは、**注意**自体が脳を変えるという考え方だ。

変化をもたらす決め手は、アメとムチの手法ではなく、人の注意を正しく集中させることである。

注意が脳を具体的にどう変えるかという点は、依然として議論の的となっているが、ほとんど議論の余地がない脳科学的な側面もあるので、ここではそうした側面に焦点を当てる。

休息中の脳は、ウォーミングアップ中のオーケストラのように、騒がしく無秩序で不協和音に満ちている。だが、何かに細心の注意を払うと、曲を演奏するためにオーケストラが一つにまとまったような状態になる。今や多くの神経科学者が、注意は調和して一体となって働く脳の同期現象の一種だと考えている。

同期とは、さまざまなニューロンが同時に同じように発火することを指す専門用語だ。

演奏中のオーケストラは、注意の説明にふさわしい比喩《メタファー》である。どちらにも個別の構成単位があり、それぞれの単位が他の単位とタイミングを合わせて物事を行う。**何かに細心の注意を払うと、脳全体でさまざまな地図が同時に作動し始め、互いに複製し合いながら一体として一つのパターンを形成する。**

マサチューセッツ工科大学（ＭＩＴ）の教授であるロバート・デジモンは、神経同期について研究している。刺激に注意を払うとき、脳のほぼ全体が使われているとデジモンは考えている。

ブリティッシュ・コロンビア大学のローレンス・ワードほか4名の科学者によって２００６年に実施された研究は、神経同期が脳内の機能モジュールの統合に重要な役割を果たしていることを突き止めた。さらに彼らは、神経同期が脳のノイズの度合いに影響を受けることも明らかにした。これは第2章全体の内容と関連している。脅威の感覚から生じる過度の興奮などによって神経活動が活発化しすぎていると、集中することができない。

細心の注意を払っているときは、特定のタスクを完了するために、数多くの脳部位がより大きな回路の中でつながり合う。

この大きな回路が形成されると、脳全体の電気活動のうち最速の周波数を持つガンマ波が、脳内に頻繁に発生する。この周波数はまったく異なる脳部位の結合に関わるため、一部のグループからは「結合」周波数と考えられている（この周波数は、インサイトを得る瞬間に生じる波動と同じだ）。

異なる回路が同期発火すると、「共に発火する神経細胞はつながり合う」というヘッブの法則の状態を引き起こす。

これらをすべて考え合わせると、アイデアや活動、経験に細心の注意を払うことによって、自分の中に、ときには永遠にとどまりつながり合うネットワークを脳内に形成できる仕組みが理解できる。

注意が脳を変化させる有効な要素であるという考え方は、脳が変化する仕組みを調べた「神経可塑性研究」と呼ばれる大規模な研究によって裏づけられている。

１９７０年代後半の研究者たちは当初、事故や病気の後に脳が変化するとみられる理由を解明しようとした。この研究は既存の脳理論に反していたため、当時議論を呼んだ。

数十年を経て、この考え方は科学界で広く認められるようになり、さらに詳細な研究が進められてきた。その後の脳卒中患者に関する研究によって、患者が再び腕を使えるようになるには、ただ腕を動かすだけではなく、リハビリ活動にしっかりと注意を集中させる必要があることが明らかになった。サルを使った研究でも、同様の研究結果が得られている。

精神医学研究者のジェフリー・シュウォーツによる研究は、注意の払い方を変えると、数カ月どころか数週間以内に、脳スキャンの画像に現れるほど、脳の回路を変えられることを明らかにした。

「集中が力を生み出す」とジェフは会うたびに繰り返し語る。著名な量子物理学者のヘンリー・P・スタップや、神経科学者のマリオ・ボーリガードと共同研究を行っているシュウォーツは、「神経科学と心理学における量子物理学（Quantum Physics in Neuroscience and Psychology）」と題した論文の中で、共に発火する神経細胞がいかにしてつながり合うか、その物理的過程の説明に取り組んでいる。「観察という行為は、それ自体が物質界に違いをもたらす」とシュウォーツは説明する。

ベストセラー『脳は奇跡を起こす』の著者である大学教授のノーマン・ドイジは、もっと短時間でも神経可塑性が生じ得ると考えている。2008年にオーストラリアのシドニーで開催されたニューロリーダーシップ・サミットにおいて、ドイジは、誰かに目隠しをすると、わずか数分で聴覚皮質に変化が生じると説明した。聴覚に注意を払わざるを得ないからだ。

刺激に十分な注意を向ければ、脳をすぐに変えることができるらしい。ただ、注意を1カ所にじっと向けたままにしておくのは簡単ではない。

たとえば、新しい言語を学ぶのはそれほど難しくないと。ただし、それは新しい回路をつくるために、今使っている言語に注意を向けるのをやめられれば、の話だ。フランスに移住するのがフランス語を話せるようになる一番の近道なのは、ここに理由がある。一日中フランス語に注意を向けざるを得ないからだ。

脳は変わりやすい。実際、四六時中驚くほど変わっている。周りの照明や天候、食べるもの、話す相手、座り方、着るものによっても変わる。脳の一貫性はカスタードソースのようなもので、その構成はコンピュータよりも森に近く、常に活動し、音を立て、変化している。

ある研究によると、２週間前と今とでは、指を持ち上げるために使うニューロンはおそらく同じではないという。脳は、変化を喜ぶ能天気な自由人であり、気難しく扱いにくいのは、注意のほうだ。

脳を変えるのは難しくない。新たな方法で注意を集中させる十分な努力が必要なだけだ。

子どものころにピアノを習う選択をするときなど、人生の選択をするときに脳は大きく変化する。また、注意の集中を持続するシステムが人には備わっている。たとえば、友人を感心させるために合格を目指して音楽のテストに臨むときなどに、このシステムが働く。

だが、ドイジらが指摘するように、脳はもっと微妙に、ずっと短い時間で、刻一刻と変わることもできる。

シュウォーツによると、注意を切り替えるときには、「自発的な神経可塑性」を促している。つまり、自分の脳を配線し直しているのだ。演出家は自分の健康に役立ち、仕事で成果を上げるうえでも重要なだけでなく、長期的に自分の脳をいかに形づくるかを決める大きな要素でもある。

これらをすべて考え合わせると、家庭でも職場でも、その文化を変えるために必要なのは、相手の注意を新たな方法で十分に長い時間集中させることである。

まさにその通りだが、これは非常に難しい。

エミリーが子どもたちに態度を改めるよう求めているとき、彼らは注意を向けてはいるが、その対象はコミュニケーションの改善というエミリーの目標ではない。彼らの注意は、頭の中で作動し始めた警報信号に向いているのだ。

誰かが自分を変えようとしていると察知すると、不確実性、ステータス、自律性と結びついた無意識の脅威反応が生じることが多い。

かのウィンストン・チャーチルは、「私は学ぶことが好きだが、教わるのは嫌いだ」とかつて述べた。人から変えられることがたいていは脅威であるならば、本当の変化が起きるときは、おそらく本人が自らの脳を変える選択をしたからということになる。自発的な神経可塑性、つまり、舞台を監視してつくり変える演出家が、変化を起こす主役なのかもしれない。

では、どうすれば大規模に「自発的な神経可塑性を促進」できるだろうか？　こうした変化には3つの重要な要素があるとみられる。

第1に、安心できる環境をつくり出して脅威反応を最小限に抑える必要がある。

第2に、適切なつながりだけを新たにつくるために、相手が正しく注意を集中させる手助けをする必要がある。

最後に、新しい回路を維持するために、目標を設定し何度も繰り返しその新しい回路に注意を戻すよう促さなければならない。

安心第一

相手が安心するまでは、注意を自分の目標に向けさせるのは至難の業だ。脳に安心感を与える効果的な方法は、脅威を和らげる報酬を脳に提供することである。そのためには、脳が望むものを見つける必要がある。

エミリーのアプローチは、家庭内のコミュニケーション改善という目標に子どもたちが積極的に注意を向けるよう十分な関心を持つことを期待して、素晴らしい休暇を約束することだった。

外的報酬は誰もが真っ先に飛びつく解決策である。具体的な概念のほうが、とらえにくいアイデアよりも舞台に上げておきやすいからだ。

だが、休暇や金銭などの外的報酬は使い方が限られる。人を動かすためにこうした報酬を単純に提供し続けることはできない。人が外的報酬を期待すると、報酬は徐々に価値を失い、その都度報酬を増やさない限り、さほど満足感を得られなくなる。外的報酬は持続可能ではないのだ。

脳は感情を持たないが、それ自身の目標を持っている。第2章と第3章からわかる通り、脳は理論上、SCARF（ステータス、確実性、自律性、つながり、公平性）が向上する感覚を好む。

本書で前述した「目標追求の神経科学（The Neuroscience of Goal Pursuit）」と題した論文の中で、マシュー・リーバーマンとエリオット・バークマンは、確実性や自律感に対する欲求などの脳本来の目標にいかに沿っているかに基づいて外的目標（昇進など）が評価されると書いている。彼らはこのプロセスを同化と呼ぶ。

だが、なぜ余分なステップを挟むのだろうか？　時間（と、たぶんお金）を節約し、脳が欲するものをそのまま提供すればよいのではないだろうか？

エミリーは家庭内のコミュニケーション改善に注意を向けるために子どもたちの気を引き、この変化がもたらす脅威を報酬で和らげたいと思っている。

それならば、休暇の約束ではなく、**ステータス**向上という報酬を提供できただろう。夜更かしや特定のテレビ番組の視聴を認めるなど、いっぱしの大人として扱うという報酬を与えてもよい。

職場では、公の場で評価することにより、相手のステータスを高めることができる。公の場でのポジティブな評価がもたらすプラスの報酬は、長い間心に残る。

確実性を高めるために、エミリーは提案した家族会議で何を話し合うのかをあらかじめ説明し、未知のものへの恐れを和らげることができただろう。

職場では、全体像が十分に把握できれば、確実性の感覚が高まる。したがって、より多くの情報へのアクセスを認めることで、報酬を与えることができるだろう。一部の革新的企業では、従業員全員に週次で全財務データへのアクセスを許可している。人は情報があると、周りの世界についての確実性の感覚が増し、安心して難しい問題を解決できるようになる。

自律性の感覚を高めるために、エミリーは子どもたちにもっと自分で決める機会を与えることができただろう。たとえば、夕食に何を食べるか、いつどこで宿題をするかなどのささいなことでかまわない。

職場では、より柔軟な働き方や自宅での仕事を従業員に認めたり、要求する報告の量を減らしたりすることができるだろう。

つながりを増やすために、エミリーは子どもたちに友だち付き合いに費やす時間の拡大やパーティーの開催、電話の通話時間の延長許可を提案してもよい。

職場では、従業員により多くの会議やネットワーキンググループへの参加を認めることによって、人脈を広げる機会を増やすことができるだろう。

公平性の感覚を高めるために、エミリーは子どもたちと「公正な取引」を結ぶことができただろう。たとえば、部屋を片づけるようにうるさく言わない代わりに、家族の絆を深める時間を増やすといった取引だ。

職場の場合、従業員に自ら選んだ慈善活動に参加する「社会奉仕活動日」の取得を認めている企業もある。困っている人を助けると気持ちがいいのは、不公平を減らす感覚が得られるからではないだろうか。

SCARFの各要素はいずれも、エミリーがジョシュやミシェルが感じている脅威を和らげ、報酬の感覚をもたらすのに役立ったはずであり、その結果、新たな方法で注意を集中させることが容易になっていただろう。

しかし、SCARFの各要素に取り組むのは、単に目に見える報酬の提供だけが目的ではない。

日々の会話の中で、アイデアの表現のしかたに注意を払うことによっても、SCARFモデルの効果を活用できる。誰かに特定の作業をしてほしいとき、「これを君にやってほしい」ではなく「これをやってもらえないだろうか」と言うこともできる。

このシンプルな言い回しの変更は、自律感に配慮したものだ。ときにはSCARFモデル全体を活用してもいい。特に、相手が強い脅威を感じている可能性があるときは、そうすべきだ。

あなたが自分の管理するチームと話し合いを始めようとしていて、メンバーの注意を難しい事柄に向けさせたいと思っていると想像してほしい。その場合は、ステータスに配慮して、「みんな素晴らしい仕事をしてくれている。そんなみんなを非難するつもりはないが、今よりさらによくなる方法を見つけたいんだ」と切り出してもいい。

確実性に配慮して、「15分間だけ話をしたいが、特に具体的な成果を求めているわけじゃないから」と言うこともできる。

自律性に配慮して、「今、この件に焦点を当ててもかまわないだろうか？」と尋ねてもいい。

つながりに配慮して、仕事以外の個人的なことについて何か共有してもいい。

公平性に配慮して、チームの全員に同じ話をしていることを、言葉を選びながら告げてもいい。

こうした努力をしているうちに、相手の頭の中の警報ベルがやみ、あなたが望む方向に相手の注意を向けられる可能性が高まる。

企業や組織のリーダーは、人とコミュニケーションをとるほとんどの場面で、SCARFモデルを活用することによって、大きな効果を得ることができるだろう（人は自分よりステータスの高い人と話すだけで、脅威を感じる傾向にあることを思い出してほしい）。

偉大なリーダーの多くが、相手に安心感を与える取り組みの必要性を直感的に理解している。そのため、偉大なリーダーは謙虚であることが多く、その謙虚さによって相手のステータスに対する脅威を和らげている。

偉大なリーダーは明確な予測を提供し、今後のことを多く語り、確実性を高める手助けをする。相手に責任と決定権を与え、自律性を高める。人と偽りのない本物の関係を築く努力をして、強力な存在感を示すことが多く、それがつながりの感覚を生み出す。また、約束を守り、公平だとみなされるように気を配っている。

一方、無能なリーダーは、支配的な態度をとることで人を不安にさせ、ステータスを脅かす。目標や予測が曖昧で、確実性に影響を及ぼす。マイクロマネジメントによって自律性に影響を及ぼし、人としての結びつきに欠けるため、つながりの感覚をほとんど生み出さない。また、公平さが重要であることを理解していない場合が多い。

安心感をもたらすことが、文化を変えるための第一歩である。

家族2人に関わる場合でも、職場の2万人に関わる場合でも、それは共通している。どんな変化もそれ自体が脅威を感じさせやすいことを考えると、文化を変えるには、どこででも極力**接近**の状態をつくり出すことが必要となる。人は、あなたか、または自分たちの恐れのいずれかに注意を向ける。舞台は一度に両方乗せておけるほど広くないからだ。

適切なつながりの形成を促す

いったん相手の注意を引いたら、次は、その注意を正しく集中させるよう促す必要がある。注意がそれやすいことには利点がある。人の注意を他の考えからそらして新しいことに向けるのは、さほど難しくないからだ。

よく使われる手段はストーリーを語ることである。**よくできたストーリーの場合、聞き手はさまざまな登場人物や出来事を舞台に乗せておくため、脳内に複雑な地図をつくり出す。**

ストーリーには何かしらの「ポイント」、つまり語り手が理解させたい核となる具体的なアイデアがある。ポイントは、ストーリーの中で生まれる不意のつながりや、予期せぬことを知る登場人物に関わることが多い。そのため、ストーリーは「インサイト供給装置」（人の地図を変えさせる仕組み）と考えられる。

役に立つストーリーがある一方で、ストーリーの選び方や語り方がまずかったり、頻繁に語りすぎて空虚に響いたりするケースも多い。

また、多くの人は、誰かが自分を変えようとしているとそれに気づき、ストーリーが展開するたびに繰り返し不安を感じるため、最初に注意を引くために払った努力が台無しになる。私は誰かがストーリーを語り始めると、心の中で「さっさと要点を言え」「私を説得しようとするのはやめてくれ」とつい考えてしまう。

注意を集中させる効果的でより直接的な方法は、ただ適切な質問をして、相手に埋めるべきギャップを与えることである。手間がかかりすぎなければ、脳はどんなギャップでも喜んで埋めようとする。

小売店のマネジャーとして、あなたはチームの文化を、顧客ニーズをより重視する文化に変えたいと思っているとしよう。あなたの目標は、適切な新しいつながりだけをつくるのに必要な質問をチームに投げかけることだ。個人の変化を促すことについてのシーン13の知見がここでも当てはまる。

つまり、質問は問題ではなく解決策に関するものであるべきだ。集団の場合は特に、注意が問題に向きやすく、解決策には向きにくい。

小売店に話を戻すと、マネジャーがチームに投げかけることができる効果的な質問の例として、次のようなものがある。

過去にあなたが取り組み、お客様に喜ばれたことを一つ挙げるとすれば何か？

何をどのような方法で行ったときに、お客様は満足したか？

それをもっと頻繁に行うには何が必要か？

以上の3つの簡単な質問は、顧客サービスの課題を長々と議論するよりも、よっぽど確実に集団の行動を変えることができる。

これらの質問は特定の答えを想定していない。相手が自らインサイトにたどり着くのを助ける質問だ。小さな集団で質問について話し合える場合は、こうしたインサイトが増える可能性が高く、その結果、ステータスに対する脅威が和らぎ、つながりの感覚が増す。

人にこうした質問への答えを求めるとき、そこには質問に内在する暗黙の敬意があり、いい答えを持っているのはわかっていると相手にそれとなく伝えている。

「何が問題なのか？」といったステータスを脅かす質問とは異なり、こうした質問はステータスの報酬をもたらす。何よりも、自分が望む変化（この場合は顧客サービスの改善）に焦点を当てた解決志向の質問は、他の数百万の詳細情報に目を向けるよりも、顧客サービスを改善する新たなつながりの形成を促す。

解決志向の治療法やアプリシエイティブ・インクワイアリーなどの分野でも、同様のアイデアがさらに具体化されている。

これらが真新しい知見だと言っているわけではない。

だが、こうして注意を集中させる必要がある**理由**を理論的に説明できるようにしておけば、何かと役に立つはずだ。

つまり、集団の全体的な脅威レベルが下がったときに、自分が望む方向に人々の注意を向けるようにすべきということだ。脳は混沌としていて注意散漫になりやすいため、できるだけ明確かつ具体的に方向を示す必要があることを忘れてはならない。

注意を集中させる3つ目の方法は、目標設定に関わるものである。目標を設定すると、ポジティブ（またはネガティブ）なスパイラルを引き起こす可能性がある。

自分の目標に目を向けると、目標に関連する情報を認識する可能性が高まり、気持ちが前向きになる。目標達成に向かっていると感じられ、さらに目標に意識が向き、もっと多くの情報を認識し……という流れが続く。

目標がポジティブな報酬も伴う場合は、報酬への期待が相手の神経可塑性に強い影響を及ぼす可能性がある。

そのため、相手の注意を変化に向けたいときは、一次的報酬の期待をできるだけ長く視界に入れておく方法を見つけるとよいだろう。それによって気分が高揚し、思考が改善するからだ。

適切な目標を設定すると、小さな達成感を与えることによって、ステータスも高められる。適切な目標は、目的の明確化によって確実性の感覚を高めることができ、さらに、目標達成方法について相手に発言権を持たせれば、自律感を高めることができる。

適切な目標を設定することは、贈り物を与え続けるようなものである。その目標に向かって進んでいる間中ずっと、ポジティブな効果を得られるからだ。

これは理論上は素晴らしいが、残念ながら、人が自然と設定しがちな目標は、このポジティブな勢いの波を生み出さない。

サンフランシスコ・フォーティーナイナーズやアトランタ・ブレーブスの選手と仕事をしているパフォーマンス改善のエキスパートであるジム・バレルは、トップパフォーマーの目標設定のしかたを研究している。

「目標には、接近目標と回避目標がある」とバレルは説明する。「どちらを使うかが、パフォーマンスにきわめて大きな影響を及ぼす。接近目標の場合、向かっているゴールを視覚化させ、これに関連するつながりの形成を促す。つまり、新しいつながりをつくることになる。興味深いことだが、接近目標では、達成レベルが低いうちから気分が上向き始め、早期に効果が現れる。一方、回避目標は、失敗するおそれがあることを視覚化させ、関連する情動を呼び起こす」。

困ったことに、問題のほうが解決策よりはるかに思い浮かべやすいため、人はいつも決まって接近目標ではなく回避目標を設定する。また、問題は未知の解決策よりも確実であり、脳は自然と確実な方向に舵を切る。

こうした理由から、接近目標を自ら設定することはまれであり、設定するにはメンターやコーチなど、他者の助けを借りる必要があるだろう。

エミリーが家族と設定しようとした目標は、「けんかをしない」という回避目標だった。回避目標を設定すると、新しいつながりをつくるのではなく、ネガティブな情動に注意が向きかねない。減量、禁煙、禁酒など、世の中の新年の抱負の大半が回避目標だ。

目標設定には別の課題もある。人それぞれに驚くほど違いがあるという課題だ。

脳の**プロセス**は似通っているが（たとえば、脅威が前頭前皮質のリソースを減らすなど）、何を脅威とみなすか、つまり思考の**内容**は個人的な要素が強い。

したがって、他者の目標を設定するときは、相手の自律感を減らすだけではなく、相手を自分同然のようにとらえてしまうことが多い（そう考えなければ、舞台上のスペースを多くとって、不確実性が生じるからでもある）。

ここで得られる教訓は、他者の目標設定をするつもりなら、むしろ相手が自ら目標を設定する枠組みをつくったほうがよいということだ。

新しい回路を維持する

脅威を和らげ、適切な新しいつながりの形成を促したら、文化を変えるプロセスの3つ目として、相手が新しい回路に繰り返し注意を向けるようにしなければならない。特定の新しい地図を維持しておきたい場合、その地図を頻繁に作動させることが大事だ。**注意は脳を変化させるが、脳は多くの物事に注意を払うため、真の変化をもたらすには反復が必要となる。**

ジェフリー・M・シュウォーツの造語である「注意密度」という言葉は、注意の反復に関する今後の研究の科学的枠組みを提供している。

注意密度は、注意の頻度や持続時間、強度、幅などの変数に基づいて測定できる。何かをする約束を人と交わすと、それを守れなかった場合に生じるステータスへの脅威により、その約束が頻繁に頭に浮かぶようになる。その結果、約束に関連する回路への注意密度が上がり、そのタスクを忘れない可能性が高まる。タスクを書き留めた場合、タスクについて話すよりもはるかに多くの注意を払うため、やはり注意密度が上がる。

注意は測定が難しい構成概念であるため、注意に関する一連の問題は研究室では調査しにくい。だが、楽器習得に関する研究で反復の重要性が明らかにされ、「リハーサル」が記憶の符号化にもたらす影響を調べた研究で、同じように反復の重要性が指摘されるなど、優れた研究成果もいくつか生まれている。

ここで、注意密度について考えるための比喩《メタファー》を紹介したい。

脳をいつも日当たりがよく、たまにしか雨が降らない庭に見立てる。美味しいトマトを育てたい場合、まず苗を植えて、毎日丁寧に水やりする必要がある。トマトが丈夫に育ち始めたら、成長が続くよう定期的に水をやらなければならない。

では、どのくらいの頻度で水をやるのが適切だろうか？

年に1度しか水をやらなければ、トマトはすっかり枯れてしまう。3カ月に1度でも不十分だ。月に1度なら、多少は助けになる。週に1度なら一部のトマトには効果があり、週に2度水をやれば持続可能で顕著な効果がみられるはずだ。

植物を育てる最もよい方法は、水耕農場で行われている毎日数回水をやる方法だと思われる。脳内に健全な新しい回路をつくるのも、これとそう変わらないのではないだろうか。つまり、頻繁に注意を向ける必要があるのだ。

では、自分にとって重要なことに相手の注意を頻繁に向けさせるにはどうすればよいだろうか？

最もよい方法の一つは、協力させることだ。脳がきわめて社会的であることを思い出してほしい。そのため、社会に関連する自分の望んだ変化が得られると、良好な状態でいられる。

メンバーがプロジェクトについて定期的に話す必要があるシステムやプロセスの構築は、週に1度アイデアを提示して各自の考えを共有させるような簡単なものでよい。アイデアも脳回路も、会話によって活性化する。

自分が強力な演出家を備えていると同時に、他者の注意がどこに向いているのかにきちんと気づけるようになる必要があることも、ここからわかる。

文化を変えるには、まず全員の注意に目を向けることから始めて、新たな方法で各自の注意を集中させる手法を考え出さなければならない。

あるいは、他者が各自の演出家を働かせて、新たな方法で注意を集中させ、自分の脳を配線し直せるようになる手法を見いだせれば、なお理想的だ。

文化を変える方法を学ぶことは、自発的な神経可塑性を促す方法を学ぶことを意味する。

自分の注意をうまく切り替えられるほど、人と調和を保ち、オーケストラや一つの脳のように、同時に同じ考えに共鳴できるようになる。

おそらくこれが、私たちが世の中に変化をもたらすときに起きていることだろう。

変化を導く

変わることは難しく、私たちは周りにポジティブな変化をもたらすのがうまくなる必要に迫られている。

だが残念ながら、リーダーの立場に上りつめた人の多くが、高い知能を備えているにもかかわらず、物事の社会的な面には疎い。

神経科学はこの現象についても調査を始めている。「情報保持、計画立案、ワーキングメモリー、認知的問題の解決に関わる脳のネットワークは、どちらかというと脳の外側部に位置します」。マシュー・リーバーマンは彼の研究室で行ったインタビューでそう説明した。「さらに、自己認識、社会的認知、共感に関わる脳の正中部を中心としたネットワークもあります。この2つのネットワークは、一方が活性化すると他方が不活性化する逆相関関係にあることがわかっています。これは社会的な能力と非社会的な能力について逆相関関係にあるものが存在する可能性を示唆しています」。

注意を向けるネットワークが成長するものだと理解すれば、これも腑に落ちる。**認知タスクに長時間費やすと、単に共感回路をあまり使わなくなるという理由から、人への共感能力が低下するのだ。**

リーバーマンが説明するように、自己認識不足の代償が生じる場合もある。「ある研究によると、人に文章を見せながら『30分後、この文章を最後の言葉を隠して見せたときに、その言葉が何だったか思い出せますか？』と訊いた場合、内側前頭前皮質の活性度で、本人の答えがその後の結果を正しく言い当てるか否かが予測できるといいます」。

このように、賢すぎるリーダーは、自分の能力を誤解する可能性がある。また、自分を知るための回路が他者を知るための回路に近いことを考えると、他者を誤解する可能性も高い。
もっと効果的に変化を促したいと考えているリーダーは、まず自分の内面世界について理解を深める練習を積むとよいだろう。その最適な方法は、自分自身の脳についてもっと詳しく知ることである。

では、これらをすべて考え合わせて、エミリーとポールが変化を促す決め手となるものを理解していたら、この夜の展開がどう変わっていたか見ていくことにしよう。

After

エミリーは自宅の玄関を通り抜ける。手には夕食後にやるべき仕事がいっぱい詰まったかばんを抱えている。子どもたちとのふれ合いをどこかで楽しみにしていたが、ふたりとも自分の世界に入り込み、母親の帰宅を気にも留めない様子を見てがっかりする。

すぐに腹を立てそうになるが、そうすれば子どもたちが反抗的な態度をとるのは目に見えている。腹を立てつつ情動を抑え込むのがうまくいかないこともわかっている。情動を抑えても、子どもたちは脅威を感じるからだ。

エミリーは、どうすれば家族が仲よくやれるか全員で話し合いたいと思うが、夕食でブドウ糖を追加摂取し、話し合いがうまくいく可能性が高まるまで待つべきなのは言うまでもない。

今日は大変な一日だった。エミリーは夕食までドーパミンレベルを高めておくための「ちょっとした何か」を必要としている。夕食時に情動をコントロールする能力を低下させるだけなので、ワインは控えて、代わりに母親に電話をかける。母親は思いがけない電話に喜び、母親の上機嫌がエミリーにもうつってくる。天気や子どものことなどたわいのない雑談を30分程度した後、エミリーはずいぶんと気分がよくなる。

夕食の準備ができたとポールが呼びかけ、家のあちこちから家族が集まってくる。みんなが食べ始めてから10分経ったころ、エミリーが自分のプランを語り始める。

「今晩、家族会議を開きたいと思います。みんないいかしら?」と尋ねる。

「なんだよ、またかよ。お母さん。去年もやったじゃないか」とジョシュが文句を言う。

「お母さん、話すことなんかないわ。何もかもうまくいっているし」とヘッドフォンを片耳につけたままミシェルは言う。

「じゃあ、私が話し合いたいことを言わせてもらうわね。あなたたちも話したいことがあったら教えてちょうだい」。子どもたちの確実性の感覚を高め、選択権があることを実感させたいエミリーは、そんな言い方をした。

エミリーは報酬を提示して話し合いを始めるつもりだった。子どもたちの心を開かせるにはそれで十分だと思ったからだ。だが、それを口にしようとしたとき、演出家が働き始め、この戦略はうまくいかない可能性があると察知する。

エミリーはこの話し合いに子どもたちを巻き込む必要がある。母親の考えをただ受け流すのではなく、子どもたちにもつながりをつくらせなければならない。

「私は家族のコミュニケーションのあり方について話がしたいの。でも、今回は趣向を変えて、あなたたちが何を変えたいのかを聞いたうえで、話し合いたいと思っているわ」

「ああ、いいよ」とジョシュは言う。

「それで……?」ミシェルは上の子として、やや皮肉な口調で言う。

「家の中で何かやり方を変えてほしいことを教えてくれるかしら?」

「そうね……」と言ってミシェルは一呼吸置く。「私とジョシュを同じように扱うのは本当にやめてほしいわ。だって私はこの子よりずっと年上だし大人なんだから。違った扱いを受ける資格があるはずよ」

家庭では、公平性が大きな問題となり得る。エミリーはこの話し合いがつながりの強化という自分の課題に沿って進むことを期待していた。そのため、一瞬間を置いて意識的に自分の期待を忘れて、物事を成り行きに任せなければならない。エミリーは、今感じている不確実性にラベルを付け、どんな展開になってもかまわないと腹をくくる。

エミリーが黙っている間に、ポールが割って入る。「お前はどうだ、ジョシュ？どんなふうに変わってほしいと思うかい？」

「僕は自分一人でショッピングモールに行きたい。友だちはみんな、もうそうしているから」。ここ最近、ジョシュは友だちとの間で自分のステータスが下がっていると感じていた。10代の男子にとってはつらい感覚だ。両親はどちらもこの問題に気づいていなかった。

ポールとエミリーは子どもたちの要求にいくつかの条件付きで応じ、そのうえでエミリーは見返りとして公正な取引を求める。

「もし私たちが約束を守ったら、私が帰宅したときに、やっていることを10分だけ中断してもらえないかしら？　私は一日の終わりに、あなたたちが玄関に駆け寄ってくるのを見るのが大好きだったの。仕事で大変な一日を過ごした後でも、その姿を見れば心が和んだわ。私の帰宅を実際に喜べとは言わないけど、10分間だけ話をして気持ちを通わせられないかしら？　一緒におやつを食べる時間にしてもいいわ」

「オッケー、乗った」とジョシュは言う。おやつという別の一次的報酬との結びつきが彼の注意を引いたのだ。

「それで、ミシェル。もしよかったら、友だちとの関係について話してみない？最近、あなたとそういう話をする余裕がなくて、悪かったわ」

エミリーが目まぐるしい毎日に忙殺されているにもかかわらず、友人のことを話していいと言ってくれて、ミシェルは喜ぶ。

子どもたちは、とても大事な報酬が手に入ることを見込んで、ポジティブな状態にある。難しい質問をする絶好のタイミングだ。エミリーはふたりに、お互いにもっと優しく接し、必要なときは謝り、助け合う努力をしてもらえないかと尋ねる。エミリーの最終的な望みは、単に10分間気持ちを通わせることではない。家族でいるときの雰囲気、つまり文化を変えたいのだ。

子どもたちは失言があったことを認めて、お互いや両親への接し方を改めると約束する。小さな一歩を積み重ねることが前進するための最善の道だ。こうした話し合いをするのは3度目だが、今度こそ変化を起こせそうだとエミリーは実感する。

デザートを食べながら、エミリーはこの新しいプランが確実に実行されるように念押しする必要があるとふと思いつく。紙とペンを取り出し、全員にわかるようにそのプランを書き出す。

「仕事を終えて帰宅したエミリーと10分間一緒に過ごす」、「お互いに優しく接する」。ポールが、家にいるときは自分も「毎日10分間の親子の時間」に参加したいと言い出す。

エミリーは子どもたちに、どうやってリマインドしてほしいか尋ねる。ジョシュは何かしらステッカーをつくって好きなところに貼っておきたいと言い、ポールがコンピュータを使ったステッカーづくりを買って出る。

ミシェルは携帯電話の電源を入れたときにスクリーンに現れるメモがいいと言う。ミシェルはいつも携帯電話の電源を入れっぱなしにしているので、少し後ろめたい思いがするが、いずれにせよ携帯電話を使うたびにそのリマインダーが自分の脳内で起動することに気づいていない。

ミシェルとジョシュは、最後の一口を食べ終えると自分たちの部屋に戻ろうとするが、一瞬思案して後片づけを手伝おうかと尋ねる。ミシェルとジョシュは**接**

近の状態にあり、公平性の欲求などの本能とつながりやすくなっている。

エミリーは笑顔を見せる。みんなで一緒に後片づけをして、その後家族で映画を観ることにする。エミリーはすっきりした気持ちになり、今晩やるつもりだった仕事も、朝の冴えた頭で取り組めば効率よく片づくはずだとすぐに見通すことができた。

一緒に面白い映画を観ていると、ユーモアによってドーパミンが放出され、笑いを共有したことでオキシトシンが急増する。これらが組み合わさって、家族全員がリラックスし、豊かな時間を過ごす。素晴らしい一日だ。それぞれに違いはあっても、家族で絆を深め、一体感を覚える。


2時間後、エミリーとポールはテレビを消し、眠そうな子どもたちをベッドに連れていく。眠っているときの子どもたちはなんてかわいいのだろうと夫婦でささやき合う。エミリーとポールのなかで、子どもに対する愛情への注目が高まる。今夜の体験から温もりとつながりを感じながら、エミリーとポールは階下を見やって、もう少し家の片づけをしようかと一瞬思うが、ほぼ同時に別の選択をする。

残りの明かりを消し、寝室に入って静かにドアを閉める。次に起こることの最中に脳内で生じる反応については……まあ、それはまったく別の話だ。

脳に関する事実のまとめ｜シーン14

- 人が変化するのは難しく思えるが、脳の変化は常に生じている。
- 注意を集中させると脳が変わる。
- 注意は脅威に向きやすい。
- 脅威から注意をそらせば、適切な質問で新しいつながりをつくることができる。
- 長期的な変化をもたらすには、新しい回路を定着させるため、できたばかりのときは特に頻繁にその回路に注意を向ける必要がある。

最高の脳で働く方法｜シーン14

- □変化を促したいときに相手の情動状態に注目する練習をする。
- □相手が強い回避状態にあるときは、無理に影響を及ぼそうとしない。
- □ＳＣＡＲＦモデルの要素を活用して、相手を接近状態に切り替える。
- □活性化させたい回路に相手の注意を向けるような、解決志向の質問を使う。
- □新しい回路に繰り返し相手の注意を向けさせる方法を考え出す。

おわりに

あなたが各シーンの最後に目にするエミリーとポール(「After のエミリーとポール」と呼ぶことにしよう)は、各シーンの冒頭の彼ら自身よりもはるかに効果的に仕事を進めている。

だが、After のエミリーとポールはメール管理や会議の進行がうまくなっているだけではない。彼らはストレスも減り、仕事や生活を楽しみ、子どもと良好な関係を築き、性生活も充実しているようだ。こうした日常を送る人たちは、より健康で、地域社会への貢献度も高く、長生きする傾向にある。

Before と After のエミリーとポールの間には大きな違いが一つある。After のエミリーとポールは、Before のふたりよりも自分の脳をよく理解している。

意識の表面下で生じているかすかな内部信号を豊かな言葉で言い表すことができる。豊かな言葉を持てば、その都度とるべきメンタルパスの選択肢が増える。After のエミリーとポールは、強力な演出家を備えていたために豊かな言葉を持ち、またこうした言葉を持つことがさらに強力な演出家を育て上げた。彼らの演出家は、距離を置いて自分のメンタルプロセスを観察できた。そして何より、脳の情報の流れを即座に微調整することができている。

Afterのエミリーとポールの演出家が脳の働きにもたらした変化はごく小さなもので、今日の技術では、脳スキャン上でほとんど認識できない。

だが、これは本書の重要な知見の一つである。**つまり、100分の1秒で生じた脳の働きの微細な変化が、人々の日常にときに大きな変化をもたらす場合があるということだ。**この変化は、ある脳部位の活性化を抑えて別の脳部位の活性化を高める、脳内のエネルギーの流れのわずかな変化から生じ、同じ刺激に対するまったく異なる行動反応を即座に引き起こす。

哲学者たちは数千年間にわたって、「己を知る」ことが健康で成功に満ちた人生のカギだと説いてきた。

今、新たな脳研究から「自己認識」についての新しい考え方が生まれつつあるのかもしれない。この場合に限って「自己」とは自分自身の脳の働きを指す。

脳を調査して最初に発見することの一つは、脳がいかに機械のように見えるかということだ。

知的活動の大半は、コントロールできない力に動かされ、多くの場合ステータスや確実性の維持などあらかじめ決まった目標に応じて無意識に行われている。

自分たちがこれほど無意識に動かされていると知るのは恐ろしいことでもあるが、ここで話が終われば、人間の重要な側面を見逃すことになる。

あなたの脳は機械である一方で、単なる機械ではない。だが、単なる機械を超えたものにするには、脳の機械的性質を深く理解するしかない。

自らの脳の機械的性質を理解できるようになれば、演出家を強化することになる。これによって、もっと多くの場面で「これは脳のせいだ」と言い聞かせることができ、行動の選択肢が増える。

自分自身を変え、他者を変え、さらには周りの世界を変える能力は、つまるところ、自分の脳をどれだけよく理解しているか、また無意識に働くプロセスにどれだけ意識的に介入できるかにかかっているのかもしれない。

選択肢が増える場面を見極められるように、本書に登場した脳に関する知見をまとめてみよう。

第1章では、計画立案や情報整理、優先順位付け、創造的作業など、反復作業以外の知的作業を行うには、小さく不安定でエネルギーを多く消費する脳部位である前頭前頭前皮質を使う必要があることを学んだ。さらに、最適なパフォーマンスが可能なゾーンにとどまるのが難しい理由や、脳が注意散漫になりやすい理由を説明する基礎となる生物学的仕組みがわかった。また、前頭前皮質自体が問題になる場合があり、創造性を発揮したいときには、前頭前皮質のスイッチを切る能力が必要になることも学んだ。第1章は、意識的なメンタルプロセスの限界に対処する方法を学ぶことが主題だった。

また、第1章の最後では、演出家の存在と、自分が経験している状況から一歩離れて自らの心の動きを客観視できることの重要性を学んだ。この瞬間にじっと意識を集中させる能力がその土台となる。こうして自らのメンタルプロセスに気づく力が、無意識の思考パターンを断ち切り、そこから離れる能力に劇的な影響を及ぼすことが明らかになった。つまり、自分の思考プロセスに気づくことが、脳を知り変えるために不可欠であることがわかった。

第2章では、脳が危険を最小化し、報酬を最大化する仕組みを探った。この反応は、脳の大脳辺縁系が引き起こす情動の**接近**と**回避**のシステムとして生じる。

接近の状態は、生産性が高く、優れた仕事につながりやすいことを確認する一方で、**回避**の状態がいかに簡単にすぐさま生じ、しかも強力であるかがわかった。過去に脅威を感じた場面を思い出すことや、不確実性、自律感の欠如によって、思考力が低下することも把握した。

また、過度に興奮した大脳辺縁系のコントロールに役立つ、ラベリングと再評価という2つの手法を確認し、期待が経験にもたらす劇的な影響についても学んだ。

つまり、第2章では、生命を維持するための脳の活動が、ときに予期せぬ結果をもたらすことがわかった。メンタルパフォーマンスの低下や寿命の短縮も、この結果に含まれることがある。

第3章では、社会を脳の観点からとらえ、つながりや公平性、ステータスなどの社会的経験領域が、生命に関わる報酬や危険と同じ回路を使って、同じ強さで、**接近**反応か**回避**反応かを生み出すことがわかった。

人間の行動の多くが、たいていは無意識に、社会的危険を最小化して社会的報酬を最大化したいという欲求から引き起こされていることを確認した。

第4章では、問題に注目して提案をする人間の生まれ持った癖が、他者を変えるのを難しくしていることがわかった。解決策につながるインサイトを引き出す、他者との新しい接し方についても検討した。

また、文化を変えるために必要なことにも目を向け、本人がどれだけ自らの脳を変えようとするかが変化の決め手となることを確認した。さらに、脳に深く影響を与える形で安心感を高め、新しいつながりの形成を促し、新しい回路を定着させて、文化を変える方法を学んだ。

本書全体にわたる一貫したテーマは、演出家の重要性だ。強力な演出家がついていれば、無意識に行動するのではなく、各瞬間に何が起きているのかを把握したうえで行動できる。優秀な演出家がいれば選択する力が備わり、こうした選択が後に続く神経反応や心身反応に関わる脳の働きを変える。そのうちに、あなたの選択によって脳をはるかに深く変えられるようになる。

本書を読むことで、ライフスタイルに合った演出家の画期的な育て方を見つけてくれたことを期待したい。演出家を育てる練習は、食事前に少しだけ意識を集中させるだけで事足りることを思い出してほしい。繰り返しがカギだ。

演出家が強力になればなるほど、舞台に上げるべきものと舞台から遠ざけるべきもの、細心の注意を払うべきタイミングと距離を置いてゆるいつながりが形成されるようにすべきタイミング、意思決定の対象を正しい順序で舞台に乗せて、素早く舞台から降ろす方法、また、意識的に認識できるわずか40種類の信号ではなく、脳が常に活用できる200万の環境信号から生じるかすかな信号を聴くために心を落ち着かせる方法を、楽に判断できるようになる。

こうした判断を迫られる場面は日常茶飯事だ。本書を通して、あなたの演出家がこの先長く注意を払うべきことが把握できるよう、脳の働きについて十分な知見が得られたことを期待したい。

脳を理解することは、あらゆる場面でパフォーマンスを向上させる最善の方法かもしれない。協力して働くチームにとっては特にそういえる。

本書で説明したパターンを認識できるようになったら、こうしたアイデアについて人と話し、得た知見を共有することをお勧めしたい。

このようなアイデアに注意を多く払うほど、それが脳に占める範囲が広がり、一番必要なときにそのアイデアを思い出しやすくなる。

本書のアイデアがあなたの頭の中だけではなく、周囲の人々の脳の中にもあれば、必要なときに取り出しやすい。

脳に関する深い知識をすぐに使えるようにしておけば、Afterのエミリーとポールにより近い人生を送ることができるようになる。

それは、課題を抱えてはいるが、脳を使ってその課題を克服でき、目一杯働いているが、それによって成長し、子どもを立派な社会人に育て上げる、画期的な新ビジネスを立ち上げる、職場での大変な一日を乗り切る、など素晴らしいことを成し遂げられる人生だ。

最後に、脳科学に基づくはなむけの言葉を贈る。

コルチゾールが低レベルに、ドーパミンが高レベルに保たれ、オキシトシンが豊富に分泌され、セロトニンが高レベルで安定し、脳の働きを観察する力が息を引き取る瞬間まであなたを引きつけてやまないことを願う。

あなたの旅が充実したものになることを心から祈っている。

デイビッド・ロック

謝辞

まず誰よりも感謝したいのは、妻のリサ・ロックだ。あちこち飛び回り、そばにいるときも脳の話ばかりしたがる夫に、彼女は長年耐えてくれた。娘のインディアとトリニティには、心からありがとうと伝えたい。申し訳ないことに父親が閉じこもって執筆する間、娘たちはたくさん情動制御をしなければならなかった。

ジェフリー・シュウォーツにも感謝を捧げる。彼は当初、この本を私と共に執筆しようとしていたが、途中で新しい方向へ進むことになった。彼の指導と助言は本当にありがたかった。自発的な神経可塑性と注意密度はジェフリーがつくった言葉だ。また、マット・リーバーマン、ケビン・オクスナー、エビアン・ゴードン、イ・ユアン・タンにも、数年にわたって情報提供や科学的助言をしてくれたことにお礼を言いたい。

イタリアのビジネススクールCIMBAの学長、アル・リングルブは、『ニューロリーダーシップ・ジャーナル』誌とニューロリーダーシップ・サミットへの協力を通じ、本書を世に出すきっかけをつくってくれた。本当に感謝している。また、継続的な助言と変わらぬ信頼を寄せてくれていることに対し、『ストラテジー＋ビジネス』

誌の編集者、アート・クレイナーに感謝する。本書の編集を手伝ってくれたカレン－ジェーン・エア、参考文献一覧の整理に手を貸してくれたレイチェル・シェパードにも、深く感謝している。また、ハーパービジネスの全スタッフの支援に感謝する。なかでもCEOのブライアン・マレーには、2005年、私に可能性を見いだしてくれたことに感謝を伝えたい。さらに、日々のビジネスにもっと注意を払う必要があったときにも、本書に集中させてくれたリザルツ・コーチング・システムズのスタッフ全員に感謝している。

　脳の構造と機能を辛抱強く研究している数千人の神経科学者たちに深く感謝する。彼らがいなければ、本書のどの部分も形にならなかった。最後に、私の脳の演出家に心からの感謝を。演出家なしでは、この本の最初の1ページも書き上げることができなかっただろう。本当にありがとう。

ガーデニングについての比喩は、私自身の観察から生まれた。同様のアイデアが、反復練習が決め手であることを明らかにした楽器習得方法の研究からも生まれている。楽器習得をはじめとする、芸術教育の効果の最大化に関する詳細情報は、ダナ財団のウェブサイト www.dana.org を参照のこと。このサイトでは、音楽や美術の練習が認知発達や心の健康に与える効果について紹介するリンクやリソース、研究を閲覧できる。

一般知能と自己認識が逆相関の関係にあるというアイデアは、脳の正中部と外側部のそれぞれの役割と、内側前頭前野が損傷した人に何が起こるかを調べた一連の研究論文から得られた。次の文献を参照。

Beer, J. S., A. P. Shimamura, and R. T. Knight. “Frontal lobe contributions to executive control of cognitive and social behavior.” In M. S. Gazzaniga, ed., The Cognitive Neurosciences III, Cambridge, Mass.: MIT Press, 2004, pp. 1091–104.

Fox, M. D., A. Z. Snyder, J. L. Vincent, M. Corbetta, D. C. Van Essen, and M. E. Raichle. “The human brain is intrinsically organized into dynamic, anticorrelated functional networks.” PNAS 102, no. 27 (July 5, 2005): 9673–78.

Gray J. R., C. F. Chabris, and T. S. Braver. “Neural mechanisms of general fluid intelligence.” Nature Neuroscience (February 18, 2003).

Schnyer, D. M., L. Nicholls, and M. Verfaellie. “The role of VMPC in metamemorial judgments of content retrievability.” Journal of Cognitive Neuroscience 17 (2005): 832–46.

構—脳メカニズムから心理学へ』D・O・ヘッブ著、鹿取廣人、金城辰夫、鈴木光太郎、鳥居修晃、渡邊正孝訳、岩波書店、2011年

神経可塑性の多数の事例が、ノーマン・ドイジとジェフリー・シュウォーツのそれぞれの著書に紹介されている。次を参照。

Doidge N. The Brain That Changes Itself. New York: Viking Adult, 2007.『脳は奇跡を起こす』ノーマン・ドイジ著、竹迫仁子訳、講談社インターナショナル、2008年

Schwartz J. The Mind and the Brain, New York: Harper Perennial, 2003.『心が脳を変える—脳科学と「心の力」』ジェフリー・シュウォーツ著、吉田利子訳、サンマーク出版、2004年

自発的な神経可塑性という言葉は、次の文献に登場する。

Schwartz, J. M., E. Z. Gulliford, J. Stier, and M. Thienemann. "Mindful awareness and self-directed neuroplasticity: Integrating psychospiritual and biological approaches to mental health with a focus on obsessive compulsive disorder." In S. G. Mijares and G. S. Khalsa, eds. The Psychospiritual Clinician's Handbook: Alternative Methods for Understanding and Treating Mental Disorders. Binghamton, N.Y.: Haworth Reference Press, 2005, p. 5.

注意密度という言葉は、次の文献に登場する。

Schwartz, J. M., H. P. Stapp, and M. Beauregard. "Quantum physics in neuroscience and psychology: A neurophysical model of mind–brain interaction." Philosophical Transactions of the Royal Society, 2005. Published online, doi:10.1098/rsub200401598, 2005; http:rstb.royalsocietypublishing.org/content/360/1458/1309.abstract.

目標の同化についての詳細は、次の文献を参照。

Berkman, E., and M. D. Lieberman. "The neuroscience of goal pursuit: Bridging gaps between theory and data." In G. Moskowitz and H. Grant, eds. The Psychology of Goals. New York: Guilford Press, 2009, pp. 98–126.

脳がストーリーと比喩を通して学ぶ仕組みの詳細は、次の文献を参照。

Perry, B. "How the brain learns best." Instructor 11, no. 4 (2000): 34–35.

ジム・バレルの研究と、接近目標と回避目標についての詳細は、次の文献を参照。

Price, D. D., and J. J. Barrell. "Some general laws of human emotion: Interrelationships between intensities of desire, expectation, and emotional feeling." Journal of Personality 52, no. 4 (2006): 389–409.

経験の個人差についての詳細は、次の文献を参照。

Coghill, R. C., J. G. McHaffie, and Y. Yen. "Neural correlates of inter-individual differences in the subjective experience of pain." Proceedings of the National Academy of Sciences 100 (2003): 8538–42.

or Die（変化か死か）』の中で、医療危機に関する会議（2004 年）で発表された数字――心臓手術を受けた患者で生活習慣を変えることができたのは 9 人に 1 人にとどまること――を明らかにしている。次を参照。

Deutschman, A. Change or Die: The Three Keys to Change at Work and in Life. New York: Collins, 2007.

職場でアメとムチの手法を使う問題点に関する大規模な議論については、次の文献を参照。

Rock, D., and J. M. Schwartz. "The neuroscience of leadership." Strategy + Business 43, 2006. http://www.strategy-business.com/media/file/sb43_06207.pdf より検索。

神経同期についての詳細は、次の文献を参照。

Slagter, H. A., A. Lutz, L. L. Greischar, A. D. Francis, S. Nieuwenhuis, and J. M. Davis, et al. "Mental training affects distribution of limited brain resources." Public Library of Sciences Biology 5, no. 6 (2007): 138.

神経同期が脳の機能モジュールの統合に重要な役割を果たすことについての詳細は、次の文献を参照。

Ward, L. M., S. M. Doesburg, K. Kitajo, S. E. MacLean, and A. B. Roggeveen. "Neural synchrony in stochastic resonance, attention, and consciousness." Canadian Journal of Experimental Psychology 60, no. 4 (2006): 319–26.

解決志向の治療法の概論については、次の文献を参照。

"Solutions-focused brief counselling: An overview." In K. Hunt and M. Robson, eds. Counselling and Metamorphosis. Durham, UK: Centre for Studies in Counselling, University of Durham, 1998, pp. 99–106.

アプリシエイティブ・インクワイアリーに関する情報は、次の文献を参照。

Cooperrider, D., and D. Whitney. Appreciative Inquiry: The Handbook. Ohio: Lakeshore Publishers, 2002.

注意に関するデジモンの研究の詳細は、次の文献を参照。

Desimone, R., and J. Duncan. "Neural mechanisms of selective visual attention." Annual Review of Neuroscience 18 (1995): 193–222.

ガンマ波と認知についての詳細は、次の文献を参照。

Kaiser, J., and W. Lutzenberger. "Human gamma-band activity: A window to cognitive processing." Neuroreport 16 (2005b): 207–11.

Keil, A., M. M. Muller, W. J. Ray, T. Gruber, and T. Elbert. "Human gamma band activity and perception of a gestalt." Journal of Neuroscience 19 (1999): 7152–61.

ヘッブの法則の詳細は、次の文献を参照。

Hebb, D. O. The Organization of Behavior. New York: Wiley, 1949.『行動の機

87, no. 5 (2004): 557–72.

プライミングの詳細は、次の文献を参照。

Jacoby, L. L. "Perceptual enhancement: Persistent effects of an experience." Journal of Experimental Psychology: Learning, Memory, and Cognition 9, no. 1 (1983): 21–38.

脳はどんな状況でも一つの反応のしかたに落ち着く必要があることについての詳細は、次の文献を参照。

Desimone, R., and J. Duncan. "Neural mechanisms of selective visual attention." Annual Review of Neuroscience 18 (1995): 193–222.

ポジティブな情動がインサイトの発生を促す仕組みの詳細は、次の文献を参照。

Subramaniam, K., J. Kounios, T. B. Parrish, and M. Jung-Beeman. "A brain mechanism for facilitation of insight by positive affect." Journal of Cognitive Neuroscience 21 (2009): 415–32.

「アハ！」体験と「アダー」体験の影響についての詳細は、次の文献を参照。

Dougal, S., and J. W. Schooler. "Discovery misattribution: When solving is confused with remembering." Journal of Experimental Psychology 136, no. 4 (2007): 577–92.

インサイトの影響についての詳細は、次の文献を参照。

Gick, M. L., and R. S. Lockhart. "Cognitive and affective components of insight." In R. J. Sternberg and J. E. Davidson, eds., The Nature of Insight, Cambridge, Mass.: MIT Press, 1995, pp. 197–228.

Schooler, J. W., and J. Melcher. "The ineffability of insight." In S. M. Smith, T. B. Ward, and R. A. Finke, eds., The creative cognition approach, Cambridge Mass.: MIT Press, 1997, pp. 97–133.

オールソンは、他者が行き詰まっているときに何ができるかという疑問を掘り下げている。

Knoblich, G., S. Ohlsson, and G. Raney. "Resolving impasses in problem solving: An eye movement study." In M. Hahn and S. C. Stoness, eds. Proceedings of the Twenty-First Annual Conference of the Cognitive Sciences, Vancouver: Simon Fraser University Press, 1999, pp. 276–81.

学生に自分自身へのフィードバックをさせるマシュー・リーバーマンのアプローチについては、2008年にUCLAの彼のオフィスで行ったインタビューで説明を受けた。

シーン14 ▶ 変化が必要な文化

自分の行動を変える難しさの一例として、アラン・ドイチマンが著書『Change

Grant, K. A., C. A. Shively, M. A. Nader, R. L. Ehrenkaufer, S. W. Line, T. E. Morton, H. D. Gage, and R. H. Mach. "Effect of social status on striatal dopamine D2 receptor binding characteristics in cynomolgus monkeys assessed with positron emission tomography." Synapse 29, no. 1 (1998): 80–83.

テストステロンとステータスとの関連性についての詳細は、次の文献を参照。

Newman, M. L., J. G. Sellers, and R. A. Josephs. "Testosterone, cognition, and social status." Hormones and Behavior 47 (2005): 205–11.

ステータスが自分との競争の原動力であるというアイデアは、脳が自分を知るために使う回路と他者を知るために使う回路が同じであることを説明した読み物からヒントを得ている。自分の個人目標を設定し達成することが高いモチベーションにつながる理由はステータスにあるという考え方は、私自身が得たインサイトだ。

シャーデンフロイデに関する研究の詳細は、次の文献を参照。

Takahashi, H., M. Kato, M. Matsuura, D. Mobbs, T. Suhara, and Y. Okubo. "When your gain is my pain and your pain is my gain: Neural correlates of envy and schadenfreude." Science 323, no. 5916 (2009): 937–39.

ＳＣＡＲＦモデルの詳細は、『ニューロリーダーシップ・ジャーナル』誌に掲載された私の論文を参照。

Rock, D. "SCARF: A brain-based model for collaborating with and influencing others." NeuroLeadership Journal 1 (2008): 44–52.

シーン 13 ▶相手が状況を見失ったときの対応

複雑で流動的なシステムと組織についての詳細は、マーガレット・ウィートリーの次の著書を参照。

Wheatley M. Leadership and the New Science: Discovering Order in a Chaotic World, 3rd ed., San Francisco: Berret-Koehler Publishers, 2006.『リーダーシップとニューサイエンス』マーガレット・ウィートリー著、東出顕子訳、英治出版、2009 年

私たちが欠如や問題志向のモデルに注目しやすいのは、不確実な状況を回避する欲求のせいであるというアイデアは、本書の執筆中に私が思いついたものだ。私の知る限り、これはまだ実証されていない。このアイデアは、３つの情報――過去のことはわかるが未来は不確実という常識、小さな不確実性でも脅威反応を生み出すことを示す研究結果、脅威を感じる状況を人が無意識に回避することを示す別の研究結果――を結びつけることによって得られた。

自分が設定した目標が自らの認識を決定づける仕組みの詳細は、次の文献を参照。

Ferguson, M. J., and J. A. Bargh. "Liking is for doing: The effects of goal pursuit on automatic evaluation." Journal of Personality and Social Psychology

Chiao, J. Y., A. R. Bordeaux, and N. Ambady. "Mental representations of social status." Cognition 93, no. 2 (2003): B49–57.

Zink, C., Y. Tong, Q. Chen, D. Bassett, J. Stein, and A. Meyer-Lindenberg. "Know your place: Neural processing of social hierarchy in humans." Neuron 58 (2008): 273–83.

脅威がステータスに与える影響の詳細は、次の文献を参照。

Eisenberger, N., M. Lieberman, and K. Williams. "Does rejection hurt? An fMRI study of social exclusion." Science 302, no. 5643 (2003): 290–92.

Eisenberger, N., and M. Lieberman. "Why rejection hurts: A common neural alarm system for physical and social pain." Trends in Cognitive Sciences 8, no. 7 (2004): 294–300.

Lieberman M., and N. Eisenberg. "The pains and pleasures of social life." NeuroLeadership Journal 1 (2008): 38–43.

動物社会のステータスの詳細は、次の文献を参照。

Sapolsky, R. Why Zebra's Don't Get Ulcers. 3rd ed. New York: Henry Holt and Company, 2004.『なぜシマウマは胃潰瘍にならないか―ストレスと上手につきあう方法』ロバート・M・サポルスキー著、栗田昌裕監修、森平慶司訳、シュプリンガー・フェアラーク東京、1998年（注：邦訳書は、原文にある第3版ではない）

ステータスの重要性を説明した書籍は次の通り。

Marmot, M. The Status Syndrome: How Social Standing Affects Our Health and Longevity, Henry Holt and Company, 2005.『ステータス症候群―社会格差という病』マイケル・マーモット著、鏡森定信、橋本英樹訳、日本評論社、2007年

ステータスの報酬の詳細は、次の文献を参照。

Izuma, K., D. Saito, and N. Sadato. "Processing of social and monetary rewards in the human striatum." Neuron 58, no. 2 (2008): 284–94.

コンピュータで子どもにポジティブなフィードバックを与える研究については、次の文献を参照。

Scott, Dapretto et al. "Social, Cognitive and Affective Neuroscience." (under review, Social Cognitive and Affective Neuroscience Journal, 2008).

慢性的ストレスと低い社会経済的ステータスが脳に与える影響に関する情報は、次の文献を参照。

Evans, G. W., and M. A. Schamberg. "Childhood poverty, chronic stress, and adult working memory." Proceedings of the National Academy of Sciences of the United States. Published on-line, www.pnas.org, March 30, 2009.

平凡な人々が非凡なことを成し遂げる現象の背景に「ステータスに関する希望」があるというアイデアは、執筆中に得たインサイトから生まれた。

ステータスとドーパミンとの関連性の詳細は、次の文献を参照。

Xiao, E., and D. Houser. "Emotion expression in human punishment behavior." Proceedings of the National Academy of Sciences of the United States 102, no. 20 (2005): 7398–401.

公平性の認識が人員削減の影響を和らげることについての詳細は、次の文献を参照。

Brockner, J. "Managing the effects of layoffs on others." California Management Review (Winter 1992): 9–27.

Hamel, G., and C. K. Prahalad. "Competing for the future," Harvard Business Review (July–August 1994): 122–28.

不公平の受け入れ方についての詳細は、次の文献を参照。

Tabibnia, G., A. B. Satpute, and M. D. Lieberman. "The sunny side of fairness: Preference for fairness activates reward circuitry and disregarding unfairness activates self-control circuitry." Psychological Science 19, no. 4 (2008): 339–47.

不公平な振る舞いをする人には共感しないことについての詳細は、次の文献を参照。

Seymour, B., T. Singer, and R. Dolan. "The neurobiology of punishment." Nature Reviews Neuroscience 8 (2007): 300–311.

Singer, T., B. Seymour, J. P. O'Doherty, K. E. Stephan, R. J. Dolan, and C. D. Frith. "Empathic neural responses are modulated by the perceived fairness of others." Nature 439 (2006): 466–69.

他人に何かを与えることによって強い報酬反応が生じることについての詳細は、次の文献を参照。

Moll, J., F. Krueger, R. Zahn, M. Pardini, R. Oliveira-Souza, and J. Grafman. "Human fronto-mesolimbic networks guide decisions about charitable donation." Proceedings of the National Academy of Science 103 (2006): 15623–28.

Moll, J., R. Oliveira-Souza, and R. Zahn. "The Neural Basis of Moral Cognition." Annals of the New York Academy of Sciences 1124 (2008): 161–80.

シーン 12 ▶ ステータスをめぐる争い

身体的痛みとの比較による社会的痛みの継続期間について調べたチェンの研究の詳細は、次の文献を参照。

Chen, Z., K. D. Williams, J. Fitness, and N. C. Newton. "When hurt will not heal: Exploring the capacity to relive social and physical pain." Psychological Science 19, no. 8 (2008): 789–95.

他者とのステータスの関係を定義した特定の地図を維持する方法の詳細は、次の文献を参照。

シーン 11 ▶何もかもが不公平に感じられる場合

一次的報酬または一次的脅威としての公平性についての詳細は、次の文献を参照。

Tabibnia, G., and M. D. Lieberman. "Fairness and cooperation are rewarding: Evidence from social cognitive neuroscience." Annals of the New York Academy of Sciences 1118 (2007): 90–101.

最後通牒ゲームの詳細は、次の文献を参照。

Sanfey, A. G., J. K. Rilling, J. A. Aronson, L. E. Nystrom, and J. D. Cohen. "The neural basis of economic decision-making in the Ultimatum Game." Science 300 (2003): 1755–58.

公平性の進化的基盤に関するアイデアは、スティーブン・ピンカーの次の著書から得ている。

Pinker, S. How the Mind Works, New York: W. W. Norton and Company, 1997.『心の仕組み』スティーブン・ピンカー著、椋田直子、山下篤子訳、筑摩書房、2013年

ティーンエイジャーの脳がやや年下の子どもの脳よりも一部の活動で劣ることについての詳細は、次の文献を参照。

Blakemore, S. J. "The social brain of a teenager." The Psychologist 20 (2007): 600–602.

McGivern, R. F., J. Andersen, D. Byrd, K. L. Mutter, and J. Reilly. "Cognitive efficiency on a match to sample task decreases at the onset of puberty in children." Brain and Cognition 50, no. 1 (2002): 73–89.

セロトニンと公平性との関連性についての詳細は、次の文献を参照。

Crockett, M. J., L. Clark, G. Tabibnia, M. D. Lieberman, and T. W. Robbins. "Serotonin modulates behavioral reactions to unfairness." Science 320, no. 5884 (2008): 173.

公平な提案を受けると信頼感と連帯感が高まることについての詳細は、次の文献を参照。

Decety, J., P. L. Jackson, J. A. Sommerville, T. Chaminade, and A. N. Meltzoff. "The neural bases of cooperation and competition: An fMRI investigation." Neuroimage 23 (2004): 744–51.

Rilling, J. K., D. A. Gutman, T. R. Zeh, G. Pagnoni, G. S. Berns, and C. D. Kilts. "A neural basis of social cooperation." Neuron 35 (2002): 395–405.

信頼感とオキシトシンについての詳細は、次の文献を参照。

Kosfeld, M., Heinrichs, M., Zak, P. J., Fischbacher, U., and Fehr, E. "Oxytocin increases trust in humans." Nature 435 (2005): 673–76.

罰を与える行為の一部としての情動の表出に関する詳細は、次の文献を参照。

Schwarz, eds., Well-being: Foundations of Hedonic Psychology, New York: Russell Sage Foundation, 1999, pp. 3–14.

笑いとオキシトシンについての詳細は、ロバート・プロビン博士の次の著書を参照。

Provine, R. Laughter: A Scientific Investigation, New York: Penguin Paperback, 2001.

つながりを求める脳の本質的欲求についての詳細は、次の文献を参照。

Cacioppo, J. T., and B. Patrick. Loneliness: Human Nature and the Need for Social Connection. New York: W. W. Norton and Company, 2008.『孤独の科学―人はなぜ寂しくなるのか』ジョン・T・カシオポ、ウィリアム・パトリック著、柴田裕之訳、河出書房新社、2010年

つながりがストレスを減らす仕組みの詳細は、次の文献を参照。

Eisenberger, N. I., and M. D. Lieberman. "Why rejection hurts: A common neural alarm system for physical and social pain." Trends in Cognitive Sciences 8 (2004): 294–300.

Eisenberger, N. I., J. J. Jarcho, M. D. Lieberman, and B. D. Naliboff. "An experimental study of shared sensitivity to physical pain and social rejection." Pain 126 (2006): 132–38.

声を出して話すことによって記憶が影響を受ける仕組みの詳細は、次の文献を参照。

Davachi, L., A. Maril, and A. D. Wagner. "When keeping in mind supports later bringing to mind: Neural markers of phonological rehearsal predict subsequent remembering." Journal of Cognitive Neuroscience 13, no. 8 (2001): 1059–70.

競争意識が共感を減らす仕組みの詳細は、次の文献を参照。

Baumeister, R. F., J. M. Twenge, and C. K. Nuss. "Effects of social exclusion on cognitive processes: Anticipated aloneness reduces intelligent thought." Journal of Personality and Social Psychology 83, no. 4 (2002): 817–27.

de Quervain, D. J., U. Fischbacher, V. Treyer, M. Schellhammer, U. Schnyder, A. Buck, and E. Fehr. "The neural basis of altruistic punishment." Science 305 (2004): 1254–58.

オキシトシンの放出についての詳細は、次の文献を参照。

Kosfeld, M., M. Heinrichs, P. J. Zak, U. Fischbacher, and E. Fehr. "Oxytocin increases trust in humans." Nature 435 (2005): 673–76.

ギャラップ社の調査についての詳細は、同社のウェブサイト www.gallup.com を参照。

(1943): 370–96.

ミラーニューロンと共感についての詳細は、次の文献を参照。

Keysers C., and V. Gazzola. "Towards a unifying neural theory of social cognition." Progress in Brain Research 156 (2006): 379–401.

Uddin, L. Q., M. Iacoboni, C. Lange, and J. P. Keenan. "The self and social cognition: The role of cortical midline structures and mirror neurons." Trends in Cognitive Sciences 11, no. 4 (2007): 153–57.

ミラーニューロンが他者の意図を直接把握することにどう関わっているかの詳細は、次の文献を参照。

Iacoboni, M., I. Molnar-Szakacs, V. Gallese, G. Buccino, J. C. Mazziotta, and G. Rizzolatti. "Grasping the intentions of others with one's own mirror neuron system." PloS Biology 3, no. 3 (2005): 79.

ミラーニューロンと自閉スペクトラム症との関係についての詳細は、次の文献を参照。

Iacoboni, M., and M. Dapretto. "The mirror neuron system and the consequences of its dysfunction." Nature Reviews Neuroscience 7 (2006): 924–51.

情動の伝染とも呼ばれる、情動が集団全体に波及する仕組みの詳細は、次の文献を参照。

Barsade, S. G. "The ripple effect: Emotional contagion and its influence on group behavior." Administrative Science Quarterly 47 (2002): 644–75.

Wild, B., M. Erb, and M. Bartels. "Are emotions contagious? Evoked emotions while viewing emotionally expressive faces: quality, quantity, time course, and gender differences." Psychiatry Res. 102 (2001): 109–24.

自分に似ていると思った人のことを考えるときと、自分とは違うとみなした人のことを考えるときとでは、使う脳回路が異なることについての詳細は、次の文献を参照。

Mitchell, J. P., C. N. Macrae, and M. R. Banaji. "Dissociable medial prefrontal contributions to judgments of similar and dissimilar others." Neuron 50 (2006): 655–63.

オキシトシンが信頼感を高め、自然に生じる脅威を和らげる仕組みについての詳細は、次の文献を参照。

Kosfeld, M., M. Heinrichs, P. J. Zak, U. Fischbacher, and E. Fehr. "Oxytocin increases trust in humans." Nature 435 (2005): 673–76.

ダニエル・カーネマンと、最も幸福感を得られる社会的状況についての詳細は、次の文献を参照。

Kahneman, D. "Objective happiness." In D. Kahneman, E. Deiner, and N.

自分を楽観的にとらえることが心の健康に及ぼすポジティブな影響についての詳細は、次の文献を参照。

Taylor, S. E., J. S. Lerner, D. K. Sherman, R. M. Sage, and N. K. McDowell. “Portrait of the self-enhancer: Well adjusted and well liked or maladjusted and friendless?” Journal of Personality and Social Psychology 84, no. 1 (2003): 165–76.

シーン 10 ▶敵を味方に変える

脳の社会的な回路についての詳細は、次の文献を参照。

Lieberman, M. D. “Social cognitive neuroscience: A review of core processes.” Annual Review of Psychology 58 (2007): 259–89.

新生児がどの写真よりも真っ先に顔の写真のほうを向くことについての詳細は、次の文献を参照。

Goren, C. C., M. Sarty, and P.Y.K. Wu. “Visual following and pattern discrimination of face-like stimuli by newborn infants.” Pediatrics 56, no. 4 (1975): 544–49.

子どもの発育についての詳細は、次の記事を参照。

Wingert, P., and M. Brant. “Reading Your Baby’s Mind.” Newsweek, August 15, 2005, p. 35.

人が幼年期から、他人を味方か敵かに分類することについての詳細は、次の文献を参照。

Porges, S. W. “Neuroception: A subconscious system for detecting threats and safety.” Zero to Three 24, no. 5 (2004): 19–24.

一次的報酬または一次的脅威としてのつながりに関する詳細は、次の文献を参照。

Baumeister, R. F., and M. R. Leary. “The need to belong: Desire for interpersonal attachments as a fundamental human motivation.” Psychological Bulletin 117 (1995): 497–529.

Cacioppo, J. T., and B. Patrick. Loneliness: Human Nature and the Need for Social Connection. New York: W. W. Norton and Company, 2008.『孤独の科学―人はなぜ寂しくなるのか』ジョン・T・カシオポ、ウィリアム・パトリック著、柴田裕之訳、河出書房新社、2010 年

Carter, E. J., and K. A. Pelphrey. “Friend or foe? Brain systems involved in the perception of dynamic signals of menacing and friendly social approaches.” Journal Social Neuroscience 3, no. 2 (2008): 151–63.

マズローの欲求の階層説の詳細は、次の文献を参照。

Maslow, A. H. “A theory of human motivation.” Psychological Review 50

(2003): 48–67.
ティーンエイジャーが年を重ねるごとに認知変容がうまくできるようになることについての詳細は、次の文献を参照。
Steinberg, L. “A social neuroscience perspective on adolescent risk-taking.” Developmental Review 28, no. 1 (2008): 78–106.
ウォルター・フリーマンの「脳にわかるのは、脳内で把握したことだけである」という言葉は、彼の著書から引用している。
Freeman, W.J. How Brains Make Up Their Minds, New York: Columbia University Press, 2001.『脳はいかにして心を創るのか―神経回路網のカオスが生み出す志向性・意味・自由意志』ウォルター・J・フリーマン著、浅野孝雄訳、産業図書、2011年

シーン9▶期待をコントロールできない

期待がニューロンの働きを変えることについての詳細は、次の文献を参照。
Lauwereyns, J., Y. Takikawa, R. Kawagoe, S. Kobayashi, M. Koizumi, B. Coe, M. Sakagami, and O. Hikosaka, “Feature-based anticipation of cues that predict reward in monkey caudate nucleus, Neuron 33, no. 3 (January 31, 2002): 463–73.
目標についての詳細は、次の文献を参照。
Berkman, E., and M. D. Lieberman. “The neuroscience of goal pursuit: Bridging gaps between theory and data.” In G. Moskowitz and H. Grant, eds. The Psychology of Goals. New York: Guilford Press, 2009, pp. 98–126.
Elliot, Andrew, ed. Handbook of Approach and Avoidance Motivation. London: Psychology Press, 2008.
期待が経験にもたらす影響についての詳細は、次の文献を参照。
Hansen, T., M. Olkonnen, S. Walter, and K. R. Gegenfurtner. “Memory Modulates Color Appearance.” Nature Neuroscience 9, no. 11 (2006): 1367.
Koyama, T., J. G. McHaffie, P. J. Laurienti, and R. C. Coghill. “The subjective experience of pain: Where expectations become reality.” Proceedings of the National Academy of Science U. S. A, 102, no. 36 (2005): 12950–55.
期待とドーパミンについての詳細は、次の文献を参照。
Schultz, W. “The reward signal of midbrain dopamine neurons.” News in Physiological Sciences 14, no. 6 (1999): 249–55.
———. “Reward signaling by dopamine neurons.” Neuroscientist 7, no. 4 (2001): 293–302.
Waelti, P., A. Dickinson, and W. Schultz. “Dopamine responses comply with basic assumptions of formal learning theory.” Nature 412 (2001): 43–48.

を参照。

Dworkin, S. I., S. Mirkis, and J. E. Smith. "Response-dependent versus response- independent presentation of cocaine: Differences in the lethal effects of the drug. Psychopharmacology 117 (1995): 262–66.

自律性とコントロールについての詳細は、次の文献を参照。

Mineka, S., and R. W. Hendersen. "Controllability and predictability in acquired motivation." Annual Review of Psychology 36 (1985): 495–529.

英国の公務員を対象とした、職場での役職と仕事に対する自己コントロール感の度合いが健康と死亡率に及ぼす影響に関する研究の詳細は、次の文献を参照。

Marmot, M., H. Bosma, H. Hemingway, E. Brunner, and S. Stansfeld. "Contribution of job control and other risk factors to social variations in coronary heart disease incidence." The Lancet 350 (1997): 235–39.

「ワークライフバランス」の向上を求めて小規模ビジネスを立ち上げる人々に関する研究の一例は次の通り。

The 2007 MYOB Special Focus Report into the lifestyle of Small Business Owners. https://www.myob.com/content/dam/myob-redesign/au/docs/business-monitor-pdf/2007/2-MYOB_SBS_Special_Focus_Report_Dec_2007.pdf

シンプルな選択肢を与えることが老人ホームで暮らす人々の健康と長寿に与える効果を調べた研究の詳細は、次の文献を参照。

Rodin, J., and E. J. Langer. "Long-term effects of a control-relevant intervention with the institutionalized aged." Journal of Personality and Social Psychology 33, no. 12 (1977): 897–902.

十代の脳と、米国のティーンエイジャーが獄中の囚人の半分程度しか選択の自由を持たないことに関する詳細は、次の文献を参照。

Epstein, Robert. The Case Against Adolescence: Rediscovering the Adult in Every Teen. Fresno, Calif.: Quill Driver Books, 2007.

再評価についての詳細は、次の文献を参照。

Goldin, P. R., K. McRae, W. Ramel, and J. J. Gross. "The neural bases of emotion regulation: Reappraisal and suppression of negative emotion." Biol Psychiatry 63, no. 6 (2008): 577–86.

Ochsner, K. N., R. D. Ray, J. C. Cooper, E. R. Robertson, S. Chopra, J.D.E. Gabrieli, et al. "For better or for worse: Neural systems supporting the cognitive down and up-regulation of negative emotion." Neuroimage 23, no. 2 (2004): 483–99.

情動の抑制が他者に及ぼす影響についての詳細は、次の文献を参照。

Butler, E. A., B. Egloff, F. H. Wilhelm, N. C. Smith, E. A. Erickson, and J. J. Gross. "The social consequences of expressive suppression." Emotion 3, no. 1

Emotion 11. 468-80. Published online, doi:10.1037/a0023503, 2011; https://www.ncbi.nlm.nih.gov/pmc/articles/PMC3444304/

健康とストレスとステータスのつながりについては、アロスタティック負荷に関する次の情報を参照。

Allostatic Load Working Group: Research Network on Socioeconomic Status and Health (1999). Allostatic Load and Allostasis. https://macses.ucsf.edu/research/allostatic/allostatic.php より検索。

脳のブレーキシステムの活動レベルと、本人のマインドフルネス度との相関性を調べたデイビッド・クレスウェルによる研究の詳細は、次の文献を参照。

Creswell, J. D., B. M. Way, N. I. Eisenberger, and M. D. Lieberman. “Neural correlates of dispositional mindfulness during affect labeling.” Psychosomatic Medicine 69 (2007): 560–65.

シーン8▶不確実な状況に混乱する

大脳皮質と予測に関するジェフ・ホーキンスの著書については、次を参照。

Hawkins, J., and S. Blakeslee. On Intelligence. New York: Times Books, 2004.『考える脳　考えるコンピューター』ジェフ・ホーキンス、サンドラ・ブレイクスリー著、伊藤文英訳、ランダムハウス講談社、2005年

脅威反応を生み出す不確実性の影響についての詳細は、次の文献を参照。

Darnon, C., J. M. Harackiewicz, F. Butera, G. Mugny, and A. Quiamzade. “Performance-approach and performance-avoidance goals: When uncertainty makes a difference.” Personality and Social Psychology Bulletin 33, no. 6 (2007): 813–27.

Hsu, M., M. Bhatt, R. Adolphs, D. Tranel, and C. F. Camerer. “Neural systems responding to degrees of uncertainty in human decision-making.” Science 310 (2005): 1681–83.

スティーブ・マイヤーの研究の詳細は、次の文献を参照。

Maier, S. F., R. C. Drugan, and J. W. Grau. “Controllability, coping behavior, and stress-induced analgesia in the rat.” Pain 12 (1982): 47–56.

スティーブ・マイヤーは、マーティン・セリグマンらとも協力して、学習性無力感の概念を確立した。学習性無力感は、ストレッサーをコントロールできないと感じたときに起こる現象である。学習性無力感についての詳細は、次の書籍を参照。

Seligman, M. Learned Optimism: How to Change Your Mind and Your Life. Sydney: Random House Publishers, 1992.『オプティミストはなぜ成功するか』マーティン・セリグマン著、山村宣子訳、講談社、1993年

スティーブン・ドウォーキンのラットと自律性に関する研究の詳細は、次の文献

Journal of Cognitive Neuroscience 18 (2006): 614–25.
フクロウかチーズを描いた迷路を使った研究は、次の論文で紹介されている。
Friedman, R. S., and J. Forster. “The effects of promotion and prevention cues on creativity.” Journal of Personality and Social Psychology 81, no. 6 (2001): 1001–13.
思いがけないつながりの形成や一般化など、大脳辺縁系の機能の詳細は、次の文献を参照。
LeDoux, J. The Emotional Brain: The Mysterious Underpinnings of Emotional Life. New York: Simon and Schuster, 1998.『エモーショナル・ブレイン―情動の脳科学』ジョセフ・ルドゥー著、松本元、小幡邦彦、川村光毅、湯浅茂樹、石塚典生訳、東京大学出版会、2003年
情動制御のタイミングをはじめとする、ジェームズ・グロスのモデルの詳細は、次の文献を参照。
Ochsner K. N., and J. J. Gross. “The cognitive control of emotion.” Trends in Cognitive Sciences 9, no. 5 (2005): 242–49.
抑制と再評価を、それぞれに関わる脳部位やタイミングを含めて詳細に比較した研究は、次の論文で紹介されている。
Goldin, P. R., K. McRae, W. Ramel, and J. J. Gross. “The neural bases of emotion regulation: Reappraisal and suppression of negative emotion.” Biological Psychiatry 63 (2008): 577–86.
抑制の記憶力への影響に関するグロスの研究の詳細は、次の文献を参照。
Richards, J. M., and J. J. Gross. “Personality and emotional memory: How regulating emotion impairs memory for emotional events.” Journal of Research in Personality 40, no. 5 (2006): 631–51.
抑制と再評価を比較した室外実験の詳細は、次の文献を参照。
Gross, J. J., and O. P. John. “Individual differences in two emotion regulation processes: Implications for affect, relationships, and well-being.” Journal of Personality and Social Psychology 85, no. 2 (2003): 348–62.
情動のラベリングとその大脳辺縁系の興奮抑制効果については、次の文献を参照。
Lieberman, M. D., N. I. Eisenberger, M. J. Crockett, S. M. Tom, J. H. Pfeifer, & B. M. Way. “Putting feelings into words: Affect labeling disrupts amygdala activity in response to affective stimuli.” Psychological Science 18, no. 5 (2007): 421–28.
情動のラベリングが情動を悪化させると予測する人々の傾向を明らかにしたリーバーマンの研究については、次の文献を参照。
Lieberman, M.D., T. Inagaki, M. Crockett, and G. Tabibnia. “Subjective responses to emotional stimuli during labeling, reappraisal, and distraction.”

の研究については、ゴードンの統合神経科学理論を参照。

Gordon, E., ed. Integrative Neuroscience: Bringing Together Biological, Psychological and Clinical Models of the Human Brain. Singapore: Harwood Academic Publishers, 2000.

Gordon, E. and L. Williams et al. “An ‘integrative neuroscience’ platform: applications to profiles of negativity and positivity bias.” Journal of Integrative Neuroscience 7, no. 3 (2008): 345–66.

接近と回避のシステムの詳細は、一連の研究を１冊にまとめた次の書籍を参照。

Elliot, A., ed. Handbook of Approach and Avoidance Motivation. London: Psychology Press, 2008.

この本について紹介した論文が、接近と回避のシステムの詳しい背景を知るうえで役に立つ。次を参照。

Elliot, A., “Approach and Avoidance Motivation.” Handbook of Approach and Avoidance Motivation. London: Psychology Press, 2008.

刺激を報酬か脅威に無意識に分類する仕組みの詳細は、次の文献を参照。

Fazio, R. H. “On the automatic activation of associated evaluations: An overview.” Cognition and Emotion 15 (2001): 115–41.

無意味な単語が脅威反応を活性化することに関する研究の詳細は、次の文献を参照。

Naccache, L., R. L. Gaillard, C. Adam, D. Hasboun, S. Clemenceau, M. Baulac, S. Dehaene, and L. Cohen. “A direct intracranial record of emotions evoked by subliminal words.” Proceedings of the National Academy of Science 102 (2005): 7713–17.

扁桃体についての詳細は、次の文献を参照。

Phelps, E. A. “Emotion and cognition: Insights from studies of the human amygdala.” Annual Review of Psychology 57 (2006): 27–53.

「悪は善より強い」という考え方についての詳細は、次の文献を参照。

Baumeister, R. F., E. Bratslavsky, C. Finkenauer, and K. D. Vohs. “Bad is stronger than good.” Review of General Psychology 5, no. 4 (2001): 323–70.

ホットスポットは、拙著『Quiet Leadership（静かなるリーダーシップ）』（New York: Harper Collins, 2006）の中で発表した「距離による明晰化（Clarity of Distance）」と呼ばれる枠組みの一部として、2001年に私がつくった言葉だ。私は当時から、人が情動的な問題が生じたときなど、さまざまな状況で明晰な思考ができなくなることに気づいていた。

情動喚起の神経科学についての詳細は、次の文献を参照。

Mather, M., K. J. Mitchell, C. L. Raye, D. L. Novak, E. J. Greene, and M. K. Johnson. “Emotional arousal can impair feature binding in working memory.”

Brown, K. W., and R. M. Ryan. "Mindfulness: Theoretical foundations and evidence for its salutary effects." Psychological Inquiry 18, no. 4 (2007): 211–37.

こちらも参照。

Davidson, R. J., J. Kabat-Zinn, J. Schumacher, M. Rosenkranz, D. Muller, S. F. Santorelli, F. Urbanowski, A. Harrington, K. Bonus, and J. F. Sheridan. "Alterations in brain and immune function produced by mindfulness meditation." Psychosomatic Medicine 65, no. 4 (2003): 564–70.

ジョン・ティーズデールの研究の詳細は、次の文献を参照。

Teasdale, J. D. (1999). "Metacognition, mindfulness, and the modification of mood disorders." Clinical Psychology and Psychotherapy 6 (1999): 146–55.

ダニエル・シーゲルとマインドフルネスについての詳細は、本人の著書を参照。

Siegel, D. J. The Mindful Brain: Reflection and Attunement in the Cultivation of Well-being. New York: W. W. Norton and Company, 2007.

注意密度という言葉はジェフリー・シュウォーツ博士の造語であり、次の論文で使われている。

Schwartz, J. M., H. P. Stapp, and M. Beauregard. "Quantum physics in neuroscience and psychology: A neurophysical model of mind-brain interaction." Philosophical Transactions of the Royal Society, 2005. Published online, doi:10.1098/rsub200401598, 2005; http://rstb.royalsocietypublishing.org/content/360/1458/1309.abstract.

マインドフルネスが脳を長期的に変える仕組みに関する研究の一例は次の通り。

Lazar, S. W., C. E. Kerr, R. H. Wasserman, J. R. Gray, D. N. Greve, M. T. Treadway, M. McGarvey, B. T. Quinn, J. A. Dusek, H. Benson, S. L. Rauch, C. I. Moore, B. Fischl. "Meditation experience is associated with increased cortical thickness." Neuroreport 16, no. 17 (2005): 1893–97.

Schwartz, J. M. "A role for volition and attention in the generation of new brain circuitry: Toward a neurobiology of mental force. Journal of Consciousness Studies 6, no. 8–9 (1999): 115–42.

シーン7 ▶ 思わぬ展開に動揺する

大脳辺縁系の仕組みの詳細は、次の文献を参照。

LeDoux, J. The Emotional Brain: The Mysterious Underpinnings of Emotional Life. New York: Simon and Schuster, 1998.『エモーショナル・ブレイン―情動の脳科学』ジョセフ・ルドゥー著、松本元、小幡邦彦、川村光毅、湯浅茂樹、石塚典生訳、東京大学出版会、2003年

危険を最小化し、報酬を最大化する脳の組織化原理に関するエビアン・ゴードン

"Neural correlates of dispositional mindfulness during affect labeling." Psychosomatic Medicine 69 (2007): 560–65.

Kaiser, Jochen, and W. Lutzenberger. "Human gamma-band activity: A window to cognitive processing." NeuroReport 16, no. 3 (2005): 207–11.

Posner, M. I., M. K. Rothbart, B. E. Sheese, and Y. Y. Tang. "The anterior cingulate gyrus and the mechanism of self-regulation." Cognitive, Affective and Behavioral Neuroscience 7, no. 4 (2007): 391–95.

カップルのマインドフルネスに関する研究は、次の文献で紹介されている。

Barnes, S., K. W. Brown, E. Krusemark, K. W. Campbell, and R. D. Rogge. "The role of mindfulness in romantic relationship satisfaction and responses to relationship stress." Journal of Marital and Family Therapy 33, no. 4 (2007): 482–500.

２つの形態の経験について検討したファーブの論文の詳細は、次の文献を参照。

Farb, N.A.S., Z. V. Segal, H. Mayberg, J. Bean, D. McKeon, Z. Fatima, and A. K. Anderson. "Attending to the present: Mindfulness meditation reveals distinct neural modes of self-reference." Social Cognitive Affective Neuroscience 2 (2007): 313–22.

ダニエル・シーゲルによるファーブの論文に関する議論は、次の文献を参照。

Siegel, D. J. "Mindfulness training and neural integration: differentiation of distinct streams of awareness and the cultivation of well-being." Social Cognitive Affective Neuroscience 2, no. 4 (2007): 259–63.

https://www.ncbi.nlm.nih.gov/pmc/articles/PMC2566758/

内側前頭前皮質と自分を知ることについての詳細は、次の文献を参照。

Amodio, D. M., and C. D. Frith. "Meeting of minds: the medial frontal cortex and social cognition." Nature Reviews Neuroscience 7 (2004): 268–77.

Gusnard, D.A., E. Akbudak, G. L. Shulman, and M. E. Raichle. "Medial prefrontal cortex and self-referential mental activity: Relation to a default mode of brain function." Proceeding of the National Academy of Sciences 98 (2001): 4259–64.

Macrae, C. N., J. M. Moran, T. F. Heatherton, J. F. Banfield, and W. M. Kelley. "Medial prefrontal activity predicts memory for self." Cerebral Cortex 14 (2004): 647–54.

内受容感覚についての詳細は、次の文献を参照。

Craig A. D. "How do you feel? Interoception: the sense of the physiological condition of the body." National Review of Neuroscience 3 (2002): 655–66.

マインドフルネスとその健康に与える影響に関するあらゆる研究が、次の文献にわかりやすくまとめられている。

マインドフルネスと免疫機能についての詳細は、次の文献を参照。

Davidson, R. J., J. Kabat-Zinn, J. Schumacher, M. Rosenkranz, D. Muller, S. F. Santorelli, F. Urbanowski, A. Harrington, K. Bonus, and J. F. Sheridan. "Alterations in brain and immune function produced by mindfulness meditation." Psychosomatic Medicine 65, no. 4 (2003): 564–70.

マーク・ウィリアムズの研究ならびにマインドフルネスとうつ病についての詳細は、次の書籍を参照。

Williams, M., J. D. Teasdale, Z. V. Segal, and J. Kabat-Zinn. The Mindful Way Through Depression: Freeing Yourself from Chronic Unhappiness. New York: The Guilford Press, 2007.『うつのためのマインドフルネス実践　慢性的な不幸感からの解放』マーク・ウィリアムズ、ジョン・ティーズデール、ジンデル・シーガル、ジョン・カバットジン著、越川房子、黒澤麻美訳、星和書店、2012 年

マインドフルネスとうつ病に関する優れた論文は次の通り。

Teasdale, J. D., M. Pope, and Z. V. Segal. "Metacognitive Awareness and Prevention of Relapse in Depression: Empirical Evidence." Journal of Consulting and Clinical Psychology 70, no. 2 (2002): 275–87.

マインドフルネス・トレーニングとリラクゼーション・トレーニングを比較したイ・ユアン・タンによる研究の詳細は、次の文献を参照。

Tang, Y. Y., and M. I. Posner. "The neuroscience of mindfulness." NeuroLeadership Journal 1 (2008): 33–37.

Tang Y. Y., Y. Ma, J. Wang, Y. Fan, S. Feng, Q. Lu, Q. Yu, D. Sui, M. K. Rothbart, M. Fan, and M. I. Posner. "Short-term meditation training improves attention and self-regulation." Proceedings of the National Academy of Sciences 104, no. 43 (2007): 17152–56.

マインドフルネスとガンマ帯域活動に関する研究の一例は次の通り。

Kaiser, Jochen, and W. Lutzenberger. "Human gamma-band activity: A window to cognitive processing." NeuroReport 16, no. 3 (2005): 207–11.

Lutz, A., L. L. Greischar, N. B. Rawlings, M. Ricard, and R. J. Davidson. "Long-term meditators self-induce high-amplitude gamma synchrony during mental practice." Proceedings of the National Academy of Sciences 101, no. 46 (2004): 16369–73.

マインドフルネスと認知制御についての詳細は、次の文献を参照。

Brefczynski-Lewis, J. A., A. Lutz, H. S. Schaefer, D. B. Levinson, and R. J. Davidson. "Neural correlates of attentional expertise in long-term meditation practitioners." Proceedings of the National Academy of Sciences 104, no. 27 (2003): 11483–88.

Creswell, J. D., B. M. Way, N. I. Eisenberger, and M. D. Lieberman. (2007).

75パーセントの参加者がインサイトを得て課題を解決したという情報は、3年間にわたって数十回実施したワークショップで集めたデータをまとめたものである。最高値は100パーセント、最低値は約50パーセントだった。大半のワークショップで、75パーセント以上の参加者が課題を解決した。

マインドフルネスが幸福とパフォーマンスに与える影響の詳細は、次の文献を参照。

Hassed, C. "Mindfulness, wellbeing, and performance." NeuroLeadership Journal 1 (2008): 53–60.

演出家に出会う

次の論文で、エピソードバッファの考え方について詳しく知ることができる。

Baddeley, A. "The episodic buffer in working memory." Trends in Cognitive Sciences 4, no. 11 (2000): 417–23.

前頭前皮質が脳全体をコントロールする仕組みの詳細は、次の文献を参照。

Miller, E. K., and J. D. Cohen. "An integrative theory of prefrontal cortex function." Annual Review of Neuroscience 24 (2001): 167–202.

社会認知神経科学の初期の考え方を解説した概論は、次の文献を参照。

Ochsner, K. N., and M. D. Lieberman. "The emergence of social cognitive neuroscience." American Psychologist 56 (2001): 717–34.

マインドフルネスの定義は次の文献にまとめられている。

Bishop, S. R., M. Lau, S. Shapiro, L. Carlson, N. D. Anderson, J. Carmody, Z. V. Segal, S. Abbey, M. Speca, D. Velting, and G. Devins. "Mindfulness: A proposed operational definition." Clinical Psychology: Science and Practice 11, no. 3 (2004): 230–41.

カーク・ブラウンのマインドフルネス・アテンション・アウェアネス・スケール（ＭＡＡＳ）ならびにマインドフルネスによってかすかな内部信号を察知できるようになる方法についての詳細は、次の文献を参照。

Brown, K. W., and R. M. Ryan. "The benefits of being present: Mindfulness and its role in psychological well-being." Journal of Personality and Social Psychology 84, no. 4 (2003): 822–48.

マインドフルネスが皮膚疾患の治癒に役立つことを明らかにしたジョン・カバットジンによる研究の詳細は、次の文献を参照。

Kabat-Zinn, J., E. Wheeler, T. Light, A. Skillings, M. J. Scharf, T. G. Cropley, D. Hosmer, and J. D. Bernhard. (1998). "Influence of a mindfulness meditation-based stress reduction intervention on rates of skin clearing in patients with moderate to severe psoriasis undergoing phototherapy (UVB) and photochemotherapy (PUVA)." Psychosomatic Medicine 60, no. 5 (1998): 625–32.

Petrides, M. "The orbitofrontal cortex: Novelty, deviation from expectation, and memory. Annals of the New York Academy of Sciences 1121 (2007): 33–53.

マーク・ユング・ビーマン博士には素晴らしい論文が複数ある。その研究内容は次の文献によくまとめられている。

Bowden, E. M., M. Beeman, J. Fleck, and J. Kounios. "New approaches to demystifying insight." Trends in Cognitive Sciences 9 (2005): 322–28.

不安やポジティブな気分がインサイトに与える影響の詳細は、次の文献を参照。

Subramaniam, K., J. Kounios, E. M. Bowden, T. B. Parrish, and M. Beeman. "Positive mood and anxiety modulate anterior cingulate activity and cognitive preparation for insight." Journal of Cognitive Neuroscience 21 (2009): 415-32.

インサイトに必要な脳波の周波数に関する詳細は、次の文献を参照。

Kounios, J., J. I. Fleck, D. L. Green, L. Payne, J. L. Stevenson, E. M. Bowden, and M. Beeman. "The origins of insight in resting-state brain activity." Neuropsychologia 46 (2008): 281–91.

Kounios, J., J. L. Frymiare, E. M. Bowden, J. I. Fleck, K. Subramaniam, T. B. Parrish, and M. Beeman. "The prepared mind: Neural activity prior to problem presentation predicts solution by sudden insight." Psychological Science 17 (2006): 882–90.

右脳とインサイトについての詳細は、次の文献を参照。

Bowden, E. M., and M. Beeman. "Aha! Insight experience correlates with solution activation in the right hemisphere." Psychonomic Bulletin and Review 10 (2003): 730–37.

ジョナサン・スクーラーの「アダー」体験の考え方は、『ジャーナル・オブ・エクスペリメンタル・サイコロジー』誌で最初に発表された。

Dougal, S., and J. W. Schooler. "Discovery misattribution: When solving is confused with remembering." Journal of Experimental Psychology 136, no. 4 (2007): 577–92.

ＡＲＩＡモデルについては、拙著『Quiet Leadership（静かなるリーダーシップ）』（New York: Collins, 2006）で概説している。このモデルは、次の学術誌で最初に紹介された。

Rock. D., "A brain based approach to coaching," The International Journal of Coaching in Organizations 4, no. 2 (2006): 32–43.

インサイトを妨げる言語表現に関するジョナサン・スクーラーの研究の詳細は、次の文献を参照。

Schooler, J. W., S. Ohlsson, and K. Brooks. "Thoughts beyond words: When language overshadows insight." Journal of Experimental Psychology 122, no. 2 (1993): 166–83.

motivation, and emotion systems associated with early-stage intense romantic love." Journal of Neurophysiology 94 (2005): 327–37.

Fisher, H. Why We Love: The Nature and Chemistry of Romantic Love. New York: Henry Holt and Company, 2004.『人はなぜ恋に落ちるのか？—恋と愛情と性欲の脳科学』ヘレン・フィッシャー著、大野晶子訳、ヴィレッジブックス、2007年

覚醒の個人差についての詳細は、次の文献を参照。

Coghill, R. C., J. G. McHaffie, Y. Yen. "Neural correlates of inter-individual differences in the subjective experience of pain." Proceedings of the National Academy of Sciences, 100 (2003): 8538–42.

Shansky, R. M., C. Glavis-Bloom, D. Lerman, P. McRae, C. Benson, K. Miller, L. Cosand, T. L. Horvath, and A.F.T. Arnsten. "Estrogen mediates sex differences in stress-induced prefrontal cortex dysfunction." Molecular Psychiatry 9 (2004): 531–38.

３種類の幸福の詳細は、マーティン・セリグマンの次の著書を参照。

Seligman, M. Authentic Happiness: Using the New Positive Psychology to Realize Your Potential for Lasting Fulfillment, New York: Free Press, 2005.『世界でひとつだけの幸せ—ポジティブ心理学が教えてくれる満ち足りた人生』マーティン・セリグマン著、小林裕子訳、アスペクト、2004年

シーン6▶障害物をかわす

プライミングの詳細は、次の文献を参照。

Jacoby, L. L. (1983). "Perceptual Enhancement: Persistent Effects of an Experience." Journal of Experimental Psychology: Learning, Memory, and Cognition 9, no. 1 (1983): 21–38.

行き詰まりの理論は、ステラン・オールソンによって打ち立てられた。詳細は次の文献を参照。

Knoblich, G., S. Ohlsson, H. Haider, and D. Rhenius. (1999). "Constraint relaxation and chunk decomposition in insight problem solving." Journal of Experimental Psychology: Learning, Memory, and Cognition 25, no. 6 (1999): 1534–55.

リチャード・フロリダの研究の詳細は、その著書を参照。

Florida, R., The Rise of the Creative Class. New York: Basic Books, 2002.『クリエイティブ資本論—新たな経済階級の台頭』リチャード・フロリダ著、井口典夫訳、ダイヤモンド社、2008年

目新しさについての詳細は、次の文献を参照。

シーン5▶最高のパフォーマンスが可能なゾーンを探す

ヤーキーズ－ドッドソンの法則は、覚醒とパフォーマンスの関係を定義している。この法則は元々、ロバート・M・ヤーキーズとジョン・ディリングハム・ドッドソンが1908年に発表した論文の中で提唱されたものである。

Yerkes, R. M., and J. D. Dodson. “The relation of strength of stimulus to rapidity of habit-formation.” Journal of Comparative Neurology and Psychology 18 (1908): 459–82.

ストレスがパフォーマンスに影響を与える仕組みの詳細は、次の文献を参照。

Arnsten, A.F.T. “The biology of being frazzled.” Science 280 (1998): 1711–12.

Mather, M., K. J. Mitchell, C. L. Raye, D. L. Novak, E. J. Greene, and M. K. Johnson. “Emotional arousal can impair feature binding in working memory.” Journal of Cognitive Neuroscience 18 (2006): 614–25.

Vijayraghavan, S., M. Wang, S. G. Birnbaum, G. V. Williams, and A.F.T. Arnsten. “Inverted-U dopamine D1 receptor actions on prefrontal neurons engaged in working memory.” Nature Neuroscience 10 (2007): 376–84.

ドーパミンやノルアドレナリンのレベルと前頭前皮質の健全な働きについての詳細は、次の文献を参照。

Birnbaum, S. G., P. X. Yuan, M. Wang, S. Vijayraghavan, A. K. Bloom, D. J. Davis, K. T. Gobeske, J. D. Sweatt, H. K. Manji, and A.F.T. Arnsten (2004). “Protein kinase C overactivity impairs prefrontal cortical regulation of working memory.” Science 306, no. 5697 (2004): 882–84.

Vijayraghavan, S., M. Wang, S. G. Birnbaum, G. V. Williams, and A.F.T. Arnsten. “Inverted-U dopamine D1 receptor actions on prefrontal neurons engaged in working memory.” Nature Neuroscience 10 (2007): 376–84.

恐怖と認知の関連性についての詳細は、次の文献を参照。

Phelps, E. A. “Emotion and cognition: Insights from Studies of the Human Amygdala.” Annual Review of Psychology 57 (2006): 27–53.

頭に思い描くことによる筋肉量の増加に関する研究の詳細は、次の文献を参照。

Yue, G., and K. J. Cole. “Strength increases from the motor program: Comparison of training with maximal voluntary and imagined muscle contracts.” Journal of Neurophysiology 67 (1992): 1114–23.

頭に思い描くことがもたらす影響についての詳細は、次の文献を参照。

Robertson, Ian. Opening the Mind’s Eye: How Images and Language Teach Us How to See. New York: St. Martin’s Press, 2003.

ドーパミンと愛情についての詳細は、次の文献を参照。

Aron A., H. Fisher, D. J. Mashek, G. Strong, H. Li, and L. L. Brown. “Reward,

ドーパミンと覚醒についての詳細は、次の文献を参照。

Schultz, W. “The reward signal of midbrain dopamine neurons.” *News in Physiological Sciences* 14, no. 6 (1999): 249–55.

———. “Reward signaling by dopamine neurons.” *Neuroscientist* 7, no. 4 (2001): 293–302.

Waelti, P., A. Dickinson, and W. Schultz. “Dopamine responses comply with basic assumptions of formal learning theory.” Nature 412 (2001): 43–48.

バウマイスターによる自制心の研究については、次の文献を参照。

Gailliot, M. T., R. F. Baumeister, C. N. DeWall, J. K. Maner, E. A. Plant, D. M. Tice, L. E. Brewer, and B. J. Schmeichel. “Self-control relies on glucose as a limited energy source: Willpower is more than a metaphor.” Journal of Personality and Social Psychology 92, no. 2 (2007): 325–36.

ジョナサン・ハイトの研究の詳細は、次の文献を参照。

Haidt, J. The Happiness Hypothesis: Finding Modern Truth in Ancient Wisdom. New York: Basic Books, 2005.『しあわせ仮説―古代の知恵と現代科学の知恵』ジョナサン・ハイト著、藤澤隆史、藤澤玲子訳、新曜社、2011年

ベンジャミン・リベットの研究の詳細は、次の文献を参照。

Libet, B., E. W. Wright, B. Feinstein, and D. Pearl. “Subjective referral of the timing for a conscious sensory experience: A functional role for the somatosensory specific projection system in man.” Brain 102, no. 1 (1979): 193–224.

「自由否定（free won't)」の考え方は、ジェフリー・シュウォーツが次の著書の中で紹介している。

Schwartz, J.M. The Mind and the Brain, New York: Harper Perennial, 2003.『心が脳を変える―脳科学と「心の力」』ジェフリー・シュウォーツ著、吉田利子訳、サンマーク出版、2004年

顕在意識と潜在意識についての詳細は、マシュー・リーバーマンの直観に関する研究を参照。

Lieberman, M. D. “Intuition: A social cognitive neuroscience approach.” Psychological Bulletin 126 (2000): 109–37.

シーン3で触れたローチの研究についても参照。

Rauch, S. L., C. R. Savage, H. D. Brown, T. Curran, N. M. Alpert, A. Kendrick, A. J. Fischman, and S. M. Kosslyn. “A PET investigation of implicit and explicit sequence learning.” Human Brain Mapping 3 (1995): 271–86.

統合失調症が作業と無関係の信号を抑制する能力を低下させる仕組みの詳細は、以下をはじめとする、エイミー・アーンステンによる前頭前皮質に関する研究論文を参照。

Arnsten, A.F.T. “Catecholamine and second messenger influences on prefrontal cortical networks of ‘representational knowledge’: A rational bridge between genetics and the symptoms of mental illness.” *Cerebral Cortex* 18 (2007): i6-i15.

Vijayraghavan, S., M. Wang, S. G. Birnbaum, G. V. Williams, and A.F.T. Arnsten. “Inverted-U dopamine D1 receptor actions on prefrontal neurons engaged in working memory.” *Nature Neuroscience* 10 (2007): 376–84.

課題のことを考えないようにする能力についての詳細は、次の文献を参照。

Wegner, D. M., D. J. Schneider, S. Carter III, and T. L. White. “Paradoxical effects of thought suppression.” *Journal of Personality and Social Psychology* 53, no. 1 (1987): 5–13.

注意散漫と内側前頭前皮質の活性化についての詳細は、次の文献を参照。

Mason, M. F., M. I. Norton, J. D. Van Horn, D. M. Wegner, S. T. Grafton, and C. N. Macrae. “Wandering minds: The default network and stimulus-independent thought.” *Science* 315 (2007): 393–95.

「悪は善より強い」という考え方についての知見は、次の２つの文献から得ている。

Haidt, J. *The Happiness Hypothesis: Finding Modern Truth in Ancient Wisdom.*, New York: Basic Books, 2005.『しあわせ仮説―古代の知恵と現代科学の知恵』ジョナサン・ハイト著、藤澤隆史、藤澤玲子訳、新曜社、2011年

Baumeister, R. F., E. Bratslavsky, C. Finkenauer, and K. D. Vohs. “Bad is stronger than good.” *Review of General Psychology* 5, no. 4 (2001): 323–70.

眼窩前頭皮質が期待の変化と目新しいものを検知する仕組みの詳細は、次の文献を参照。

Leung, H., P. Skudlarski, J. C. Gatenby, B. S. Peterson, and J. C. Gore. “An event-related functional MRI study of the Stroop color word interference task.” *Cerebral Cortex* 10, no. 6 (2000): 552–60.

MacLeod, C. “Half a century of research on the Stroop effect: An integrative review.” *Psychological Bulletin* 109 (1991): 163–203.

Petrides, M. “The orbitofrontal cortex: Novelty, deviation from expectation, and memory.” *Annals of the New York Academy of Sciences* 1121 (2007): 33–53.

右腹外側前頭前皮質についての詳細は、次の文献を参照。

Lieberman, M. D., N. I. Eisenberger, M. J. Crockett, S. M. Tom, J. H. Pfeifer, & B. M. Way. “Putting feelings into words: Affect labeling disrupts amygdala activity in response to affective stimuli.” *Psychological Science* 18, no. 5 (2007): 421–28.

Ezzyat, Y, and L. Davachi. "The influence of event perception on long-term memory formation." Delivered at the Fifteenth Annual Meeting of the Cognitive Neuroscience Society, San Francisco, Calif., April 2008.

大脳基底核は主要な脳部位である。国際大脳基底核学会という組織さえある。アン・グレイビールはこの分野の重要な研究者であり、彼女の研究室では、動作、気分、モチベーションに影響を及ぼす前脳の領域、つまり、大脳基底核ならびに大脳基底核と大脳皮質を相互につなぐ神経経路の研究に重点を置いている。

「神経ダーウィニズム」に関するジェラルド・エーデルマンの研究の詳細は、次の著書を参照。

Edelman, G. M. *Brilliant Air, Brilliant Fire*, New York: Basic Books, 1993.『脳から心へ―心の進化の生物学』G. M. エーデルマン著、金子隆芳訳、新曜社、1995年

反復作業が長期増強や脳への「刻み込み」を引き起こす仕組みの詳細は、次の文献を参照。

Bodner, M., Y. Zhou, G. L. Shaw, and J. M. Fuster. "Symmetric temporal patterns in cortical spike trains during performance of a short-term memory task." *Neurological Research* 19 (1997): 509–14.

キーボードを使用したパターンの無意識の気づきに関する研究の詳細は、次の文献を参照。

Rauch, S. L., C. R. Savage, H. D. Brown, T. Curran, N. M. Alpert, A. Kendrick, A. J. Fischman, and S. M. Kosslyn. "A PET Investigation of Implicit and Explicit Sequence Learning." *Human Brain Mapping* 3 (1995): 271–86.

シーン4▶ディストラクション（注意散漫要因）に「ノー」と言う

職場のディストラクションに関する調査は、ニューヨークの調査会社Basex社が行った。全26ページの調査報告書「Information Overload: We Have Met the Enemy and He Is Us（情報過多：私たちが遭遇している敵は私たち自身）」では、即座に負担を軽減する10のヒントを含む、企業向けの情報過多対策を検証している。この調査内容は、http://iorgforum.org/wp-content/uploads/2011/06/InformationOverload.BasexReport1.pdf よって閲覧できる。

注意の切り替えと、マイクロソフトによるディストラクション低減の取り組みに関するデータは、次の記事に掲載されている。

Clive Thompson, "Meet the Life Hackers," *New York Times*, October 16, 2005.

周辺神経活動に関する情報は、次の文献を参照。

Hedden, T., and J. D. Gabrieli. "The ebb and flow of attention in the human brain." *Nature Neuroscience* 9 (2006): 863–65.

Halford, G. S., R. Baker, J. McCredden, and J. D. Bain. "How many variables can humans process?" *Psychological Science* 16, no. 1 (2005): 70–76.

神経回路の競争に関するデジモンの研究の詳細は、次の文献を参照。

Desimone, R. "Visual attention mediated by biased competition in extrastriate visual cortex." *Philosophical Transactions of the Royal Society of London (Biological Sciences)* 353 (1998): 1245–55.

Desimone, R., and J. Duncan. "Neural mechanisms of selective visual attention." *Annual Review of Neuroscience* 18 (1995): 193–222.

シーン3 ▶ 5つのことを同時にこなす

注意に関するロバート・デジモンの研究の詳細は、次の文献を参照。

Desimone, R. "Visual attention mediated by biased competition in extrastriate visual cortex." *Philosophical Transactions of the Royal Society of London (Biological Sciences)* 353, (1998): 1245–55.

Desimone, R., and J. Duncan. "Neural mechanisms of selective visual attention." *Annual Review of Neuroscience* 18 (1995): 193–222.

ハロルド・パシュラーには、マルチタスク、ボトルネック、キューに関する自身の研究をまとめた論文が多数ある。その一例を次に挙げる。

Ferreira, V. S., and H. Pashler. "Central Bottleneck Influences on the Processing Stages of Word Production." *Journal of Experimental Psychology: Learning, Memory, and Cognition* 28, no. 6 (2002): 1187–99.

Pashler, H. "Attentional limitations in doing two tasks at the same time." *Current Directions in Psychological Science* 1 (1992): 44–50.

Pashler, H., J. C. Johnston, and E. Ruthruff. "Attention and performance." *Annual Review of Psychology* 52 (2001): 629–51.

健康とストレスとステータスのつながりについては、アロスタティック負荷に関する次の資料を参照。

Allostatic Load Working Group: Research Network on Socioeconomic Status and Health (1999). Allostatic Load and Allostasis. https://macses.ucsf.edu/research/allostatic/allostatic.php より検索。

マルチタスクとＩＱ低下に関するロンドン大学の研究は、キングス・カレッジ・ロンドンの心理学者グレン・ウィルソン博士によって報告された。この研究はヒューレット・パッカードが出資したもので、論文として公式に発表されていない。一部の報道機関がデータを不正確に伝えたことで、この論文について論争が起きた。

長期記憶を形成するため、情報に細心の注意を払う重要性に関する詳細は、次の文献を参照。

Gilbert, D. *Stumbling on Happiness*, New York: HarperCollins, 2006.『明日の幸せを科学する』ダニエル・ギルバート著、熊谷淳子訳、早川書房、2013年

人との関わり合いの観点から物事を考えるための脳の配線に関する詳細は、次の文献を参照。

Geary, D. C. *The Origin of Mind: Evolution of Brain, Cognition, and General Intelligence.* Washington, D.C.: American Psychological Association, 2004.『心の起源—脳・認知・一般知能の進化』D．C．ギアリー著、小田亮訳、培風館、2007年

シーン2▶考えるのに苦労するプロジェクト

ワーキングメモリーの容量に関する詳細は、次の文献を参照。

Miller, G. A. "The magical number seven, plus or minus two: Some limits on our capacity for processing information." *Psychological Review* 63 (1956): 81–97.

ワーキングメモリーに保持できる情報の数はせいぜい4つである可能性が高いと明らかにした研究の一例は次の通り。

Cowan, N. "The magical number 4 in short-term memory: A reconsideration of mental storage capacity." *Behavioral and Brain Sciences* 24 (2001): 87–185.

Gobet, F., and G. Clarkson. "Chunks in expert memory: Evidence for the magical number four . . . or is it two?" *Memory* 12, no. 6 (2004): 732–47.

Shiffrin, R. M., and R. M. Nosofsky. "Seven plus or minus two: A commentary on capacity limitations." *Psychological Review* 101, no. 2 (1994): 357–61.

ワーキングメモリーに関わるタイミングについての詳細は、次の文献を参照。

Baddeley, A. D., N. Thomson, and M. Buchanan. "Word length and the structure of short-term memory." *Journal of Verbal Learning and Verbal Behavior* 14 (1975): 575–89.

Schweickert, R., and B. Boruff. "Short-term memory capacity: Magic number or magic spell?" *Journal of Experimental Psychology: Learning, Memory, and Cognition* 12 (1986): 419–25.

防音室での調査の経緯については、次の文献を参照。

McElree, B. "Working memory and focal attention." *Journal of Experimental Psychology: Learning, Memory, and Cognition* 27, no. 3 (2001): 817–35.

認知的複雑性と意思決定についての詳細は、関係複雑性（relational complexity）と呼ばれる研究分野の文献で説明されている。次を参照。

Halford, G., N. Cowan, and G. Andrews. "Separating cognitive capacity from knowledge: A new hypothesis." *Trends in Cognitive Sciences* 11, no. 6 (2007): 236–42.

参考文献

本書の主なアイデアは、最大数百件の一握りの研究から得られている。ここに挙げたのは、本書の執筆に使ったすべての文献ではなく、各テーマと最も関連性が高いとみられる主要な研究の文献である。これらの一部はオンラインで無料で閲覧できるが、相当数の文献は購入して読む必要がある。この他に動画や音声プログラムなど多数のリソースがウェブサイト（https://neuroleadership.com/your-brain-at-work/）にて閲覧できる。

シーン1▶朝、メール処理に忙殺される

前頭前皮質のエネルギーの限界に関するロイ・バウマイスターの研究の詳細は、次の文献を参照。

Masicampo, E. J., and R. F. Baumeister. "Toward a physiology of dual-process reasoning and judgment: Lemonade, willpower, and effortful rule-based analysis." *Psychological Science* 19 (2008): 255–60.

Vohs, K. D., R. F. Baumeister, B. J. Schmeichel, J. M. Twenge, N. M. Nelson, and D. M. Tice. "Making choices impairs subsequent self-control: A limited resource account of decision-making, self-regulation, and active initiative." *Journal of Personality and Social Psychology* 94 (2008): 883–98.

異なる種類の記憶の詳細は、リチャード・アトキンソンとリチャード・シフリンが1968年に提唱した、アトキンソン－シフリンのモデルを参照。

Atkinson, R. C., and R. M. Shiffrin. "Human memory: A proposed system and its control processes." In K. W. Spence and J. T. Spence, eds. *The psychology of learning and motivation* Vol. 2, New York: Academic Press, 1968, pp. 89–195.

情報を舞台に上げる労力が各情報によって異なるというアイデアは、心理学の認知バイアス研究を調査し、これを意思決定に関わる労力と関連づけることから生まれた。たとえば、1973年に心理学者のエイモス・トベルスキーとダニエル・カーネマンは、人は頭に浮かびやすい事柄——最近の思考である場合が多い——を優先して考えがちであることを指す「利用可能性ヒューリスティック」の概念を探究した。この概念については、次の文献を参照。

Tversky, A., and D. Kahneman. "Availability: A heuristic for judging frequency and probability." *Cognitive Psychology* 5 (1973): 207–32.

人間が感情予測が苦手であるという事実は、とらえにくい要素について考えるのが難しいことと関係がある。未来を思い描くには相当な労力とエネルギーが必要なため、私たちは未来に自分が幸せに感じるものを正確に予測できない。ダニエル・ギルバートの次の著書を参照。

最高の脳で働く方法

発行日　2019年5月25日　第1刷
　　　　2022年4月５日　第4刷

Author　デイビッド・ロック
Translator　矢島麻里子（翻訳協力：株式会社トランネット）
Book Designer　遠藤陽一（DESIGN WORKSHOP JIN,Inc.）
Special Thanks　関哲
Publication　株式会社ディスカヴァー・トゥエンティワン
〒102-0093　東京都千代田区平河町2-16-1　平河町森タワー11F
TEL　03-3237-8321（代表）03-3237-8345（営業）
FAX　03-3237-8323
https://d21.co.jp/
Publisher　谷口奈緒美
Editor　千葉正幸　林拓馬

Store Sales Company
安永智洋　伊東佑真　榊原僚　佐藤昌幸　古矢薫　青木翔平　井筒浩　小田木もも
越智佳南子　小山怜那　川本寛子　佐竹祐哉　佐藤淳基　佐々木玲奈　志摩晃司
副島杏南　高橋雛乃　滝口景太郎　竹内大貴　辰巳佳衣　津野主揮　野村美空
羽地夕夏　廣内悠理　松ノ下直輝　宮田有利子　山中麻吏　井澤徳子　石橋佐知子
伊藤香　葛目美枝子　鈴木洋子　藤井多穂子　町田加奈子

EPublishing Company
小田孝文　飯田智樹　川島理　中島俊平　青木涼馬　磯部隆　大崎双葉　越野志絵良
庄司知世　中西花　西川なつか　野﨑竜海　野中保奈美　三角真穂　八木眸
高原未来子　中澤泰宏　伊藤由美　蛯原華恵　俵敬子　畑野衣見

Product Company
大山聡子　藤田浩芳　大竹朝子　小関勝則　千葉正幸　原典宏　榎本明日香
大田原恵美　岡本雄太郎　倉田華　志摩麻衣　舘瑞恵　橋本莉奈　牧野類
三谷祐一　元木優子　安永姫菜　渡辺基志　小石亜季

Business Solution Company
蛯原昇　早水真吾　野村美紀　林秀樹　南健一　村尾純司　藤井かおり

Corporate Design Group
塩川和真　森谷真一　大星多聞　堀部直人　井上竜之介　王廳　奥田千晶　斎藤悠人
佐藤サラ圭　杉田彰子　田中亜紀　福永友紀　山田諭志　池田望　石光まゆ子
齋藤朋子　福田章平　丸山香織　宮崎陽子　阿知波淳平　伊藤花笑　伊藤沙恵
岩城萌花　内堀瑞穂　遠藤文香　王玮祎　大場美範　小田日和　加藤沙葵　河北美汐
吉川由莉　菊地美恵　工藤奈津子　黒野有花　小林雅治　佐瀬遥香　鈴木あさひ
高田彩菜　瀧山響子　田澤愛実　田中真悠　田山礼真　玉井里奈　鶴岡蒼也　道玄萌
富永啓　中島魁星　永田健太　夏山千穂　原千晶　平池輝　日吉理咲　峯岸美有

Proofreader　株式会社鷗来堂
DTP　株式会社RUHIA
Printing　中央精版印刷株式会社

ISBN978-4-7993-2470-7